老林说法

贸易合规和争议解决

林 倩 著

中国海关出版社有限公司
中国·北京

图书在版编目（CIP）数据

老林说法：贸易合规和争议解决 / 林倩著. —北京：中国海关出版社有限公司，2021.1

ISBN 978-7-5175-0477-1

Ⅰ. ①老… Ⅱ. ①林… Ⅲ. ①贸易法—研究 Ⅳ. ① D996.1

中国版本图书馆 CIP 数据核字 (2021) 第 002164 号

老林说法：贸易合规和争议解决

LAO LIN SHUOFA: MAOYI HEGUI HE ZHENGYI JIEJUE

作　　者：林　倩
策划编辑：史　娜
责任编辑：吴　婷　夏淑婷
责任监制：赵　宇
出版发行：中国海关出版社有限公司
社　　址：北京市朝阳区东四环南路甲 1 号　　邮政编码：100023
网　　址：www.hgcbs.com.cn
编 辑 部：01065194242-7532（电话）　　01065194231（传真）
发 行 部：01065194221/4227/4238/4246（电话）　　01065194233（传真）
社办书店：01065195616/5127（电话 / 传真）
www.customskb.com/book（网址）
印　　刷：北京新华印刷有限公司　　经　　销：新华书店
开　　本：710mm × 1000mm　1/16
印　　张：22.25　　字　　数：304 千字
版　　次：2021 年 1 月第 1 版
印　　次：2021 年 1 月第 1 次印刷
书　　号：ISBN 978-7-5175-0477-1
定　　价：68.00 元

前言

《老林说法：海关行政处罚与纳税争议》出版将近三年，承蒙各界抬爱，给予诸多关注和评价，正面评价给了我自信，负面评价给了我鞭策，褒贬之音均为思考的动力，促使我三年之中，笔耕不辍，增添了些许新作，借再版之际，呈现给新老朋友，并借此机会，寄语一二，回馈诸君。

时光荏苒，转眼之间，离开“老东家”已整三年。三年之中，虽不在其“位”，但仍谋其“政”，时刻挂念海关那点事，只不过视角不同，感受不同而已。但无论是从海关角度看过来，还是从企业角度看过去，我们的目标只有一个：希望海关法治，往前再走出一步；希望企业合规，再上一个新的台阶。

如果问我，三年之中，在海关与企业之间，看到的、做过的、感受最深的是什么？我想，海关谋“税”，“格局”未变，企业谋“利”，“属性”难改，在关企争议之间，我们只想做一个合格的“调解员”，希望因我们的存在，海关多一扇法治之窗，因我们的服务，企业多一份合规之心。不过，我们常感到力不从心、任重道远，若能再得诸君激励，方能催我不忘初心、方得始终。

理论是苍白的，但实践之树常青。《老林说法》再版，框架未改，文风未变，新书仍以争议焦点为主题，以实证案例为基础，力争通过通俗语言，表达背后法理，将“法”溶于“理”之中，将“理”表于“案”之间，在鲜活个案中呈现争议焦点，分析法律意见，总结争议解决的途径，这是本书中每篇文章力图要表达的意思。

本书以初版结构为基础，更新少量已失效的内容，充实部分“老林说法”公众号的近期文章，使争议焦点扣紧当下、法律观点更显严谨、章节内容更加丰富。同时，新书强化贸易合规重点，突显争议解决途径，可作为企业合规管理和海关执法的参考书籍。

另外，本书在修订更新的过程中，得到我的同事，北京德和衡律师事务所刘科科律师、赵晶律师、刘友律师、张研律师和刘长新律师，以及我的助理胡忠律师和胡文捷律师的鼎力帮助，在此深表感谢！文中观点若有不妥，敬请批评指正。

林　倩

2020 年 9 月

目录

[第一章]

贸易合规的“事故多发地带”

[第二章]

走私犯罪距离企业并不遥远

[第三章]

申报不实违规案件的违法构成

[第四章]

加工贸易违规案的若干海关法律问题

[第八章]

海关行政处罚的其他几个问题

[第九章]

主动披露、预裁定和税政调研等海关法律制度

[第十章]

贸易合规的相关立法建议

第一章

贸易合规的“事故多发地带”

两年前，收到某女生的一则微信："林律师，需要您的帮助，救救我，我在西安海关摊上事了"。我以为是该女生涉嫌走私被海关抓了。当问及详情，女生哭诉，刚从日本回国，入境时戴了一块价值人民币十万元的手表，海关检查时发现行李箱中留有一个手表包装盒，海关人员将手表与包装盒一并查扣了。女生一时不知所措，微信"求救"。经过一番隔空安抚，告诉她不会涉及走私，也不会被拘留，但可能会"破财免灾"被处一些罚款，才算冷静下来。

大家对海关的认识，或许就是从这里开始的，认为海关就是在国际机场或者边境口岸查缉走私的。如果你仅仅是一个进出境旅客，对海关的认识或许就停留在出入境时海关允许携带哪些物品，不允许携带哪些物品，带了不该带的物品会导致的后果等方面。在从事海关工作之前，我对海关的认识也仅停留在这个层次。

但是如果你是一位从事进出口贸易业务的工作人员，就会知道，海关不仅管入境行李箱中的Cartier手表、Hermes包包及Mead Johnson婴儿奶粉，更重要的一项工作是对石油、汽车、大豆和电子产品等各种进出口货物的监管。对这些货物监管的重点目标是征收税款。国家每年的中央财政收入，其中约2万亿元人民币依靠的是海关征收的税款。除了征收税款，查缉走私也是海关最重要的职能之一。企业进口货物，故意瞒报少报而偷逃税款，数额较大的（个人偷逃税款10万元人民币、单位偷逃税款20万元人民币以上），可能构成走私犯罪；偷逃税款较少的，是走私行为。但如果不是故意瞒报或者伪报，只是税收要素申报错误，如进口商品编号申报错误，或者只是进口货物漏报运保费等价格要素，导致少缴税款的，可能构成违规行为，海关通常进行补税、罚款。

那么，是不是企业进出口贸易的税收要素向海关申报错误，都构成申报不实的违规并予以罚款呢？海关是否给予企业纠正错误的机会呢？这就是海关和企业共同关心的进出口“贸易合规”（Trade Compliance）要讨论的问题。

海关相关的法律法规要求进出口贸易主体和个人对货物、物品的进出境情况要如实向海关申报，加工贸易、保税仓储和特定减免税等货物入境后应当依法接受海关监管，上述如实申报和依法接受海关后续监管的行为，企业和海关统称为“贸易合规”。“贸易合规”既是海关对进出口贸易和进口货物后续监管的法律要求，也是企业开展进出口贸易合法经营的基本目标。

目前，我国“贸易合规”的指标评价体系尚未形成，对“贸易合规”的状况尚无客观量化的总体评价。本章从贸易违规的角度出发，在对违规形式进行分类的基础上，综述各种贸易违规案件的主要争议焦点，同时，给大家指出企业贸易合规的“事故多发地带”在哪里？予以借鉴并多加防范，并以此作为“贸易合规和争议解决”一书的开篇。

第一节　走私犯罪与走私行为

王某在随身行李中偷藏一包毒品或者一根象牙入境，从边境偷运一车红酒入境，或者从海上偷运一船冻牛肉入境销售牟利，这些都是走私，你懂的。但是，刘某从国外回来，在行李中藏了几颗钻戒和几块手表，从无申报通道入境；某公司从口岸向海关申报进口一个货柜的旧复印机，隐瞒低报价格 30 万元人民币，少缴了 7 万元人民币的税款，是不是走私呢？如果是走私，海关是抓人扣货，通知执法机关，还是没收罚款了事呢？这就是走私犯罪和走私行为要讨论的问题。

走私犯罪是指违法主体为了偷逃进出口关税及其环节税，或者为了将国家禁止、限制进出口的货物、物品偷运进出境，故意采取伪报、瞒报、伪装、藏匿等逃避海关监管的手段，且情节严重，依法应当追究刑事法律责任的行为。

走私行为是指违法主体为了偷逃进出口关税及其环节税，或者为了将国家禁止、限制进出口的货物、物品偷运进出境，故意采取伪报、瞒报、伪装、藏匿等逃避海关监管的手段，但情节较轻，依法不需要追究刑事法律责任，应当予以行政处罚的行为。

从走私犯罪和走私行为的上述概念看，二者违法构成基本相同，主要区别在于违法情节的严重性不同。但是，在执法实践中，走私犯罪和走私行为分别属于刑事违法和行政违法两个完全不同的违法领域，我们可以从以下几个方面认识二者的主要区别。

一、轻重界限

违法轻重是区分走私犯罪和走私行为的主要界限。走私可分为普通货物、物品的走私（涉税走私）和贸易管制货物、物品的走私（非涉税走私）。涉税走私偷逃税款超过法定数额，属于走私犯罪，依法追究刑事责任；偷逃税款在法定限额以下，属于走私行为，由海关予以行政处罚。非涉税走私禁限货物、物品超过一定数量或者限额，属于走私犯罪，依法追究刑事责任；非涉税走私禁限货物、物品在法定数量或者限额以下，属于走私行为，由海关予以行政处罚。

单位走私偷逃税款超过 20 万元人民币的，个人走私偷逃税款超过 10 万元人民币的，构成走私普通货物罪；其他非涉税走私货物、物品超过法定数量或者限额，如常见的走私气枪两支，气枪铅弹 500 发，其他子弹 10 发，走私假人民币 2000 元，走私淫秽光盘 50 张以上的；走私禁止进口的非危险固体废物 5 吨，限制进口固体废物 20 吨以上的，法院都可以认定为走私犯罪，并依法追究刑事责任。

故意逃避海关监管，走私进境货物、物品，但偷逃税款或者偷运贸易管制进出境货物、物品未达到上述走私犯罪起刑点的，即偷逃税款在20万元人民币以下（个人在10万元人民币以下）或者偷运管制物品在法定数量、限额以下的，不追究刑事责任，由海关认定为走私行为，由海关根据海关相关的法律法规的规定予以行政处罚。

二、法律依据

走私犯罪案件认定的主要法律依据是《中华人民共和国海关法》（以下简称《海关法》）第八十二条。《中华人民共和国刑法》（以下简称《刑法》）第一百五十三条没有走私普通货物犯罪构成的描述，认定走私普通货物违法构成的主要法律依据是《海关法》。但《刑法》第一百五十二条、第一百五十四条、第一百五十五条规定了走私犯罪的基本构成要件。走私犯罪构成要件总体上可归纳为三个要点：主观故意、逃避监管和危害后果（偷逃应纳税款或者偷运禁限货物、物品出入境）。

走私犯罪案件处罚的主要法律依据是《刑法》第一百五十一条、第一百五十二条、第一百五十三条、第三百四十七条，以及最高人民法院、最高人民检察院的司法解释［《关于办理走私刑事案件适用法律若干问题的解释》（法释〔2014〕10号）］对上述法律规定的刑事处罚幅度予以细化。但走私国家禁止出口的贵重金属，目前暂无量罚幅度。办理走私犯罪案件的侦查、起诉和审判的司法程序，以及刑事强制措施和证据标准等，主要法律依据是《中华人民共和国刑事诉讼法》（以下简称《刑事诉讼法》）中的相关规定。

走私行为案件认定的主要法律依据是《海关法》第八十二条、《中华人民共和国海关行政处罚实施条例》（以下简称《海关行政处罚实施条例》）第七条。走私行为的构成要件也可以归纳为三个要点：主观故意、逃避监管和危害后果。

走私行为案件处罚的主要法律依据是《海关法》第八十二条第二款和《海关行政处罚实施条例》第九条的规定。

海关办理走私行为案件的主要程序是根据《海关行政处罚实施条例》和《海关办理行政处罚案件程序规定》(海关总署第159号令)的相关规定。

三、法律责任

根据上述法律规定，走私犯罪依法追究刑事责任，对个人走私犯罪的，判处刑罚(拘役、有期徒刑、无期徒刑等，可以并处附加刑没收违法财产和罚金)；对单位走私犯罪的，对单位直接负责的主管人员和其他责任人员，判处徒刑，对单位判处罚金。一般情况下，对单位走私犯罪主管人员和责任人员的刑事处罚，轻于相同条件下个人走私犯罪的刑事处罚。

根据上述法律规定，走私行为依法予以行政处罚，对当事人没收走私货物，可以并处偷逃税款三倍以下罚款；涉证进出口货物走私的，可以并处货物等值以下罚款；走私禁止进出口货物的，可以并处100万元人民币以下罚款。但是，对于走私行为的处罚方式，处以没收走私货物已经足够严厉，在执法实践中，并处罚款很难执行，也较少实施。

四、证据标准

走私犯罪案件属于刑事案件，其犯罪构成的证明标准应当符合刑事犯罪的证明标准，即“排除合理怀疑”，证明违法事实的证据材料均应当符合刑事案件的证据规范，并适用《刑事诉讼法》的非法证据排除规则。

走私行为案件属于行政处罚案件，行政处罚证据标准介于刑事案件的“排除合理怀疑”证据标准和民事案件的“优势证据”标准之间，能够清楚地证明违法事实即可，即“具有说服力”的证据标准，或者“高度盖然性”的证据标准，其证明程度可以比刑事案件证据弱一些，但应当比民事案件证据强一些。

鉴于走私犯罪案件的证据要求与走私行为行政处罚案件的证据要求不同，如果一个走私犯罪案件因证据证明力不足（存在事实疑点）而被法院判定无罪，或者检察机关不起诉，而海关认为走私行为的行政处罚案件事实清楚、证据充分，则海关可以依法做出定性走私行为的行政处罚。所以，理论上，一个走私普通货物的案件，假如偷逃税款 1000 万元人民币，远远超过 20 万元人民币的起刑点，此案作为刑事案件，因证明违法事实的证据存疑，检察机关不起诉；但海关根据行政案件的证据标准，如果认为走私事实清楚、证据充分，可以依据海关相关法律法规的规定，将其定性走私行为，并做出相应的行政处罚。

因此，“起刑点”不是区别走私犯罪与走私行为的唯一界限，证据标准也可以作为区分二者的界限之一。

五、法律程序

走私犯罪的处理，应严格按照《刑事诉讼法》规定的刑事司法程序办理。首先由走私犯罪侦查机构（海关缉私局）实施刑事侦查，调取违法犯罪事实的相关证据，对走私犯罪嫌疑人采取刑事拘留等强制措施，执行逮捕，并向检察机关移送起诉，检察机关向人民法院提起公诉，最后由人民法院对被告依法做出有罪或者无罪的判决。

走私行为的处理，由海关按照海关相关法律法规、规章的规定，由海关依法调查、审理，并将拟做出的行政处罚告知当事人。如果当事人对处罚告知有异议，可以予以申辩，或者向海关申请听证，海关对申辩或者听证意见进行复核后，做出行政处罚决定。当事人如对处罚决定不服的，可以向上一级海关申请行政复议，对复议决定仍不服的，可以向人民法院起诉，也可以不经复议直接向人民法院起诉。

第二节 申报不实的违规行为

家里的洁具水龙头是用法恩莎（Faenza）的，还是箭牌（Arrow）的？哪个牌子更好一点呢，其实我也不知道，但我知道水龙头控制水温和流量的关键部件是里面的阀芯。这个部件是水龙头的心脏，好的水龙头这个部件需要从国外进口。那么，公司关务在报关时犯难了，向海关申报的税则号列是84818040（调节阀，关税税率5%），还是84819090（阀门零件，关税税率8%）呢？好像都正确，又似乎都不正确。申报前者可以少缴一点税，为公司节约成本，但如果海关认定申报错误，是不是会予以罚款？申报后者多缴税了，海关可能不至于罚款，但公司运营成本高了，公司会不会认为关务失职呢？

进出口贸易企业向海关的申报工作，每天可能就在这种焦虑和忐忑中度过。无论是商品归类或者货物价格，都存在这种情况，虽然没有偷逃税款的主观故意，但因认知水平不同而申报错误，海关是不是也要认定为违规违法而处以罚款？这就是我们要讨论的海关申报不实案件的违法构成问题。

进口货物的收货人，出口货物的发货人应当向海关如实申报进出口货物的若干要素。进出口货物的申报要素包括货物的商品名称、税则号列、数量价格、贸易方式、原产地、规格型号、启运地、运抵地和最终目的地等。企业向海关申报进出口货物的上述要素，如果与进出口货物的实际情况不符，可能会影响国家税款征收、进出口许可证管理、出口退税管理、海关统计或者海关监管秩序的后果，构成申报不实的违规行为。海关根据企业申报不实而导致的上述不同危害后果，依法分别予以不同的行政处罚。

申报不实的违规行为一般情况下发生于进出口贸易渠道，海关对企业的进出口报关单进行审核发现“单证不符”的、对企业的进出口货物实施查验发现“单货不符”的，均可能导致企业的申报不实违规。目前，我国是全球进出口货物贸易第一大国，据海关统计，2019 年企业向海关申报的进出口报关单共约 1 亿票，海关发现进口货物的价格和归类申报错误的报关单共约计 40 万票（占报关单总量 0.4%），但构成申报不实违规行为的报关单不足 2 万票（占报关单总量 0.02%）。从上述数据可以看出，企业对进出口货物各项目要素申报错误的，只有少数构成申报不实违规。如 20 票申报错误的报关单最多仅有 1 票构成申报不实违规，须移交办案部门立案处理，其他 19 票或者更多的申报错误行为，只要在在海关进出口通关现场或者税收征管局予以删改报关单纠正错误，重新办理海关手续即可，不需要移交办案部门立案处理。

所以，企业进出口货物申报错误行为与申报不实违规行为，二者具有质的区别，前者申报错误行为不需要承担法律责任，海关将错误行为予以纠正即可，后者申报不实违规行为需要承担法律责任，应当依法予以行政处罚。判断申报错误是否构成申报不实违规的主要标准是“主观过错”，即企业申报错误如果具有“主观过错”，则构成申报不实违规；企业申报错误如果没有“主观过错”，则不构成申报不实违规，认定申报不实的违规行为遵循“过错责任原则”。具体各种类型申报错误案件，在什么条件下可以认定为申报不实违规，将在后文详述。

申报不实违规案是海关行政处罚案件中最为常见的一种违规案件类型，占贸易渠道行政处罚案件总量的一半以上。主要案件类型有税则号列申报不实、价格申报不实、原产地申报不实和其他项目申报不实违规案。

一、税则号列申报不实违规案

税则号列简称为“税号”或者“商品编号”，每一种特定商品只有一个正确的税号。如果企业向海关申报的税则号列不正确，则可能构成税则号列申报不实违规，根据《海关行政处罚实施条例》第十五条的规定，处以法定数额的罚款。

但是，因为商品归类的技术性较强，出错在所难免，并非所有税则号列申报错误均构成税则号列申报不实违规，如果涉案商品不是明确的商品归类事项，即该商品归类属于归类技术疑难问题，则该商品税则号列申报错误，属于归类技术差错，不是申报不实的违规行为；如果涉案商品是明确的商品归类事项，则企业税则号列申报错误存在主观过错，应当构成申报不实的违规行为。

综上所述，是否属于明确的商品归类事项，是认定税则号列申报错误行为是否构成税则号列申报不实违规的主要界限。

二、价格申报不实违规案

根据海关审价办法的有关规定，企业应当以实际成交价格为基础，向海关如实申报进出口货物的完税价格（包括货物运抵境内起卸前的运输和保险费用）。如果企业进出口货物全面履行了上述法定的申报义务，是以实际成交价格为基础向海关履行了申报义务，即可视为价格如实申报。但是，企业没有向海关如实申报进出口货物实际成交价格，无论是低报实际成交价格或者高报实际成交价格，均可被认定为申报不实的违规行为，应依法予以处罚。一般情况下，进口货物低报价格可能会影响税款的征收，处漏缴税款 30% ~ 200% 的罚款；出口货物高报价格若没有实际影响出口退税，构成影响海关监管秩序的违规，处 3 万元人民币以下的罚款。其他价格申报错误，不影响税款征收、出口退税和海关监管秩序的，按照影响海关统计的规定处 1 万元人民币以下的罚款。

企业向海关如实申报了进出口货物的实际成交价格，但海关认为企业申报的价格不符合成交价格条件，或者存在应当按照成交价格的调整项目进行调整的情况。例如，卖方对买方使用或者处置进口货物予以权利限制，卖方出售货物时搭售了其他货物，或者进出口买卖双方存在特殊关系影响成交价格，或者买方支付了与进口货物相关的特许权使用费而未向海关申报等，海关可以依法对进出口货物的申报价格予以质疑，并在价格磋商的基础上，对进出口货物予以估价补税，不构成申报不实的违规行为。

另外，如果进出口货物不存在成交价格或者货物进出口状态下成交价格不明确的，如易货、寄售、捐赠、公式定价或者定期结算等，企业无法向海关申报进出口货物实际成交价格，导致企业申报的价格与海关估价不一致的，也不构成申报不实的违规行为。

三、原产地申报不实违规案

除进出口货物的税则号列和完税价格之外，原产地也是一个重要的税收要素。相同的进口货物，如果原产地不同，其进口税率也可能不同。优惠贸易协定项下，企业向海关申报的原产地，应当与货物实际原产地一致。如果企业申报的原产地与进口货物实际原产地不符，则构成原产地申报不实的违规行为，分别依不同的危害后果，依法予以处罚。

实践中，判断是否构成原产地申报不实的主要依据是企业向海关提供的原产地证书的真假。虚假的原产地证书是证明企业原产地申报错误的证据之一，提供虚假的原产地证书，可以证明企业具有一定的主观过错，海关推定企业构成申报不实的违规行为。但逻辑上，海关并不能完全证明企业申报的原产地与实际的原产地不符，尽管企业提供的原产地证书是虚假的。如果企业能够提供证据证明，实际原产地与申报原产地一致，即便提供的证书是虚假的，则也可能不构成原产地申报不实的违规行为。

四、其他项目申报不实违规案

归类、价格（数量）和原产地是三个重要的税收征管要素，归类、价格（数量）和原产地申报不实也是最主要的申报不实违规案。此外，进出口货物规格型号、启运地、运抵地和目的地等项目的申报与实际不符，也可能构成申报不实的违规行为。但是，一般情况下，这些项目的申报不实与海关税款征收、许可证管理及出口退税管理无关，仅可能影响海关统计或者海关监管秩序，依法处1万元人民币以下或者3万元人民币以下的罚款。

第三节　加工贸易的违规行为

老管去美国看望在美国读书的小管，回国前在德克萨斯州的朗德罗克小镇上逛商场，发现新款的戴尔牌笔记本电脑，比国内还便宜，就拿下带回，结果发现是中国制造。实际上，这款戴尔牌笔记本电脑就是在厦门生产后，出口返销至美国，是典型的加工贸易产品。它的大部分材料从国外免税进口，在厦门生产安装成品后再返销出口到国外。从材料进口到成品出口，加工贸易全过程在海关监管下进行，无论是成品还是材料一个都不能少，谁叫你是免税进口的呢？我国海关监管的重点就是进出国门的货物，做到税款征收的滴水不漏。

我国加工贸易发端于20世纪80年代，发展于90年代，调整升级于2000年以后。加工贸易进出口货物在2000年以前曾占我国进出口贸易总额的“半壁江山”，2010年以后，加工贸易规模开始大幅下降，时至2020年上半年，加工贸易规模持续降至不足进出口贸易总量的四分之一（约23.6%）。从当今世界经济格局的变化趋势和我国经济结构政策调整的形势判断，我国的加工贸易总量占比还有继续下降的趋势。

海关对加工贸易进口货物实施保税监管的政策，无论是进料加工还是来料加工的料件，均暂不征收进口关税及其环节税。但不允许加工贸易项下进口的保税料件，在未办理海关手续的条件下，擅自内销、调换、结转、外发加工，以一般贸易方式出口或者擅自做其他处置。未经办理海关手续擅自处置海关监管下的加工贸易保税料件，可能导致保税料件脱离海关监管，漏缴国家税款，或者影响海关对保税货物的监管秩序。海关会根据相关法律法规的规定，对加工贸易经营者的上述行为，实施相应的惩戒和处罚，重者可能构成走私犯罪或者走私行为，追究刑事或者行政责任；轻者可能构成违反海关监管规定，由海关给予行政处罚。

根据《海关行政处罚实施条例》及《中华人民共和国海关加工贸易货物监管办法》（以下简称《海关加工贸易货物监管办法》）等相关的海关监管规定，加工贸易违规的行政处罚案件主要有以下几种形式。

一、擅自转让或者内销加工贸易保税货物案

企业经营的加工贸易保税货物，属于海关监管货物，如果企业需要将保税货物在国内市场销售，应当向商务部门申请批准，并向海关申报，办理货物进口的海关手续。根据《国务院关于促进外贸回稳向好的若干意见》（国发【2016】27 号）精神，商务部和海关总署发布 2016 年第 45 号公告，取消了加工贸易合同审批和加工贸易保税料件或者制成品转内销的审批，保税货物内销的，直接向海关申报，办理货物进口的海关手续即可。如果企业擅自内销保税货物，未向海关申报的，在没有主观故意或者采取逃避海关监管措施的条件下，构成擅自转让海关监管货物的违规行为，处货物价值 5%～30% 的罚款，并责令补缴所漏税款。

二、擅自调换加工贸易保税料件的违规案

根据海关加工贸易货物的监管规定，加工贸易项下进口的保税料件，应当全部用于加工贸易制成品的出口生产，或者申报内销。如果因加工工艺或者生产需要，企业在加工贸易生产过程中，加工贸易保税料件需要与国产料件或者非保税进口料件进行串换，应当经海关批准同意。未经海关批准擅自将保税料件与非保税料件进行串换的，构成擅自调换保税料件的违规行为，依法处货物价值 5%～30% 的罚款。但用于串换的保税料件与非保税料件如果属于同品种、同规格、同数量和进口零关税的，或者用于串

换的非保税料件属于一般贸易方式进口货物的，上述擅自调换保税货物的行为属于程序性违规，处货物价值5%以下的较轻罚款。

三、加工贸易料件数量短少违规案

海关对加工贸易进出口保税料件予以定期核销，料件进出口平衡的，予以核销；保税料件进出口不平衡的，不予核销，同时海关须核查或者调查保税料件的去向，根据保税料件的不同去向，分别依法予以处理。如果保税料件去向不明，企业也不能说明其正当理由的，海关推定保税料件脱离海关监管，认定为保税料件数量短少无正当理由的违规行为，依法处货物价值5%~30%的罚款，并责令当事人补缴所漏税款。

四、保税货物擅自外发加工违规案

海关对加工贸易的监管，除了对保税货物实施严密监管外，对加工贸易经营主体同时实施监管。保税货物的经营主体包括加工贸易手册或者电子账册的经营单位和产品的加工单位，加工单位在原则上也要接受海关的监管。如果加工贸易手册经营单位未向海关办理相关手续，擅自将保税料件外发给其他企业进行加工，则构成擅自外发加工违规案，根据《海关行政处罚实施条例》第十八条（四）项的规定予以处罚。

擅自外发加工虽未经海关同意并办理海关手续，但没有导致保税料件脱离海关监管或者漏缴税款的后果，属于程序性违规，违法情节较轻，可以根据上述法律规定减轻处罚。

五、其他擅自处置保税料件违规案

除擅自内销（转让）、调换等处置海关监管货物外，实践中，还有将保税料件以一般贸易方式出口、出租出借等方式处置保税料件的情形。其他擅自处置保税料件，如果导致漏缴国家税款的，如擅自将保税料件以一般贸易方式出口，根据《海关行政处罚实施条例》第十八条（一）项的规定，处货物价值5%～30%的罚款，并责令当事人补缴所漏税款；如果擅自处置保税料件没有导致漏缴国家税款的，如将保税料件出借给其他企业使用（使用者以相同保税料件全部返还），则属于程序性违规，应当减轻处罚。

第四节　特定减免税设备的违规行为

又到体检的季节，你去北京大学附属医院做个B超，拍个胸部CT，花费1000元钱，但如果你去私立医院体检却要花费1200元钱，是不是觉得不合理？其实，同样的医疗设备，北京大学附属医院可以免税进口，私立医院只能照章征税进口。身份不同，成本不同，老百姓的消费自然也不同；同样一台饮料罐装机，用作果汁饮料罐装的，可以免税进口；用作矿泉水罐装的，需照章征税进口，用途不同，税收政策也不同。如果你把生产果汁饮料的罐装机，进口后用于生产矿泉水的罐装，就可能涉嫌移作他用的违规操作，海关会对你进行立案调查并处罚款。

根据国家进口产品税收优惠政策，国家对鼓励产业、外商投资和重大技术改造等项目的相关进口设备，实施减免税优惠政策，即国家对符合产业政策条件的进口设备，减征或者免征进口关税、进口环节海关代征税。但是，特定减免税设备进口后，海关对特定减免税进口设备继续实施后续监管，确保企业将进口的特定减免税设备使用于符合国家税收优惠政策的特定用途和特定企业。特定减免税设备的海关后续监管期限一般为三年（海关总署2017年第51号公告，将五年调整为三年）。特定减免税设备进口三年之后，解除海关监管，企业可以自由处置进口货物，不再受海关监管规定的制约。

在海关监管期限内，未经办理海关手续，特定减免税设备不得擅自转让、擅自移作他用、擅自抵押或者融资租赁等，否则，将构成擅自移作他用、转让、抵押或者擅自处置减免税设备的违规行为。

一、擅自转让减免税设备违规案

特定减免税设备进口之后，如果在海关监管期限内，未经海关同意，减免税申请人将减免税设备直接销售给其他企业或者个人的，或者由于企业分立、合并等原因导致所有权转移给其他企业的，或者将减免税设备的固定资产财务记录转移给关联企业的，将构成擅自转让特定减免税设备的违规行为，对减免税申请人依法予以行政处罚。

二、擅自移作他用违规案

未经海关同意，减免税设备的特定使用主体和特定用途发生了改变，即减免税申请人在海关监管期限内将减免税设备出租出借给其他主体使用（所有权未转移），或者未按照主管部门核定的特定用途使用减免税设备，导致进口设备的使用不符合国家进口税收优惠政策的，将构成特定减免税设备擅自移作他用违规行为，依法予以行政处罚。

另外，根据《海关法》第五十七条的规定，特定减免税设备只能用于特定地区。由于目前特定地区的进口税收优惠政策基本取消（特区政策），所以，申请人进口的特定减免税设备，如果将其转移到其他区域使用（使用主体和特定用途不变），按照擅自在海关备案场所外存放海关监管货物处理较妥，如果按照减免税设备擅自移作他用处理，明显过罚不当。

三、擅自抵押减免税设备违规案

减免税申请人将进口减免税设备用于向银行或者非银行金融机构抵押贷款，如果债务不能履行，债权人将抵押物变卖抵偿债务，海关监管货物将面临脱离海关监管而漏税的风险。所以，减免税设备抵押贷款前应当办理海关手续，如果未办理海关手续擅自抵押减免税设备，则构成违规行为。

但是，如果脱离海关监管的危害后果尚未发生，属于程序性违规，应当在法定处罚幅度下限（货物价值5%）以下减轻处罚。

四、擅自融资租赁违规案

减免税设备用于融资租赁的法律性质类似于抵押，但法律意义上，融资租赁设备的所有权转移到出资人。如果减免税申请人不能偿还以租金形式支付的设备货款，出资人融资租赁公司可以依法处置减免税设备。所以，从形式上看，用于融资租赁的减免税设备所有权虽然已发生转移，但设备的使用主体仍然是减免税设备的申请人，设备的用途也没有改变，减免税设备的擅自融资租赁行为属于程序性违规，依法减轻处罚。

但是，如果发生减免税设备的申请人无力偿还租金，导致融资租赁公司依法处置减免税设备的危害后果，海关将按照法律规定，以实体性违规处理擅自融资租赁行为，这种情况下，不能减轻处罚。

第五节　行邮物品进出境的违规行为

内地某中年男士在国庆期间带女朋友去澳门威尼斯豪赌三天，手气不错，赢了1600多万港元筹码。第四天，兑换了1200万港元现金，由女朋友放在行李箱中从珠海闸口口岸携带入境，该男子自己将剩余的400多万港元筹码直接携带入境，结果双双被海关查获。海关将筹码没收，对携带入境的现金，处以45万元人民币罚款后放行。筹码就算了，谁叫它是禁止入境的赌具呢，海关没收不冤枉，只是将其销毁有点可惜，本来可以带回赌场兑现的；但外币现金，进境时如果向海关如实申报，其实可以合法携带入境的。

下面，听老林给你说说，行邮物品违规携带入境，海关如何定性处理的吧。

行邮物品是指进出境旅客携带的行李物品和邮寄进出境物品，包含涉税物品和管制物品。行邮物品进出境超出自用合理数量的，应当向海关申报，即旅客携带涉税物品超过5000元人民币的，邮寄物品超过规定数额的，均应向海关如实申报依法纳税；禁止进出境物品不得携带或者邮寄进出境，限制进出境物品应当如实申报并出具进出境许可证件。如果当事人携带或者邮寄超过自用合理数量的涉税物品未如实向海关申报的，或者当事人携带、邮寄管制物品未向海关申报的，构成行邮物品进出境的违规行为，应当依法对当事人予以行政处罚。

行邮物品进出境违规案，是海关每年查处数量最多的违规案件，这类案件主要发生在深圳旅客通关口岸（香港）和珠海旅客通关口岸（澳门）。此外，北京、上海等进出境旅客比较集中的机场口岸也是案件多发地，行邮物品违规案件数量约占全国海关行政处罚案件总数的三分之一，行邮物品进出境违规案的主要案件类型包含以下几种。

一、携带涉税物品进境未申报违规案

携带涉税物品超过自用合理数量未向海关申报，是最常见的行邮物品违规案。旅客出境回国携带物品超过5000元人民币，入境时应当向海关如实申报纳税。如果旅客走无申报通道入境而被海关查获，将构成违规行为。海关根据《海关行政处罚实施条例》第十九条的规定，对当事人处物品价值20%以下的罚款。一般情况下，处物品价值10%的罚款，但如果旅客一年内两次以上实施违规行为的，可以从重处罚。

二、携带禁止进出境物品违规案

濒危野生动植物及其制品、管制刀具及政治敏感性书刊等物品禁止携带入境。如果旅客携带上述禁止进境物品入境，构成违规行为，海关可以根据《海关行政处罚实施条例》第二十条的规定，予以没收或者责令退回。

三、携带货币现钞进出境违规案

携带货币现钞出境，国家采取严格限制的措施。外币现钞超过 5000 美元以上（其他外币折合 5000 美元），携带本国货币进出境超过人民币 2 万元的，均需要向海关申报，并出具主管部门签发的货币携带证。携带超过上述额度的现钞没有货币携带证的，海关不予放行；超额携带货币现钞未向海关申报或者申报不实的，海关根据《海关行政处罚实施条例》第十九条（三）项的规定，处超额货币现钞 20% 以下的罚款，能够证明用于出境留学或者就医的，可以从轻处罚。

携带外币现钞进境没有数额的限制，但应当如实向海关申报，如果未申报或者申报不实，构成违规行为，海关根据《海关行政处罚实施条例》第十九条（二）项的规定，处以外币现钞约 5% 的罚款。

四、邮寄物品进境申报违规案

邮寄物品根据寄件人的邮单填制内容向海关申报入境，如果申报内容与邮件实际情况不符，构成申报不实的违规行为。但是，由于邮件申报人是境外的寄件人，海关无法要求境外寄件人承担法律责任，如果境内收件人愿意签收邮件并承担责任，可以将收件人作为申报不实的当事人，根据《海关行政处罚实施条例》第十九条的规定予以行政处罚；但若境内收件人拒绝签收邮件，海关则将邮件退运或者作为无主物品处理。

第六节　其他类型的违规行为

Adidas（阿迪达斯）是国际大品牌，贴上它的商标，运动鞋、运动服装就能卖个好价钱。但不要眼红，不是你的，千万不要伸手。海关在进出境通关中也管这事，假冒商标在进出口时被海关发现或者有人举报，海关将予以查扣，侵权之名坐实后，海关可以没收侵权货物并处罚款，情况严重的还会涉及刑事犯罪。知识产权的侵权违规也是进出境贸易违规的重要种类之一。

申报不实违规案、加工贸易违规案、特定减免税设备违规案和行邮物品违规案，是海关行政处罚的四种主要违规案件类型，占海关行政处罚案件的 90% 以上。除此之外，进出口侵犯知识产权货物违规案、国家禁止进出口货物违规案、无证到货违规案、进出境运输工具违规案、买卖海关单证违规案和报关企业资格罚违规案等，是其他几种类型的海关违规案件。

一、进出口侵犯海关知识产权货物违规案

侵犯国家法律、行政法规保护进出口货物知识产权的，没收侵权货物，并处货物价值 30% 以下罚款；需要向海关申报知识产权状况，进出口货物收发货人及其代理人未按照规定向海关如实申报知识产权状况，或者未提交合法使用有关知识产权的证明文件的，可以处 5 万元人民币以下罚款。

二、进出口国家禁止进出口货物违规案

违反国家进出口管理规定，进出口国家禁止进出口的货物的，海关责令退运，对当事人处 100 万元人民币以下的罚款。但是，如果当事人采取逃避海关监管的措施，故意以偷运、藏匿或者伪报的方式进出口国家禁止进出口货物的，构成走私，情节严重的，追究刑事法律责任。

三、无证到货违规案

违反国家进出口管理规定，进出口国家限制进出口的货物，进出口货物的收发货人向海关申报时不能提交许可证件的，进出口货物不予放行，处货物价值 30% 以下罚款。

四、进出境运输工具违规案

进出境运输工具，不经设立海关的地点进出境、擅自驶离监管区、擅自装卸进出境货物或者旅客、未按规定传输舱单等电子数据的行为，构成进出境运输工具违规案，可以对运输工具处10万元人民币以下或者5万元人民币以下的罚款。

五、报关企业资格罚违规案

《海关行政处罚实施条例》第二十六条至第三十一条规定了报关企业和报关人员的资格罚，但由于对报关企业的资格罚规定过于严厉，而且报关从业人员的资格管理已经取消，所以在实践中，海关对报关企业和报关人员的资格罚较少实施。

第二章

走私犯罪距离企业并不遥远

走私犯罪的辩护律师，最痛心的事情莫过于听到当事人诉说："做梦也没有想到，我做的这个事情居然会犯罪，带来牢狱之灾。"很多走私当事人，他们的"初心"就是想节约一些成本，少缴一些税款，并不知道自己的做法是走私犯罪，不然，打死也不会这样做，但悔过却不能免除刑责，这样的学费确实太过昂贵。

常见的不良示范莫过于女明星范某，几年前被税务部门查出漏税 2 亿元人民币多，结果只是补税罚款了事。我少缴一些关税，万一被查，可能也就是补税罚款而已，多数偷漏税走私的企业都是这个想法。例如，唐某在新冠疫情期间，从马来西亚采购蛤蚧，凭进口许可证向海关申报进口，但每票均将蛤蚧价格低报，导致漏税被海关查获，后悔莫及。其实，唐某经营蛤蚧生意，国内外市场差价极高，利润已经足够丰厚，如果知道低报价格是走私犯罪，只有"傻子"才会铤而走险。

对走私犯罪的认知，许多人确实还是停留在违禁品藏匿和边境偷运的层面，而事实上，海关查办的走私案件多半为贸易渠道的漏税走私。除了常见的低报价格走私之外，一些税则号列故意申报错误，以图少缴税款的行为，也有可能被海关作为走私查处。例如，某知名 AEO 高级认证的外资企业，进口高铁用合金钢紧固件，向海关申报为不锈钢紧固件，规避了海关征收的反倾销关税，被海关作为走私犯罪立案查处。尽管最终因主观故意证据不足，海关做出撤案处理，但公司被刑事调查长达三年之久，对公司经营和高管工作带来了极大的负面影响。

特殊关系和转让定价，处理得当，属于企业税收筹划和合法避税的方式；处理不当，可能被海关作为低报价格走私行为立案处理。例如，国内某公司在瑞典设立子公司，并在市场采购麦片销往国内，向海关申报的价格低于瑞典市场的采购价格，涉嫌低报价格走私被立案侦查，公司主要负责人被采取取保候审的刑事强制措施，但最终因伪报的证据存疑，检察机关做出不起诉决定。

贸易违规与走私犯罪，其实只有一步之遥，均为漏缴税款，有主观故意就是走私，无主观故意则为违规，故意与否？关键就看海关查还是不查，如果海关认真地去查，相当一部分的违规案件可能都涉嫌存在主观故意，这个你懂得。尽管走私不是你的初衷，但是你知道少缴税款而故意为之，就可能已经踩到刑事法律的红线。

也许，你“觉得”仅少缴一点关税，不至于承受如此重责，其实，你的感觉是对的，老林也是这样“觉得”。但是，目前法律并不这样“觉得”，谨防“走私犯罪”的陷阱，是贸易合规路上的首要法则。除非，等到将来有一天，海关法律和刑事法律对贸易渠道的涉税走私重新做出界定，用财产罚代替刑事监禁罚，才能回归你的正确感觉。只是，等到法律修改的这一天，时间可能会有点漫长。

第一节　税是同样的税，为何不同罪

2018 年过去了，悄无声息。

回想这一年，有几件事情可以乘着你的记忆，带到 2019 年呢？名嘴“小崔”和影星“范某”的互撕，也许是比较生动的一幕，该事件最终以范某补税罚款 8 亿元人民币多收尾，并渐渐淡出公众视线。互联网时代人们的记忆总是短暂的，网民们追逐着热点，已将视线转到最高人民法院王林清的身上。但是，老林对此事总是难以释怀。作为现在的律师和曾经的缉私民警，老林总想将涉税走私犯罪与范某偷逃税案进行比较：同样都是偷逃税款，范某逃税几个亿，可以补税罚款了事，而进口货物偷逃税款，仅仅 10 万元人民币，就得定罪判刑。上面截然不同的偷逃税处罚方式，到底谁对谁错？老林今天就说说这件事情。

一、对逃税罪可以实施行政处罚前置

先看看社会各界对范某偷逃税案处理的各种评论：中国政法大学财税法研究中心主任施正文说“税务部门对于范冰冰拆分合同的处罚较为严厉，体现了过罚相当的基本原则，对今后类似涉税违法行为起到强烈教育警示作用”；中央财经大学财税学院教授樊勇认为“税务部门处罚决定总体上兼顾了法律、社会和政策效果，体现了宽严相济、实事求是、区分情形、综合考量的宗旨”。在众多网友的评论中，仅少数认为偷逃税款必须入罪判刑、监禁坐牢。群众的眼睛是雪亮的，税务机关的处理其实并无不当，处罚结果也没有超出人们对公平、公正的认知底线。实际上，税务机关的处理符合现行法律的规定，《中华人民共和国税收征管法》（以下简称《税收征管法》）和《刑法》对逃税行为，均规定了行政处罚前置条款，即经税务机关依法下达追缴通知后，补缴应纳税款，缴纳滞纳金，已受行政处罚的，不予追究刑事责任。言下之意，你即便偷逃了再多税款，如果愿意补税罚款，就不用入刑受罪。但如果当事人不愿意补缴税款，或者不愿意接受罚款，办案部门就可以立案侦查、检察起诉、判罪入刑，法律给了偷逃税款当事人接受行政处罚或者刑事处罚的选择权。

税法的这种设计看上去很合理。不就是“钱”的事吗？“钱”的事可以用“钱”来解决：你吃下去多少“钱”，先让你全部吐出来，再罚你一倍二倍的，既让你长点记性，也让其他守规矩没偷吃的人感到公平，问题也迎刃而解。于是，有人认为，“钱”能解决的事情，就不是什么大事情，何必“大动干戈”呢？

话虽这么说，但同样是偷税漏税，如果你遇到海关的工作人员，事情可没有这么简单。偷逃税款超过 10 万元人民币、20 万元人民币的，“钱”可不一定能解决牢狱之灾。如果你说海关狠，可有点冤枉人家了，法律摆在那里，他们也不能执法犯法呀。《刑法》第一百五十三条明确规定，偷逃税款的走私行为应当予以刑事处罚，没有例外。

二、走私普通货物罪不能“以罚代刑”

说起走私，大家可能第一反应不是走私毒品就是走私枪支，以及从边境偷运货物入境等的行为。殊不知，日常用到的奶粉、红酒等，一不小心，也会构成走私行为，法律称之为“走私普通货物、物品罪”。货物是普通货物，而刑罚却一点都不普通，伪瞒报货物的价格、数量等偷逃税款，个人超过250万元人民币的，依法得判十年以上有期徒刑；单位偷逃税款超过500万元人民币的，主要责任人依法也得判处十年以上有期徒刑。一个人犯了走私普通货物罪，如果想“花钱消灾”，用“罚款”代替“刑罚”，在相关的海关法律上是找不到依据的。

例如，一个私营企业主，因瞒报价格偷漏税款800万元人民币，很可能会判十年以上有期徒刑。如果他想通过多缴一些罚款的方式减少刑期，以便“将功补过”报答社会，在现有的法律框架下是行不通的。该企业主只能眼睁睁地看着企业破产，工人失业，自己在牢中慢慢老去，无可奈何。

三、“税”都是同样的“税”，为何不同罪

无论是逃税罪，还是走私普通货物罪，违法结果都是偷逃国家税款，违法手段都是虚假申报，只不过是前者向税务申报，后者向海关申报，但处罚结果却截然不同。前者构成逃税罪，可以行政处罚前置；后者构成走私罪，没有“以罚代刑”的依据。例如，某企业先后两年进口北美橡木板材，向海关瞒报价格约30%，导致偷逃增值税932万元人民币（木材进口零关税，增值税税率10%），构成走私普通货物罪，可能被判处有期徒刑十年；另一企业，同样在货物国内贸易环节，偷逃增值税款900多万元人民币，根据行政处罚前置的原则，罚款补税后可以免于刑事责任。

上面两个案例，偷逃的同样是增值税款，但在进口环节遇到海关（海关代征增值税），构成走私犯罪，相关责任人就得坐牢，导致企业破产，国家税款流失；在国内货物流转环节，遇到税务，构成逃税罪，可以补税罚款，企业可以继续生产经营，国家税款得到挽回。相似的事情，一个法律，两个条款，不同的结果。

四、涉税走私与逃税罪有多大区别

有人说走私不仅是税的事情，还关系到国家贸易安全。例如，货物走私进口，会导致不正当竞争，破坏国内相关产业的发展，破坏国家进出口监管秩序。

笔者认为，上述理由不能成立。其一，只要是少缴税，无论是国内税还是进口税，都将导致不正当竞争；其二，用关税壁垒保护国内幼稚产业，并不一定能取得好的效果（如国内汽车行业）；其三，破坏海关进出口监管秩序的，根据《海关行政处罚实施条例》第十五条（二）项的规定，最多也只处3万元人民币的罚款。

总之，非涉税走私，如走私毒品、枪支、濒危物种和废物等，与国家安全息息相关、绕越设关地的偷运走私，挑战了国家边境安全的法律底线，与国家安全关系重大。而贸易渠道的伪瞒报涉税走私，说到底，就是“钱”的事情，与国家安全没有直接关系。既然是“钱”的事情，为何不能借鉴逃税罪的规定，先用“钱”的手段来解决呢？如果用补税、罚款的措施解决不了，或者当事人不愿意接受的，再采取刑事手段，可能会更好一些。

五、修改相关法律势在必行

对偷逃国家税款的惩罚，同样是《刑法》，第二百零一条规定逃税罪，可以行政处罚前置，即愿意接受罚款的，可以不用入刑；但同法第一百五十三条规定走私普通货物罪，情节特别严重的，处十年以上有期徒刑，没有例外情形。这样就导致相似的事情，一个法律，两个条款，完全不同的结果。

无论是相关的税法，还是《海关法》，都是行政法律，《刑法》第一百五十三条和二百零一条的规定，分别源于《海关法》和税法，所以，如果修改《刑法》第一百五十三条的规定，必须先修改《海关法》。

建议：在修改《海关法》时，将贸易渠道偷逃税款的走私行为，界定为贸易瞒骗，对贸易瞒骗行为，海关可以用罚款的措施予以惩罚。例如，企业向海关申报进出口货物时，瞒报价格、少报数量、伪报品名瞒骗海关，导致偷逃国家税款的，是贸易瞒骗行为。对贸易瞒骗行为，可以处偷逃税款一倍以上五倍（或者三倍）以下的罚款。

但是对非涉税走私和绕越设关地的走私行为，不同于贸易瞒骗行为，应当按照现行的走私犯罪定性处理。

在《海关法》修改之后，《刑法》第一百五十三条及相关条款应当及时做出相应的修改：走私普通货物罪只对绕越设关地走私普通货物的行为适用，对贸易渠道的涉税走私，应当借鉴《刑法》第二百零一条行政处罚前置的规定。如果当事人不愿意接受海关相关法律规定的贸易瞒骗处罚方式，或者因贸易瞒骗已被海关处罚两次以上的，再按本条规定的走私普通货物罪处理。

这么一说，大家是不是也想搞点走私玩玩？老林觉得走私一点都不好玩，即使没有牢狱之灾，罚款也能让你倾家荡产。

第二节　低瞒报价格偷逃税款，真的是走私吗

提起走私，大家第一反应不是走私毒品就是走私枪支，浮现的场景是边境过货、海上偷运和海关追缉。殊不知，从港口、机场、车站等口岸用

伪报、瞒报方式瞒骗海关，申报进口货物，导致偷逃国家税款的，也是走私。前者简单粗暴，绕越关境，大多走私违禁货品，《刑法》上称之为走私国家禁止进出口货物罪；后者虚假申报、瞒骗海关，大多走私涉税货物，《刑法》称之为走私普通货物罪，而《海关法》统称之为走私行为。

违禁品走私，直接危害国家安全和人民的生命健康，危害性极大，法律上将情节严重的违禁品走私行为认定为走私犯罪，对当事人判处监禁或者罚金，这是国际社会通行的做法。贸易渠道涉税走私，各国的惩戒方式不尽相同，欧美国家将进出口贸易中伪瞒报价格偷逃税款的行为，称之为贸易瞒骗，主要是运用行政手段予以制裁，责令补缴偷漏税款，并处高额罚款，用经济手段制裁恶意瞒骗行为，补偿国家经济损失。我国对贸易渠道的税款瞒骗行为，认定为走私犯罪，以刑事法律予以打击制裁，对行为人判处刑罚，对涉案企业同时判处高额罚金。

违禁品走私，国家用重典治恶，业界对此争议不大，笔者没有不同意见，不作具体评判。本节重点讨论涉税走私，特别是贸易渠道的税款瞒骗行为，我国采用简单的刑事惩治措施，是否合理？笔者通过多方位的利弊分析，对相关法律提出修改建议。

一、涉税走私与非涉税走私

走私普通货物，是指用伪报、瞒报等手段，将普通货物从港口、机场、车站等口岸海关申报进口，从而达到偷逃国家税款的目的，数额较大的，构成走私犯罪；另外，从没有设立海关的边境、海上直接将普通货物偷运入境，偷逃国家税款的，也是走私普通货物。上述两种方式走私普通货物的行为，统称“涉税走私”。

常见的走私国家禁止进出口的货物包括毒品、枪支、濒危野生动植物（如象牙、蟒皮等）、国家文物及垃圾废物等，将这些违禁品通过藏匿、伪装等方法，从贸易渠道或者旅客进出境渠道，向海关申报或者无申报渠道入境的，属于走私国家禁止进口货物，数量较大的，构成走私犯罪；另外，从没有设立海关的边境、海上直接将上述违禁品偷运入境的，也是走私国家禁止进出口货物。上述两种方式走私违禁品的行为，统称为“非涉税走私”。

涉税走私的主要后果是偷逃国家税款，非涉税走私的主要后果是侵害生命健康、危害国家安全或者破坏生态环境等。

近年来，在执法实践中，涉税走私案件的数量，虽然还在逐年上升，但与非涉税走私案件相比，上升的速度逐渐趋缓，而非涉税走私案件的数量和上升速度，均超过涉税案件。海关对进出口货物的监管重点，也正在从以税收征管为中心转移到以国家安全为中心。

随着我国关税税率水平的逐年下降（详见图 2–1），进口关税占中央财政份额的比例也逐年下降，关税征管将不再是海关监管最重要的对象。

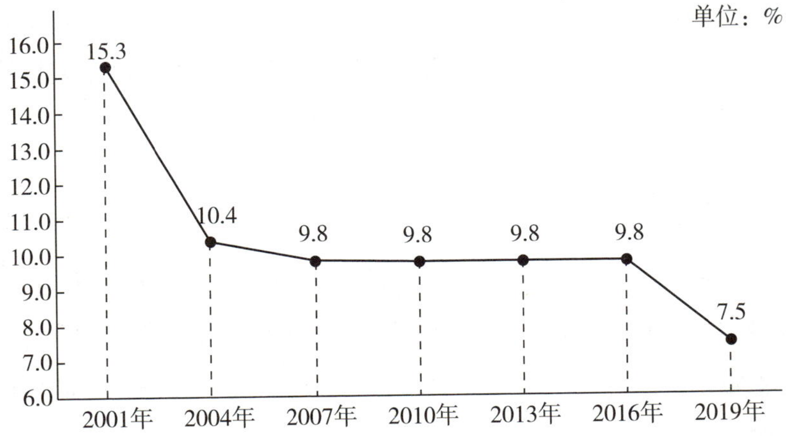

图 2–1　进口关税税率变化趋势图

近年来，海关缉私办理的涉税走私案件和非涉税走私案件数量的变化（详见图 2–2），也充分说明了进出口货物的监管重点正在发生着从涉税货物到非涉税货物的重大变化。

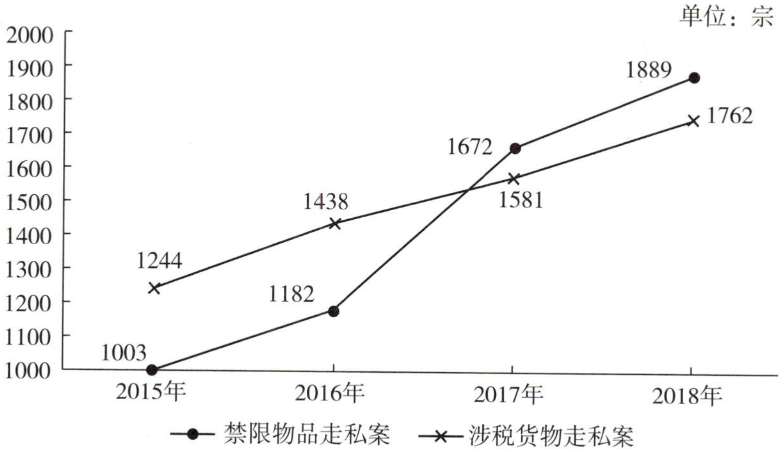

图 2-2　走私形势变化趋势图

二、贸易渠道走私与非设关地走私

货物进出国境，主要通道是港口、机场和车站等国境口岸，国家在口岸区域设立海关，对进出境的货物实施监管，查验货物，征收关税。如果企业从上述口岸通道向海关申报进口货物，但以瞒骗方式低报价格、少报数量，导致偷逃税款的，或者以藏匿、伪装方式瞒报违禁品的，都是贸易渠道走私行为。

但是，除了港口、机场和车站等货物进出口的通道之外，我国有绵长的边境国防通道，如广西、云南地区的中越、中缅边境线，以及内蒙古、吉林地区的中俄、中朝边境线，这些边境线上大部分地区有中外民间交流通道，但没有设立海关等口岸机构，这些地区通常称之为非设关地。通过上述非设关地过货的，称之为非设关地偷运走私；另外，我国还有几千千米的海岸线，从海岸线上没有设立海关的地点，直接上货，偷运进境来自国外的货物，也是非设关地走私。

贸易渠道走私的货物，大多数为涉税的普通货物，也有少量通过集装箱藏匿、伪装成普通货物入境的违禁品；非设关地走私的货物，既有违禁品，如毒品、枪支弹药、濒危野生动植物及其制品，也有涉税货物，如成品燃料油、白糖、冻肉和海产品等普通货物。

但是，笔者认为，从贸易渠道进口普通货物，以瞒骗方式低报价格、少报数量，导致偷逃税款的，一律定性为走私行为，是否合理？值得重新考量。

三、走私普通货物罪与逃税罪

现行《刑法》第二百零一条规定了逃税罪，第一百五十三条规定了走私普通货物罪。无论是逃税罪，还是走私普通货物罪，违法结果都是偷逃国家税款，违法手段都是虚假申报，只不过前者向税务申报，后者向海关申报，但处罚结果却截然不同。

对逃税行为，《刑法》规定："经税务机关依法下达追缴通知后，补缴应纳税款，缴纳滞纳金，已受行政处罚的，不予追究刑事责任。"言下之意，即使偷逃了再多税款，如果愿意补税罚款，就不用入刑受罪。著名的范某逃税案，就是典型的例证，范某逃税高达 2.5 亿元人民币，执法机关依然可以用补税加罚款的方式处理结案。这并非枉法裁判，而是事出有因，执法有据，产生了良好的法律效果；从社会效果上看，这种执法方式不但挽回了国家税款的巨额损失，也给违法者重新创造价值、回报社会的机会。但是，法律规定，如果当事人不愿意补缴税款，或者不愿意接受罚款，办案部门就可以立案侦查、检察起诉、判罪入刑，法律给了偷逃税款当事人接受行政处罚或者刑事处罚的选择权。

这里，有人可能会提出不同观点：涉税走私行为与逃税行为的危害性不同，所以，法律责任不同。这种观点认为，征收进口关税或者进口环节税，有利于保护国内相关行业的发展，进口企业少缴关税，不但偷逃了国家税款，而且进口货物冲击了国内市场，破坏国内相关行业的经济发展。

笔者认为，企业偷逃国内税款，同样会引起企业之间的不正当竞争，也会影响相关行业的经济发展。何况，上述案例中，企业偷逃的只是增值税，并没有关税，照样被认定为走私犯罪，甚至有些出口企业低报价格偷漏税款的，也同样被认定为走私犯罪，这与国内相关行业发展并无任何关系。所以，涉税走私行为与逃偷税行为的危害性不同的理论，不能成立。

综上，税是同样的税，同一法律，两个条款（《刑法》一百五十三条和二百零一条），两种罪名（走私罪和逃税罪），两种截然不同的处罚方式（例如，偷逃进口环节税1000万元人民币，构成走私罪，可能被判处十年以上有期徒刑；偷逃国内税1000万元人民币，可能不需要判处刑罚），对类似的事情，法律上存在轻重不同的处理方式，有必要予以及时修改和调整，重新建立公平合理的法律秩序。

四、贸易渠道涉税走私的重新定位

行为人采用伪报、瞒报方法，逃避海关监管，导致少缴或者漏缴国家税款的，是否必须定性为走私行为，并以刑事措施惩处，是值得重新思考的重大问题。

横向比较，贸易渠道的涉税走私，无论行为结果的社会危害性，还是犯罪主体的主观恶性，都比违禁品走私和非设关地走私小，所以，具备将贸易渠道涉税走私单独定性处理的条件。

纵向比较，贸易渠道的涉税走私，与逃税罪相比，社会危害性和主观恶性基本一样，对两种违法行为的惩处措施理也应基本相当。但是，《税收征管法》第六十三条和《刑法》第二百零一条规定了对恶意偷逃税款行为，优先适用行政处罚并责令补税；而《海关法》第八十二条和《刑法》第一百五十三条规定，将贸易渠道伪报、瞒报，逃避海关监管，导致偷逃税款的行为，定性为走私犯罪，予以刑事制裁。上述法律对两种相似违法行为的惩处，由于立法上不太平衡，司法实践中，也会导致负面的社会效果和法律效果。

综上，笔者建议，可以在《海关法》法律责任一章中引进“贸易瞒骗”的概念，将现行法律中的贸易渠道涉税走私行为，重新定义为“贸易瞒骗行为”，不再以“走私行为”或者“走私犯罪”定性，对贸易瞒骗行为不再适用刑事处罚方式，而借鉴《税收征管法》第六十三条和《刑法》第二百零一条的规定，用罚款加补税的处理方式予以惩处，较为妥当。

五、《海关法》和《刑法》相关条款的修改建议

现行《海关法》正在起草修订之中，起草者应当结合国家外贸形势的变化，海关监管重点的转移，走私犯罪查处的司法实践，并借鉴发达国家相关做法，审时度势，权衡利弊，对我国海关法律制度中的“走私行为”重新定义，并建议全国人大常委会对《刑法》第一百五十三条做出相关修订，使立法真正做到“过罚相当”，让司法真正做到“惩恶扬善”。对此，笔者具体建议如下：

第一，根据本节的前述意见，应当将贸易渠道的涉税走私行为，包括海关后续监管货物（保税货物、特定减免税货物）的擅自销售行为，从《海关法》第八十二条规定的内容中单独剥离出来，同时增加一个条款，与行邮旅检渠道的伪报、瞒报涉税走私行为，一并定义为“贸易瞒骗”行为，由海关予以行政处罚，并责令补税。

建议将《海关法》第八十二条修改为，“违反本法及有关法律、行政法规，逃避海关监管，逃避国家有关进出境的禁止性、限制性管理，或者偷逃应纳税款，有下列情形之一的，是走私行为：

（一）运输、携带、邮寄国家禁止或者限制进出境货物、物品进出境的；

（二）从沿海、沿边未设立海关的地点，运输、携带依法应当缴纳税款的货物、物品进出境的；

（三）有逃避海关监管，构成走私的其他行为的。

有前款所列行为之一，尚不构成犯罪的，由海关没收走私货物、物品及违法所得，可以并处罚款；对专门或者多次用于掩护走私的货物、物品，专门或者多次用于走私的运输工具，予以没收，藏匿走私货物、物品的特制设备，责令拆毁或者没收。

有第（一）款所列行为之一，构成犯罪的，依法追究刑事责任。”

第二，建议新增《海关法》第八十三条，“违反本法及其他法律、行政法规，经过设立海关的地点，以藏匿、伪装、瞒报、伪报等方式逃避海关监管，运输、携带依法应当缴纳税款的货物、物品进出境的，或者擅自销售保税货物、特定减免税货物，偷逃应纳税款的，是贸易瞒骗行为，处偷逃应纳税款三倍以下的罚款”。

第三，建议将《刑法》第一百五十三条修改为，“从沿海、沿边未设立海关的地点，运输、携带依法应当缴纳税款的货物、物品进出境，构成走私犯罪的，分别依照下列规定处罚：

（一）走私货物、物品偷逃应缴税额较大，处三年以下有期徒刑或者拘役，并处偷逃应缴税款一倍以上五倍以下罚金；

（二）走私货物、物品偷逃应缴税额巨大或者有其他严重情节的，处三年以上十年以下有期徒刑，并处偷逃应缴税款一倍以上五倍以下罚金；

（三）走私货物、物品偷逃应缴税额特别巨大或者有其他特别严重情节的，处十年以上有期徒刑或者无期徒刑，并处偷逃应缴税款一倍以上五倍以下罚金或者没收财产。”

第三节　“包税”走私的几个敏感话题

自古，走私就是一门“行当”，也是一项“技术活”。当下，行业分工日益精细，走私也不例外。

大家可能经常听说南方口岸的“水客”及其“蚂蚁搬家”，这里的“水客”，就是指专职带货入境的人群，每次一部手机或者一个马桶盖，积少成多，结果把整个“家”搬了进来。这里的“家”，是隐藏在“水客”背后“老板”的“家”，水客只是“家”的搬运工，赚取一点工钱，走私获利主要是“老板”的事情，背后“老板”是走私主犯。

但是，有一些代理通关企业，利用其在某个行业的“专长”，采取低报价格的措施，将货主在境外采购的货物通关入境，导致偷逃税款。代理通关企业向货主收取通关代理费用（包含税款、港杂费和运输费等），在自身赚取丰厚代理费用的同时，也为货主节约了一些税务成本，这是目前贸易渠道涉税走私的主要形态，即所谓“包税”走私。那么，在“包税”走私案件中，货主和通关企业，何者在走私中起主要作用？二者应当如何分担走私的刑事法律责任，成为“包税”走私案件的敏感话题。下面，请先看一个案例。

案例 1：低报价格进口旧挖掘机走私案

简要案情：2013 至 2015 年间，申某从日本采购二手挖掘机 230 台，先后分五批次委托 A 机械贸易公司代理进口。经双方协商确定，每台挖掘机进口代理费为 2.8 万元人民币，其中包含了向海关缴纳的进口环节税、港杂费和国内运输费等费用。申某收到进口货物后，向 A 公司支付了上述通关代理费用。

根据约定，进口海运提单、装箱单由日本供应商直接寄送给 A 公司，A 公司根据上述贸易单证，制作一套形式报关单证向海关申报纳税，货物通关后，A 公司送货上门，为申某提供了一条龙服务。

本案经海关查明，A公司低报价格幅度约30%，偷逃税款约350万元人民币。A公司通过制作虚假的合同、发票，并瞒报真实成交价格的方式，逃避海关监管，构成低报价格走私，是本案主犯；申某明知支付的代理费用明显低于应缴税款，仍委托A公司代理进口，与A公司具有走私的共同故意，构成共同走私犯罪，但在走私中仅起次要作用，是本案从犯。

案件处理：A公司构成走私普通货物罪，对其直接负责的主管人员判处有期徒刑五年，对A公司判处罚金人民币350万元人民币，对货主申某判处有期徒刑三年，并适用缓刑。

一、敏感话题之一：货主的罪与非罪

“包税”走私案件，有两类犯罪主体，一类主体是货主，即涉案货物的国内买方，货物采购和支付货款是货主的事情，但其不参与货物通关；一类主体是通关企业，即涉案货物的进口代理商，作为进口货物的收货人和纳税义务人，负责向海关申报通关，并将进口货物交给国内货主。

通关企业是“包税”走私不可或缺的角色，因其制作虚假的报关单证（如虚假的合同和发票），按照海关限价填报价格，并向海关申报纳税，从而达到少缴税款的目的。所以，“包税”走私案件中逃避海关监管的行为，多数情况下是通关企业主导实施的，应当承担主要的法律责任。

那么，货主是否构成走私犯罪，要不要承担相应的法律责任呢？笔者认为，货主的责任要根据案件的具体情况而定，不能一概而论。

一般情况下，货主不参与虚假贸易单证的制作和提交，也不实施具体的申报行为，即没有具体实施逃避海关监管的伪报或瞒报行为。如果货主足额支付了包括应缴税款在内的代理费用给通关企业，不参与通关申报，则不构成走私；如果货主没有足额支付应缴税款，且明知支付的代理费低于应缴税款，或者明知通关企业的申报价格低于实际成交价格，仍委托通关企业申报进口，则与通关企业具有走私获利的共同故意，构成共同走私。

低报价格走私的几个主要环节，包括境外货物采购、制作虚假单证、货物通关申报、货物国内运输和货款对外支付等，其中最主要的逃避海关监管行为是制作虚假贸易单证和伪瞒报通关，其他采购、运输和付款是低报价格走私的辅助环节。如果货主与通关企业具有走私的共同故意，且因货主参与采购、运输或者付款等走私的辅助行为，则构成共同走私犯罪；如果货主与通关企业没有走私的共同故意，即不知道代理费用明显低于应缴税款，或者不知道通关企业向海关的申报价格，则不构成共同走私犯罪。不能仅因货主实施了采购、运输或者支付货款等辅助行为，认定其构成走私。

所以，“包税”走私案件，货主是否具有走私的共同故意，既是公安侦查取证的要点，也是辩护律师在法庭上质证的关键点，主观故意是认定货主是否与通关企业构成共同走私的关键环节。

二、敏感话题之二：“包税”走私的主犯和从犯

货主和通关企业，何者在“包税”走私案件中起主要作用，如何承担法律责任？一般情况下，通关企业自行制作虚假贸易单证，实施向海关虚假申报的行为，在走私犯罪中起主要作用，主观恶性较大，违法行为的社会危害性也较大，是主犯，应当依法承担主要的法律责任。但是，如果通关企业完全根据货主提供的贸易单证向海关申报，对真实成交价格并不知道的情形除外。

货主没有参与制作虚假的贸易单证，没有实施伪报或者瞒报的行为，但是，若其明知支付的代理费明显低于应缴税款，或者明知通关企业的申报价格低于实际成交价格，仍委托通关企业代理进口，则与通关企业构成共同走私。但是，因其未参与实施伪报或者瞒报价格的行为，只是明知通

关企业低报价格，而放任通关企业实施低报价格，在走私过程中只起次要的或者辅助的作用，可以将货主认定为从犯，予以从轻或者减轻处罚。

执法实践中，大多数“包税”走私案件，根据共同走私活动中各当事人的地位和作用，将货主作为从犯定性处理，将通关企业作为主犯定性处理。但少数“包税”走私案件也有例外的情形，司法机关应当根据具体案件事实和证据，谨慎区分。

三、敏感话题之三：多缴税款与偷逃税款能否抵扣

“包税”走私案件，作为货主，与通关企业协商确定好代理费用后，对通关企业的申报行为一般不再干预，也不再关注通关企业如何向海关申报、申报价格等问题，而只关心能否及时接收货物，以及如何支付代理费用等。

所以，相当一部分的“包税”走私案件，货主实际上对通关企业的申报价格并不知情，而通关企业基本是贴着口岸海关对该商品的限价进行申报，也不去关心或者了解货主的实际成交价格。这样，通关企业申报的价格有可能高于货主的实际采购价格，导致进口环节向海关多缴税款。

那么，问题来了，在同一案件中，有的货物低报价格漏缴税款，有的货物高报价格多缴税款，海关在计核偷逃税款时，能否将多缴税款从漏缴税款中予以扣除呢？

“包税”走私案件，如果存在多次高报价格的情形，则通关企业对实际成交价格有可能不知情，货主对申报价格同样有可能不知情，否则不会反复多次高报价格多缴税款。所以，“包税”走私案件，如果存在多次高报价格的情形，低报和高报价格同时存在，则走私的主观故意是否成立，存在疑问，司法机关和辩护律师应当对犯罪嫌疑人（或被告人）是否具有走私主观故意，予以高度关注。

再退一步说，如果有证据证明通关企业或者货主具有低报价格的主观故意，走私行为依法可以定罪，则对高报价格多缴税款的部分，从执法合

理性角度考虑，应当从海关核定的偷逃税款中予以扣减为妥。

四、敏感话题之四：绕越设关地“包税”走私的法律责任

货主委托通关企业，将境外采购货物代理进口，通常情况下，货主并不关心通关企业用什么方式申报进口。但是，如果通关企业并未将货物从海关申报进口，而是从非设关地偷运进口，并且不能提供任何进口手续和单证，不从正常贸易渠道支付货款的，一般情况下，货主对偷运走私是知情的，至少是应当知情的。

所以，绕越设关地“包税”走私案件，货主与通关企业之间绝大多数存在共同故意，构成共同走私，而且主观故意比较明显，其主从犯地位很难分清，需要根据具体案情而定，但有证据证明货主是被通关企业蒙骗的除外。

第四节　跨境电商，低报价格的罪与非罪

近年来，跨境电商发展迅猛，国家监管政策变动频繁，在此背景下，执法机关如何合理对待新兴产业发展过程中的企业不规范行为，是一个值得深入思考的问题。对跨境电商中的低报价格行为，是按照走私犯罪打击？或按照申报不实予以行政处罚？还是按照海关估价规则补缴税款？需要理性地分析并区别对待。

据海关统计，2018 年我国跨境电商零售进出口总额 1347 亿元人民币，同比增长 50%；我国外贸进出口总额 30.51 万亿元人民币，同比增长 9.7%。虽然，跨境电商交易额仅占外贸总额的小小零头，但跨境电商的进口商品多为个人自用的日常消费品，如奶粉、红酒、食品和化妆品等，它与数亿消费者的生活直接相关，且从业人员众多，所以，跨境电商政策的风吹草动，均能引起社会各界的极大关注和反响。

跨境电商作为新兴业态，国家相关政策和海关监管规定尚不成熟和稳

定，处于经常变动和调整之中。例如，消费者单次交易和年度交易的限值，允许进口的商品清单，征收税款的优惠税率，以及跨境电商各种参与主体（跨境电商企业，跨境电商平台，境内服务代理、报关、物流、支付企业等）的法律地位和法律责任，尚未形成稳定的法律规制，给跨境电商各主体在运营中留下许多不确定因素和法律风险，一不小心可能面临牢狱之灾。

无论是在网购保税进口还是直购进口环节，大家可能都有听说过，有些企业利用消费者的身份信息，编造虚假的订单、支付和物流数据，"化整为零"地将货物零售申报入境，再"化零为整"地集货销售，利用跨境电商的税收优惠政策偷逃税款，牟取利益。跨境电商行业的上述伪报贸易方式走私案件，曾经接二连三地发生，有人甚至被判处十年以上有期徒刑，已经给跨境电商行业留下血淋淋的经验教训。殊不知，跨境电商另外一种典型现象，贴着"备案价格"低报，正悄悄成为下一个更大的法律漏洞，电商企业需要随时防范有可能会踩上的"雷"。

我们先来看一个例子，再讨论一下这种低报价格行为，到底有没有构成违法，当事人应当承担什么样的法律责任？

案例 2：申报进口跨境电商物品低报价格走私案

简要案情：国内 A 供应链公司接受在英国注册的 B 跨境电商企业的委托，将 B 公司在某网络交易平台上出售给我国境内消费者的奶粉、红酒和化妆品，通关申报入境，派送到消费者手里。A 公司接受委托后，由 C 报关公司根据海关要求，向海关申请备案（包括价格备案），同时委托 D 公司向海关推送进口货物的支付和物流信息。C 报关公司用经过海关备案认可的价格申报纳税，后海关审查发现申报价格低于同类商品的海关估价（相同、类似商品的价格），本案应当如何处理?

案件处理：

1. 认定为低报价格走私普通货物、物品罪，对 A、D 公司及相关责任人员追究刑事责任；

2. 认定为商品价格申报不实，构成违规行为，对 A 公司予以行政处罚，处以罚款并责令补缴税款；

3. 本案不构成走私或者违规行为，但申报价格低于海关估价，海关可以依法对 A 公司申报的价格予以调整补税。

上述三种处理方式，何者最为合法、合理，具体分析如下：

一、跨境电商低报价格是否构成走私犯罪？

跨境电商低报价格是否构成走私犯罪，不能一概而论，应视不同情况分析。根据《关于跨境电子商务零售进出口商品有关监管事宜的公告》（海关总署公告〔2018〕194 号）、《关于跨境电子商务零售进口税收政策的通知》（财关税〔2016〕18 号，《关于完善跨境电子商务零售进口税收政策的通知》（财关税〔2018〕49 号）的相关规定，当事人应当向海关申报实际交易价格，如果跨境电商企业的境内服务代理人，明知真实的实际交易价格（包含零售价格、运费、保险费），而仍故意以较低价格向海关备案或者申报，导致偷逃税款（超过起刑点），牟取非法利益，理论上应当构成走私普通货物罪。

但是，证明走私犯罪应当排除合理怀疑，如果公诉机关不能证明当事人明知实际交易价格而故意隐瞒不报，或者侦查机关没有查证到网上交易的实际交易价格，那么，直接以当事人申报价格低于海关估价作为有罪证据，认定当事人伪报或者瞒报价格走私，笔者认为走私犯罪难以成立。理由其实很简单，“真”与“假”是相对的，“不知真是何物，怎知何物为假？”查不清实际交易价格，如何认定“伪报”或者“瞒报”价格呢？

跨境电商低报价格走私与一般贸易方式低报价格走私的证明程序，其实是一样的。一般贸易方式低报价格走私案件，要求提取真、伪两套合同、发票，在无法提取真、伪两套合同、发票等单证的情况下，可以根据犯罪嫌疑人、被告人的付汇渠道、资金流向、会计账册、境内外收发货人的真实交易方式，以及其他能够证明进出口货物实际成交价格的证据材料综合认定［《最高人民法院、最高人民检察院、海关总署关于印发〈办理走私刑事案件适用法律若干问题的意见〉的通知》（法〔2002〕139号）第十一条第二款］。

所以，跨境电商低报价格案件，如果没有证据证明当事人知道实际交易价格，或者没有查清实际交易价格是多少，而仅以犯罪嫌疑人的申报价格（或者备案价格）低于海关估价，认定其为走私犯罪，笔者认为，这样不能排除合理怀疑，认定构成走私犯罪依据不足。

二、跨境电商低报价格是否构成申报不实的违规行为？

申报不实的违规行为是一种行政违法，依法应当给予罚款等行政处罚。根据《中华人民共和国行政处罚法》（以下简称《行政处罚法》）的基本精神，给予行政处罚的行为，当事人主观上应当具有一定的过错，没有主观过错的行为，一般情况下不应予以行政处罚，即所谓的“无过错不处罚原则”。

对于跨境电商的低报价格案件，如因各种原因未以实际交易价格向海关申报，而以较低价格申报导致漏缴税款的，在排除主观故意走私的条件下，可能认定为申报不实的违规行为。但如果没有实际交易价格或者实际交易价格不确定的，依法不构成申报不实的违规行为。

根据相关规定，进出口货物无实际成交价格或者实际成交价格在货物进出口时无法确定，当事人申报的进出口货物价格与海关依法审查确定的完税价格不符的，一般情况下，不构成价格申报不实的违规行为。海关的上述行政执法精神，适用于跨境电商价格申报错误案件的处理之中。

三、跨境电商申报价格低于海关估价，能否责令补缴税款?

如果跨境电商企业与消费者之间的实际交易价格无法查清，境内代理人也不知道实际的交易价格，当事人的行为则不构成走私犯罪，也不构成申报不实的违规行为。但海关经过估价认为，当事人的申报价格低于海关估价，存在漏缴税款的风险。海关可以根据《中华人民共和国海关审定进出口货物完税价格办法》（海关总署 213 号令，以下简称《审价办法》）第六条的规定，有权对当事人申报的价格进行重新估价，并责令当事人重新申报，或者予以调整补税。

四、“备案价格”经过海关的实质性审核，跨境电商企业以海关认可的“备案价格”申报，形成信赖保护，申报错误是否构成违法值得商榷。

跨境电商是新型进出口贸易形态，各口岸海关的监管模式均不尽相同。部分海关根据海关总署 2016 年第 26 号《关于跨境电子商务零售进出口商品有关监管事宜的公告》和国家质量监督检验检疫总局 2015 年第 137 号公告《跨境电子商务经营主体和商品备案管理工作规范》的要求，跨境电商货物申报进口应当事先进行品名和价格等要素备案，在价格备案过程中，海关对企业提供的备案价格进行实质性审核（根据相同或者类似货物的参考价格）。如果海关认为价格备案过低，可以要求企业重新提供备案价格，直到海关认可的备案价格为止，达到防范海关税款流失，控制跨境电商税收水平的目的。

跨境电商企业或者境内服务商在货物进口时，向海关申报纳税一般都是按照备案价格向海关申报，一般情况下，海关会接受企业已备案通过的申报价格。目前，这种做法和现象，已经形成业界的常态。但是，问题在于：海关既然审核认可了企业的备案价格，企业也根据海关认可的备案价格向海关申报，企业就对海关产生了信赖心理，但海关在审核发现企业申报价格低于海关估价时，又认定构成走私或者违规的行为，这两个行为是相互矛盾的。

笔者认为，海关要求企业提供备案价格，并实质审核企业的备案价格，是行政机关对企业做出的一个行政行为，企业对海关这个行政行为产生了信赖心理，企业根据海关认可的备案价格进行申报，就不再构成违法行为，追究法律责任，更不能构成走私犯罪。即便实际上价格申报有误，申报价格低于海关估价，海关也只能根据《海关法》第五十五条的规定，予以估价补税即可。

总而言之，跨境电商作为新兴行业，国家监管政策频繁调整，其目的在于促进该新兴行业健康发展。在大力扶持跨境电商行业发展的政策背景下，国家对其行业发展之初的企业的不规范行为，从刑法的谦抑性原则出发，不宜动辄运用刑事手段打压企业的“打擦边球”行为，应当引进一定的容错机制，予以适当引导和纠正，从而在司法政策层面体现对新兴产业的宽容和扶持，推动跨境电商产业的长远、健康发展。

第五节　境外供货商，如何变成走私犯

逃避海关监管，偷逃进口税款，是普通货物走私的标配，前者是手段，后者是目的，缺一不可。但跨境贸易的境外供货商，没有缴纳关税的义务，也不受我国海关的监管，怎么也成了走私犯呢？先看几个案例。

案例 3： 印度供应商苏萨德，在印度境内收购真人头发，经梳理后卖给我国郑州采购商高某，高某因瞒报价格涉嫌走私犯罪被捕，苏萨德也因此被捕。一年之后，国内货主高某被检方向法院提起公诉，印度供应商苏萨德却被检方无罪释放，回归印度。

案例 4： 日本供应商某株式会社的麻某，从日本出售遮光材料给广东邓某，邓某因瞒报价格涉嫌走私被捕，麻某因协助提供虚假发票被警方取保候审，后被东莞检方以情节轻微为由，做出相对不起诉决定。

案例 5： 加拿大供应商安东尼，自加拿大出售三文鱼给我国境内收货人詹某，货物从加拿大空运至越南海防，并从我国广西以边境互市贸易方式，免税申报入境。詹某因涉嫌走私犯罪被捕，安东尼同时被捕，一审被判有期徒刑。

从以上三个案例可以看出，司法机关对境外供货商是否构成走私普通货物罪，争议较大，意见不一。有的直接认定不构成走私犯罪，有的以情节轻微为由不起诉，有的认为构成走私犯罪。

笔者认为，境外供货商向我国出口应税货物，不需要向我国海关缴纳税款，也不需要向我国海关履行申报义务。如果境外供货商和境内采购商

没有通谋，也没有共享漏税利益，司法机关认定境外供货商构成走私犯罪的理由则难以成立。具体分析如下。

一、刑事司法管辖权

境外供货商向我国境内采购商销售涉案货物，境外供货商实施的主要行为是签订交易合同，交运涉案货物，开具交易发票和收取交易货款等。上述交易行为均在境外实施完成，如果境外供货商为配合境内采购商低报价格而开具虚假发票，或者为境内采购商伪报贸易方式而提供便利，则涉嫌构成共同走私，那么我国《刑法》对境外供货商实施的上述行为是否具有刑事管辖权呢？

根据我国《刑法》第六条规定，“凡在中华人民共和国领域内犯罪的，除法律有特别规定的以外，都适用本法……犯罪的行为或者结果有一项发生在中华人民共和国领域内的，就认为是在中华人民共和国领域内犯罪。”走私普通货物罪，属于涉税走私，主要危害后果是偷逃国家税款，犯罪后果显然发生在中国境内。所以，根据上述法律规定，境外供货商理论上可以成为我国《刑法》的管辖对象。

但是，境外供货商如果没有采取签订阴阳合同、开具虚假发票等的行为，以配合境内采购商低报价格走私，也没有与境内购货人通谋共享走私利益，则难以认定境外供货商构成走私犯罪。

那么，如果境外供货商明知境内采购商低报价格或者伪报贸易方式走私入境，而又持续向其供货，情况又如何呢？

二、走私主观故意

涉税走私属于故意犯，即明知故犯。行为人如果没有主观故意，即使少缴税款，也不能认定为走私犯罪，这是司法机关认定走私犯罪案件的基本规则。那么，什么是主观故意呢？

直接故意：积极追求少缴税款的后果，以节约财务成本或者赚取超额利润，是主观故意的直接表现；但是，境外供货商，并没有向我国海关缴纳税款的义务，如何积极追求少缴税款呢？如果有证据证明境外供货商采取制作虚假合同、发票，接受非正常渠道的货款支付等的方式，为境内采购商的走私提供便利，则可能被司法机关认定为与走私人通谋，或者为其提供帮助，构成共同走私犯罪。

间接故意：如果没有证据证明存在通谋或者勾结，仅仅是明知，即境外供货商明知境内采购商以低报价格、少报数量或者伪报贸易方式等偷逃国家税款，而放任境内采购商实施上述行为，并向其继续供货，则属于间接故意。境外供货商具备上述间接故意，是不是也构成共同走私呢？

笔者认为，境外供货商仅具备上述间接故意，没有实施其他帮助的行为，不能构成共同走私犯罪。

供货商在境外，没有偷逃税的目的和动机，没有伪瞒报逃避海关监管，大多数国家也没有走私普通货物的罪名，仅因境外供货商明知境内采购商走私，而继续销售货物，就认定其构成共同走私，既不合法也不合理。在司法实践中，也不可能每个低报价格走私案件，侦查机关都要排查境外供货商是否明知，如果有的案件调查境外供货商，有的案件不调查境外供货商，也存在选择性执法之嫌。

所以，没有证据证明境外供货商与境内采购商勾结、通谋的直接故意，仅有境外供货商明知境内采购商走私的间接故意，则境外供货商不构成共同走私犯罪。

案例3、案例4均属于只有间接故意，而没有直接故意的情形，然而，两个案件检方最后认定处理的结论，有所差异。但所幸之事，均未追究刑事责任。

三、共享走私利益

境外供货商，能否构成共同走私犯罪，除了上述主观故意的判断标准之外，还要看其与境内采购商是否共享走私利益。若有证据证明境外供货商与境内采购商利益共享，即境外供货商从境内采购商处收取利润分红，则被认定为共同走私的可能性很大，除非存在无主观故意且无协助逃避监管的申辩理由。

共享走私利益，除了收取利润分红之外，是不是还有其他的表现形式？加价、佣金和搭售等形式算不算？单纯为了维护境内客户的销售渠道，以正常的市场价格销售，算不算利益共享？

笔者认为，除了入股或者利润分红之外，其他任何形式的利益共享，在刑事证据上均难以固定。所以，如果没有直接的利润分配，至少应当证明境外供货商提供了逃避海关监管的帮助，如明知境内采购商走私，而帮助其开具、提供不真实的发票等，否则难以认定其构成共同走私。

上述案例 5，没有境外供货商参与利润分配的证据，没有境外供货商加价销售而额外获利的证据，如果该案也没有通谋或者提供协助逃避海关监管的事实，仅以明知境内采购商存在边贸走私进口，则将境外供货商定性为走私犯罪，能否成立，有待进一步商榷。

四、逃避海关监管

《刑法》第一百五十三条规定的走私普通货物罪，并无罪状之描述，什么是走私普通货物罪？《刑法》没有规定，只规定了走私普通货物如何处罚。但《海关法》第八十二条规定了当事人逃避海关监管，且偷逃应纳税款的，构成走私行为。

那么，究竟什么是逃避海关监管？《海关法》也没有说清楚，而是通过《海关行政处罚实施条例》第七条，做出了明确界定，当事人在经过设立海关的地点，以藏匿、伪装、瞒报、伪报或者其他方式逃避海关监管的，是贸易渠道涉税走私的具体行为方式。

所以，贸易渠道的逃避海关监管行为（非设关地偷运走私除外），无论是藏匿、伪装，还是伪报、瞒报，境外供货商显然鞭长莫及，无法实施，只有境内采购商向海关申报时才能实施。

这样，境外供货商就不存在逃避海关监管的行为了吗？不是的。走私行为并不是单个行为，它是一个行为链条组成的，除了藏匿、伪装、瞒报和伪报等关键环节的行为外，还有采购、制作单证、付款、运输和销售等环节，在上述非关键环节实施这些单个或者多个行为的当事人，存在主观故意或者利益分成的前提下，均可能构成共同走私犯罪。境外供货商没有参与走私利益分配的，但提供虚假合同、发票等，可能被作为共同犯罪的从犯定性，可以减轻处罚；如果参与了利益分配，则可能作为走私共犯处理。

综上所述，境外供货商是否构成走私犯罪，依法追究刑事责任，应当按照走私犯罪的构成条件，分析其是否具有走私故意，是否获取走私利益，是否逃避海关监管等因素予以判断。上述三个因素具备任何两个或者两个以上，则被追究刑事责任的可能性较大，如果不具备任何一个因素或者只具备其中一个因素，则很难构成走私犯罪。

第六节　非设关地走私一律适用普通税率，这样做好吗

“一律”这个词，听上去就有点“武断”和“任性”。即便在法条中也很少使用，凡事都有例外，留点余地总是好的。

然而，不久前，在“两高一部”文件中又看到这种熟悉的词汇，非设关地走私成品油，计核偷逃税款，一律适用普通税率。

根据最高人民法院、最高人民检察院、海关总署《打击非设关地成品油走私专题研讨会会议纪要》［以下简称《会议纪要》，署缉发〔2019〕210 号］的规定，非设关地成品油走私活动属于非法的贸易活动，计核非设关地成品油走私刑事案件的偷逃应缴税额，一律按照成品油的普通税率核定，不适用最惠国税率或者暂定税率。

按理，如何计核偷逃税款，是专业机构的事情，《偷逃税款核定证明书》作为鉴定结论，其性质是专业机构依技术标准做出的专业判断，而不属于司法机关的法律判断。最高人民法院、最高人民检察院作为司法机关，本来可以不管这个“闲事”，但你既然管了，老林也来评评这个理。以下纯属学术观点，若有不妥，请多包容。

一、如何适用税率，谁说了算

海关作为核定关税的专业机构，目前仅此一家，绝无“分店”。既如此，如何适用税率计核税款，应该是海关说了算吧。但是，最高人民法院作为司法机关，虽在诉讼活动中具有最后的裁判权，在具体个案中海关核定税款如果存在错误，可以依法纠正，但税率适用标准的制定权，理应由专业机构海关来行使，更为合理。作为司法机关，制定发布其他专业领域的税率适用标准，做出“非设关地走私，一律适用普通税率”的结论，未免缺乏专业上的权威性。

即便如此，如果制定发布的标准合理有据，资格问题也就不是那么重要了。但是，事实并非如此。“两高”做出“非设关地走私，一律适用普通税率”的判断，主要依据是“非设关地走私，是非法的贸易活动”。

那么，老林弱弱地问一句，“设关地走私，是合法的贸易活动吗？”如果不是，“设关地走私”也是非法的贸易活动，为何就可以适用优惠税率计核偷逃税款呢？

二、税率适用的依据在哪里

海关计核税款，如何适用税率？在《中华人民共和国进出口关税条例》（以下简称《进出口关税条例》）中有详细的规定，该条例第二章共有九个条文，全部规定了如何适用税率，什么情况下适用普通税率，什么情况下适用最惠国税率，什么情况下适用协定税率，以及什么情况下适用暂定税率，规定得清清楚楚，明明白白。

如果说还有疑问，那么，针对走私违法案件中原产地不明的货物如何适用税率的问题，在2005年，海关总署召开的案件审理委员会中，审议决定：在办理走私案件时，海关对证明案件事实负有举证责任，如原产地不明且办案部门举证不能，则应适用优惠税率计算偷逃税款，并以署缉发文件形式下发全国海关遵照执行。2007年，海关总署关税征管司对杭州海关请示的复函中，对原产地不明的走私货物如何适用税率计核偷逃税款，进一步明确：原产地不明且办案部门举证不能的，海关应适用最惠国税率计核税款；如果同时存在最惠国税率和暂定税率的，应当优先适用暂定税率计核税款。

也就是说，计核常规税款如何适用税率，国务院法规已有详尽的规定，计核违法案件偷漏税款如何适用税率，海关总署也有专门的文件做了详尽的规定，并充分说明了理由。上述规定已经执行了15年之久，鲜见异议。

三、“一律适用普通税率”的后果是什么

《会议纪要》规定，因非设关地走私属于非法的贸易活动，则一律按照成品油的普通税率核定偷逃税款。为了不产生歧义，更加明确一点，不适用最惠国税率或者暂定税率。并且，办理非设关地走私白糖、冻品等刑事案件的相关问题，可以参照《会议纪要》的精神依法处理。这样，导致如下后果：

（一）计核偷逃税款普遍虚高

按照《会议纪要》规定，非设关地走私的偷逃税款，少则增加1倍，多则增加10倍。根据法律规定，假如正常可能被判2年的走私人，将被判10年以上。例如，柴油的暂定税率1%，最惠国税率是6%，普通税率11%，如果适用普通税率，将增加约0.8倍至10倍的关税；白砂糖的最惠国税率15%，普通税率125%，将增加约7倍的关税；牛肉的最惠国税率12%，普

通税率为 70%，将增加约 5 倍的关税。

可以说，非设关地的涉案商品，全都来自于世界贸易组织成员（160 多个成员），一律按照最惠国税率计核偷逃税款，绝不会让走私犯罪分子占去了便宜，更何况，有的商品还应当享受协定税率或者暂定税率的。无论是柴油、牛肉还是白糖，目前为止，还未见到非世界贸易组织成员国向我国输入的案例，即便存在，那也是万分之一的偶发性事件。

举个例子，非设关地走私进口来自泰国的白砂糖，按最惠国税率计核偷逃税款 25 万元人民币，按照普通税率计核偷逃税款可能高达 200 万元人民币，而泰国不但是世界贸易组织成员，也是中国—东盟自由贸易协定成员国，不仅可以享受最惠国税率，还可以享受更为优惠的协定税率。如果有证据证明涉案货物的原产地确实来自泰国，为什么不能按照优惠税率进行计核偷逃税款，却一定要按照普通税率计核偷逃税款呢？

（二）执法随意性扩张

非设关地走私与设关地走私，确有违法性质之区别，但何者应当处罚更重一点，这是《刑法》应当解决的问题，而不能通过随意改变计税规则来解决。如果对非设关地走私适用普通税率，而对设关地走私适用优惠税率（或者暂定税率），那么，海关的税率适用就没有统一的原则和规则。如果根据不同的进口场所、不同的进口方式或者不同的进口主体，可以适用不同的适率，则海关执法也将会缺乏统一性和稳定性。

（三）疑点利益不再归于被告

刑事诉讼中遇到事实无法查清或查清事实所需成本过高的时候，依有利于被告的原则判决，这是“疑点利益归于被告”的刑事诉讼原则，虽然不是法律规定，但此法律原则已被我国刑事司法所广泛认可。

非设关地进口货物原产地不明的，一律适用优惠税率计核偷逃税款，体现疑点利益归于被告，这在海关总署案件审理委员会的决议中已有充分体现，但“两高一部”规定“一律适用普通税率”，意味着，不管涉案货物是否来自于优惠原产地国家或者地区的，只要其从非设关走私进口，就要一律适用普通税率，有违“疑点利益归于被告”的司法理念。

四、法律效力和适用原则

“非设关地走私，一律适用普通税率核定偷逃税款”的规定，虽然文件号为“署缉发〔2019〕210号”，实际上是最高人民法院、最高人民检查院和海关总署联合发布的规范性文件，在具体的司法和执法活动中，均具有一定的参考性。对“检法”来讲，《会议纪要》虽然不是司法解释，不具有强制性适用的效力，但是，最高司法机关的指导性文件，对各地“检法”均有参考实施的意义，当然，如果司法人员认为文件内容存在不合理性等因素，也可以不予参照执行。

对海关来说，作为负责计核偷逃税款的专业机构，如何计核偷逃税款，最终具有话语权。若干不同文件（如，署缉发〔2019〕210号，署缉发〔2006〕98号，税管函〔2007〕119号），对同一事项做出不同规定的情况下，应当如何选择适用的税率？笔者认为，海关在执法实践中，应当考虑上位法的规定，客观、理性地做出判断和选择，正确合理地计核偷逃税款。

另外，在《会议纪要》出台之前实施的非设关地走私行为，目前尚未做出生效判决的，根据“从旧兼从轻”的法律适用原则，不应当以普通税率计核偷逃税款，应当以优惠税率或者暂定税率计核偷逃税款。

目前，非设关地走私成品油、粮食及冻品，形势依然严重，“乱世用重典”确有必要，但严厉打击应当有法律依据，不能用《会议纪要》等文件代替法典，这样，国家失去的不仅仅是一些税款，更多的是来之不易的法治理念。税款失去了可以再来，但法治精神丢弃了，将难以挽回。

第七节　未经许可，进口限制进口货物的罪与非罪

偷逃进出口应缴税款，构成走私普通货物罪；运输禁止进口货物入境，构成走私禁止进口货物罪，没有争议。但凭证进口的管制货物，如果未经许可，被偷运入境（含伪、瞒报），是不是走私犯罪，司法实践中仍争议不断。下面从合法性和合理性两个角度，谈谈未经许可，进口涉证货物的罪与非罪。

一、禁止进口与限制进口，本质有何不同

顾名思义，禁止是不允许，限制是有条件地允许。禁止进口货物，官方用负面清单管理，《禁止进出口货物目录》中列明了各种不允许进口的货物名称，均为对人身健康、生态环境可能造成危害的货物，包括旧机电产品、医疗垃圾、旧机动车、生活垃圾和工业垃圾等；限制进口货物，官方用进口许可证管理，如，ODS 物质、军民两用物项、黄金白银、精神类药品、民用爆炸物、可利用的固体废物、棉花、食糖和大米等农产品配额证等。

国家共公布了六批《禁止进口货物目录》。其中，第一批、第二批《禁止进口货物目录》详见表 2.1、表 2.2。

表 2.1　禁止进口货物目录（第一批）

序号	商品编码	商品名称
1	05069090.11	已脱胶的虎骨（指未经加工或经脱脂等加工的）
	05069090.19	未脱胶的虎骨（指未经加工或经脱脂等加工的）
2	05071000.10	犀牛角

续表

序号	商品编码	商品名称
3	13021100	鸦片液汁及浸膏（也称阿片）
4	29031400.10	四氯化碳，用于清洗剂的除外
	29031400.90	四氯化碳，用于清洗剂的
	29034300.90	三氯三氟乙烷（CFC-U3），用于清洗剂

表 2.2　禁止进口货物目录（第二批）①

序号	商品编号	商品名称
1	73110010	装压缩或液化气的钢铁容器
2	73110090	其他装压缩或液化气的钢铁容器
3	73211100	可使用气体燃料的家用炉灶
4	73218100	可使用气体燃料的其他家用器具
5	76130090	非零售装压缩、液化气体铝容器
6	84021110	蒸发量在 900 吨 / 时及以上的发电用锅炉
7	84021190	蒸发量超过 45 吨 / 时的其他水管锅炉
8	84021200	蒸发量不超过 45 吨 / 时的水管锅炉
9	84021900	未列名蒸汽锅炉，包括混合式锅炉
10	84022000	过热水锅炉
11	84031010	家用型热水锅炉
12	84031090	其他集中供暖用的热水锅炉
13	84041010	蒸汽锅炉和过热水锅炉的辅助设备
14	84041020	集中供暖用锅炉的辅助设备

① 即《旧机电产品禁止进口目录》。

续表

序号	商品编号	商品名称
15	84042000	水蒸汽或其他蒸汽动力装置的冷凝器
16	84161000	使用液体燃料的炉用燃烧器
17	84162011	使用天然气的炉用燃烧器
18	84162019	使用其他气体燃料的炉用燃烧器
19	84162090	使用粉状固体燃料的炉用燃烧器
20	84163000	机械加煤机及其机械炉篦、机械出灰器等装置
21	84171000	矿砂或金属的焙烧、熔化等热处理用炉及烘箱
22	84178010	炼焦炉

国务院各主管部门签发的进出口贸易监管证件及代码详见表 2.3。

表 2.3　国务院各主管部门签发的进出口贸易监管证件

序号	证件名称	代码	签发机构
1	进口许可证	1	商务部及其授权机构
2	出口许可证	4	商务部及其授权机构
3	出口许可证（加工贸易）	x	商务部及其授权机构
4	出口许可证（边境小额贸易）	y	商务部及其授权机构
5	两用物项和技术进口许可证	2	商务部及其授权机构
6	两用物项和技术出口许可证	3	商务部及其授权机构
7	两用物项和技术出口许可证（定向）	G	商务部及其授权机构
8	自动进口许可证	7	商务部及其授权机构
9	自动进口许可证（机电产品）	O	商务部及其授权机构

续表

序号	证件名称	代码	签发机构
10	自动进口许可证（加工贸易）	v	商务部及其授权机构
11	濒危物种允许进口证明书	F	国家濒危物种进出口管理办公室及其授权机构
12	濒危物种允许出口证明书	E	国家濒危物种进出口管理办公室及其授权机构
13	黄金及黄金制品进口准许证	J	中国人民银行及其授权机构
14	黄金及黄金制品出口准许证	J	中国人民银行及其授权机构
15	密码产品和设备进口许可证	M	国家密码管理局
16	固体废物进口许可证	P	生态环境部及其授权机构
17	进口药品通关单	Q	国家药品监督管理局及其授权机构
18	药品进口准许证	L	国家药品监督管理局及其授权机构
19	药品出口准许证	L	国家药品监督管理局及其授权机构
20	麻醉精神药品进口准许证	I	国家药品监督管理局
21	麻醉精神药品出口准许证	I	国家药品监督管理局
22	麻醉药品进口准许证（废止）	W	国家药品监督管理总局
23	麻醉药品出口准许证（废止）	W	国家药品监督管理总局
24	医疗用毒性药品进出口批件	暂无	国家药品监督管理局及其授权机构
25	放射性药品进出口批件	暂无	国家药品监督管理局及其授权机构
26	进口兽药通关单	R	农业农村部及其授权机构
27	进口农药登记证明	S	农业农村部及其授权机构
28	出口农药登记证明	S	农业农村部及其授权机构
29	合法捕捞产品通关证明	U	农业农村部
30	有毒化学品环境管理放行通知单	X	生态环境部
31	赴境外加工光盘进口备案证明	Z	国家广播电视总局

续表

序号	证件名称	代码	签发机构
32	民用爆炸物品进口审批单	k	工业和信息化部
33	民用爆炸物品出口审批单	k	工业和信息化部
34	人类遗传资源材料出口、出境证明	V	科技部
35	人体血液进出口批件	暂无	国家卫生健康委员会
36	技术进口许可证	暂无	商务部及其授权机构
37	技术出口许可证	i	商务部及其授权机构
38	美术品进出口批准文件	暂无	文化和旅游部及其授权机构
39	农产品进口关税配额证	t	商务部及其授权机构或国家发展改革委及其授权机构
40	化肥进口关税配额证明	t	商务部及其授权机构
41	关税配额外优惠关税税率进口棉花配额证	e	国家发展改革委及其授权机构
42	国别关税配额证明	q	商务部及其授权机构

从表2.1至表2.3可见，禁止、限制进出口货物的性质有着本质的区别，前者进境，可能对人身健康和生态环境造成严重损害，法律上不允许任何人进口，国家不让进口的原因取决于货物本身的属性；限制性货物属于生产物资或者生活用品，但因其用途特殊，国家需要贸易管制，只允许特殊主体限量进出口，有资格的主体才能申请许可证件，并凭许可证件限量进出口。

前者如果偷运进口，可能导致重大危害，理应坚决抵制，《刑法》第一百五十一条、第一百五十二条明确将其认定为走私国家禁止进口货物罪和走私进口废物罪，予以严厉打击。

后者如果未经许可逃证进口，货物本身不具有危害性，其危害性局限于逃避许可证件管理，《刑法》没有明确规定逃证行为是否构成犯罪。但是，最高人民法院、最高人民检察院《关于办理走私刑事案件适用法律若干问题的解释》（法释〔2014〕10号）第二十一条规定，未经许可，进口限制性货物的，以走私禁止进口货物罪定罪量刑。

二、未经许可进口限制性管制货物，能否视为进口禁止性货物

（一）禁止还是限制，谁说了算

根据《中华人民共和国对外贸易法》第十八条的规定，国务院对外贸易主管部门会同国务院其他有关部门，制定、调整并公布限制或者禁止进出口的货物目录。

实际上，是由商务部、海关总署或者环保部决定并公布《禁止进出口货物目录》，海关总署制定并公布《中华人民共和国禁止进出境物品表》和《中华人民共和国限制进出境物品表》（仅限旅客携带和邮递物品）。对于限制进出口的管制货物，官方目前尚未公布汇总目录。

从国家对禁、限类进出口货物、物品的列表，可以清楚地表明，国家对禁止进出口货物和限制进出口货物的区分是明确的，即禁止是禁止，限制是限制，不能随意偷换概念。如需调整禁、限管理，应由商务部、海关总署等国务院行政主管部门决定，并对外发布公告。这项禁、限类货物的管制权力，法律只授权国务院行政主管部门（各部委）决定，并未授权最高人民法院、最高人民检察院发布。

（二）司法与行政，各尽其职

最高人民法院和最高人民检察院的上述司法解释，将未经许可进口的限制性货物解释为进口国家禁止性货物，并按照《刑法》第一百五十一条、第一百五十二条定罪量刑。

笔者认为，货物的性质是不是属于禁止进出口的，应当根据行政主管部门公布的《禁止进出口货物目录》予以判断，如果判断不清，应当由主管行政机关出具证明予以鉴别。最高人民法院、最高人民检察院作为司法机关，对法律的适用具有解释权，但对什么是禁止进出口货物，什么是限

制进出口货物，法律并未授权其进行解释，司法机关无权将未经许可进口的限制进出口货物解释为禁止进出口的货物。禁止进口货物与限制进口货物，有着天然的、本质的不同属性，禁止进口货物之所以禁止，因其存在危害性；限制进口货物之所以限制，主要与进口主体的特殊性等因素有关，两者不能在一定条件下相互转化。

例如，“固体废物进口许可证”，进口商可以凭该证进口，如果进口商没有该许可证，购买或者借用他人的固体废物许可证进口可利用的固体废物，则进口货物是否就变成国家禁止进口的货物？这种判断，既不具有合法性，也不具有合理性。同一货物，对不同的进口主体，有证者则为限制，无证者则为禁止，禁止与限制的货物属性可以随意切换，不符合禁、限货物的基本逻辑。笔者认为，上述司法解释已经超越了法律适用的解释范围，实际上，司法解释已经代替行政判断，做出“无证视为禁止”的规定，这种判断缺乏专业基础，也没有法律依据。

三、禁止性货物的走私犯罪包含哪些罪名

毒品、武器弹药、核材料或者伪造的货币，以及淫秽物品、出口文物和固体废物等，是禁止进口的货物。上述禁止性货物的走私，《刑法》明确规定了其相应的罪名，如走私毒品罪、走私武器弹药罪、走私核材料罪、走私假币罪、走私淫秽物品罪、走私文物罪和走私废物罪等。

此外，《刑法》第一百五十一条第二款（走私珍稀植物及其制品等国家禁止进出口的其他货物、物品的）规定了兜底的条款。这意味着，除了上述禁止性货物的具体走私罪名外，还有其他禁止性货物的走私。那么，具体还有哪些禁止性货物的走私呢？这应当由法律予以补充规定具体罪名，或者由国务院行政主管部门以规章或者公告的形式予以补充禁止目录，例如，根据联合国安理会 2371 号决议，全面禁止从朝鲜进口矿产品和水海产品。我国政府（商务部、海关总署）根据上述决议，发布 2017 年第 40 号公告

《关于执行联合国安理会第2371号决议的公告》，禁止进口来自朝鲜的矿产品和水海产品。如果企业违反上述规定，即构成《刑法》第一百五十一条第二款规定的其他走私国家禁止进口货物罪。

如果通过司法解释，将未经许可的限制性货物直接解释为禁止性货物，而没有国家行政主管部门对涉案货物做出禁止性规定，这种解释显失权威性、合理性和合法性。

四、未经许可进口限制性货物，是否需要动用刑事手段予以打击

我国常见的凭许可证进出口的限制性货物包括生产性物资和生活物品两大类，生产性物资有ODS物质、军民两项物项、黄金及其制品、可利用的固体废物和密码产品等；常见的生活物品有药品、音像制品、捕捞产品和棉花、食糖等。这些货物本身的性质对人身健康和生态环境均无直接的危害，限制进口只是为了保护国内的相关产业，或者特殊产品要求特殊资格的经营主体，带有很强的行政色彩。

上述限制性货物，未经许可擅自进口，一般不会危害人身健康及生态、环境安全，只是一定程度上影响政府的监管秩序和国内产业的发展，危害性不是很大。根据“过罚相当”的原则，没有必要动用刑事措施予以打击，而用行政措施予以惩罚即可。在司法实践中，除可利用的固体废物外，未经许可进口其他限制性货物，实际上，也很少作为走私犯罪处理。

可利用的固体废物，主要指废旧金属、废旧塑料和废旧纸张等，属于可再生资源，须凭许可证进口。但很多企业因拿不到进口许可证，通过购买或者借用他人许可证的方式办理进口。由于国家对可利用固体废物的进口政策的趋紧和环保的需要（对政策的合理性和环境问题暂不讨论），海关缉私和检法为了响应国家政策，对进口可利用固体废物的违规行为予以严厉打击，出台了上述严打规定的司法解释。

笔者认为，如果国家因考虑环保的需要，对进口可利用的固体废物

政策趋紧，可以逐步减少许可证的发放数量，并加强对领取许可证的资格监管，规范再生利用的生产经营，如有违规使用，可以用取消领证资格或者其他行政处罚予以惩戒。若动辄启用刑事手段对再生利用的违规事件予以刑事打击，显得用力过猛，过罚不当，不利于维护社会稳定和公平正义。

如果国家需要对再生资源实施零进口政策，届时可以将其确定为禁止进口货物，列入相关禁止进口目录。这种情况下，还有人偷运进口，则依法予以严惩也不迟。

第八节　一切都是最好的安排

在一次贸易便利化峰会访谈之类的活动中，主持人问我："平时你讲了很多很多贸易合规的事情，今天不说那些老生常谈的归类、价格等问题，能否说点新鲜的，比如：据说海关缉私要回归公安，那么缉私体制将会产生多大的变化，它对企业贸易合规将会产生怎样的影响？"

缉私体制变动乃庙堂之事，老林身处江湖，本不该随意推测揣摩，但贸易合规乃企业关心之事，也是老林关注的问题，且老林对海关缉私深怀旧情，对老东家的变动也会产生一些牵挂，不禁浮想一二，供您参考。

一、历史使命的完成

说起走私大家肯定会想到20年前厦门的"老赖"。当时走私泛滥，严重威胁了国民经济的发展，中央审时度势，决定在海关设立专门的缉私机构，专门打击走私。一路走来，成果非凡。当时海关税收仅700多亿元人民币，现在飙升至2万多亿元人民币；当时全国一年仅查获几百起走私案件，现在一年查获3000多起走私案件。这个成果虽然主要取决于国家经济的高速发展，贸易量的飙升，但海关缉私部门绝对功不可没。时至今日，海关缉私部门不辱使命，向国家交了一份圆满的答卷。

二、监管重点的转移

20年前，海关税收占中央财政收入的将近一半，现在海关税收仅占中央财政收入的五分之一，而且占比逐年下降，关税税率水平也从20年前的15%以上，下降到现在的7.5%，今后还将逐年下降。与此相反，国家贸易安全的重要性正在提升，贸易管制、毒品交易、恐怖袭击、动植物疫病传播和环境严重污染等现象都是国家安全关注的重点。跨境贸易与上述现象息息相关，海关监管重点正由“税款征收”为中心向“国家安全”为中心转变。

三、打私重点的转移

20年过去了，国家贸易形势发生了根本的变化，海关监管重点和缉私任务也顺势而变，缉私体制为此做出了重要调整，具有里程碑的意义。近些年，虽然贸易渠道涉税走私依然严重，但随着关税税率水平的逐步下调，贸易渠道涉税走私占比逐年下降，非涉税走私（毒品、武器、废物和动植物制品等的走私）和绕越设关地走私占比逐年上升，国家缉私任务的重点也必将从打击贸易渠道的涉税走私转变为打击非涉税走私和绕越设关地走私，这个“重点”的转变是大势所趋，不可逆转。

四、资源优势的整合

公安机关虽然不直接从事海关监管和税收征管业务，但具有较强的技术侦查能力和抓捕、审讯能力，这个能力优势不容置疑。公安机关对毒品、武器等非涉税走私，对绕越设关地走私，都具有更强大的打击力量。所以，在海关缉私机构划归公安管理之后，在打击毒品、武器等非涉税走私方面，以及在打击边境、海上等非设关地走私方面更具有优势，在维护国家安全方面将更有保障。

所以，有人对缉私机构划归公安管理之后的情况，表示担心。担心以后缉私案件会不会减少了，走私是不是又会回潮？笔者认为，这种担心其实没有多大必要，一切都是最好的安排。

五、海关法律的修改

大家知道，某明星偷漏税款 2 亿多元人民币，最后以补税和罚款了事，没有被判刑。而进出口企业如果偷漏海关税款超过 20 万元人民币，将被捕判刑，很有可能导致企业解散，员工失业。这种情况对社会发展和稳定是否有利呢？

笔者并不是主张偷逃国家税款而不用受惩罚，而是认为是否有更加合理的处罚方式呢？是否可以尝试用罚款等经济手段来解决这类经济犯罪问题呢？

在对贸易渠道的瞒骗行为中，如低瞒报价格走私行为，《海关法》是否可以借鉴《税收征管法》的相关规定，用罚款等行政处罚方式对偷逃税行为进行惩罚。如果当事人不愿选择缴纳罚款，再动用刑罚，抓人判刑也不迟。这样，既可以减少企业解散、员工失业导致的社会负面影响，也可以让这些搞贸易瞒骗的企业管理者、经营者吸取教训，努力生产，更好地服务社会。

同样，对行政处罚的走私行为，也可以尝试用罚款的形式予以解决，而不是没收所谓的走私货物。因为在贸易渠道，到底什么是走私货物，海关真的很难判定。

所以，在《海关法》修改的过程中，如果能够大胆借鉴吸收《税收征管法》和《刑法》第二百零一条的规定，将贸易瞒骗与走私犯罪区别开来，将走私犯罪局限于危害国家安全的非涉税走私，以及绕越设关地的边境、海上偷运走私，由缉私机构予以刑事管辖；将贸易渠道的价格瞒骗等行为以罚款等行政处罚措施予以惩罚，并由海关直接予以行政管辖。那么，缉私机构划归公安管理，就显得更加完美。

一切都是最好的安排！

第三章

申报不实违规案件的违法构成

如果有人突然问你，海关是干什么的？你会怎么回答呢？也许你会想了想，然后说看守国门的，这有点抽象。笔者会直截了当地告诉你，海关是收税的。这不一定全面，但说到底，海关工作的重点就是收税。2019 年，海关征收 2 万多亿元人民币的税款，国税退出 1 万多亿元人民币的税款。海关征收多少税款，与企业申报进口货物的税号和价格直接相关，国税退出多少税款，与企业申报出口货物的名称与税号直接相关。所以，进出口货物的税号、价格申报及其定性处罚问题，是海关业务的核心问题。

税号申报错误，是否要移交海关缉私部门作为行政处罚案件立案处理？取决于税号申报错误是否构成申报不实的违规行为。那么，税号申报错误，什么情况下构成税号申报不实的违规行为，什么情况下又不构成税号申报不实的违规行为呢？海关对税号的违规构成，有没有客观明确的判断标准？

这个问题，目前相关法律没有明确的做出规定，但海关在案件处理上有基本的认定原则。这个原则就是“过错责任原则”，即涉案税号如果是明确的商品归类事项，如税则条文、品目注释、归类决定、行政裁定、归类总规则和海关商品归类预裁定等有明确规定，但企业仍申报错误的，说明主观过错明显，应当构成申报不实的违规行为，给予行政处罚；如果不属于上述明确规定的商品归类事项，涉案商品归类存在技术疑难，企业申报错误的，属于归类技术差错，不构成申报不实的违规行为。

海关对企业申报的进口货物价格产生质疑，认为进口货物的申报价格偏低，海关与企业进行价格磋商后，进行估价补税。例如，企业对进口货物支付了特许权使用费，但未向海关申报，一般情况下，海关发现后予以磋商补税。但是，企业如果没有如实申报进口货物的成交价格，或者漏报进口货物的运输、保险费用等，企业的价格申报构成申报不实的违规行为。同样的低报价格，什么情况下构成申报不实的违规行为，什么情况下磋商补税不移交缉私部门处理，这是价格申报不实案件违规构成需要解决的主要问题。

除归类和价格之外，原产地也是一种重要的海关税收要素。不同原产地的相同货物，进口关税税率可能不同，如双边贸易协定或者我国对东盟等区域自由贸易协定等规定项下的协定税率，一般优于世界贸易组织最惠国税率。在这种情况下，原产地申报错误影响税款征收，是否构成申报不实的违规行为？具体问题应当具体分析，不能一概而论。

出口货物的税号申报错误，可能构成影响出口退税的申报不实违规行为，但出口货物的价格申报错误，大多数情况下，不影响出口退税，出口高报价格可能仅影响海关监管秩序。

影响海关统计的申报不实违规案件，只要企业申报错误的项目属于海关统计事项，并且企业主观上具有过错，即构成影响海关统计的申报不实违规行为。

第一节　税号申报不实违规案件的定性与处理

一、背景综述

2017 年 7 月 1 日起，全国海关通关一体化正式实施，海关全面启用上海、广州和京津税收征管中心（上述三个税收征管中心现已分别归属三个税管局管理）。上海税管中心负责机电类的 2286 个税号商品，广州税管中心负责化工金属类 2800 个税号商品，京津税管中心负责农产、纺织、医药、杂项类等 3461 个税号商品。三个税管中心负责共计 8547 个税号、几万种进出口商品涉税要素的分析和验核，其中，最核心的涉税要素是归类、价格和原产地。商品归类问题是技术性、政策性最强，关企争议最集中的问题，它不但困扰着海关执法，也一直困扰着企业申报。

大家知道，每一种商品都有相应的税号，每一种税号都有相应的进口税率或者出口退税率，进口税率报高了，多缴税，增加了企业运营成本；税率报低了，偷漏税款，可能导致海关处罚甚至企业信用降级。进出口货物归类申报进退两难，唯有选择正确的税号才能解决上述问题。

所以，如何正确申报税号，一直成为进出口企业核心的关务问题。因税号申报错误，会被海关认定为申报不实，导致海关行政处罚甚至信用降级，也会成为进出口企业心中长久抹不去的“伤痕”。

是不是所有税号申报错误的行为都将导致行政处罚？显然不是。海关和企业每天都面对很多因税号申报错误而删改报关单的情事，但税号申报错误被移交缉私部门立案处理的案件毕竟占少数。据统计，2019 年全国海关因税号申报错误而删改的报关单共计约 10 万票，补缴税款约 12 亿元人民币，而税号申报错误移交给缉私部门处理的报关单不足 3000 票，税号申报不实违规处罚案件占税号申报异常的比例不足 3%。

那么，谁会是那 3% 之中的“熊孩子”呢？海关执法显然不会采取抽签方式决定是否移交缉私部门处理。基于行政法律和归类技术的综合判断，如果企业申报错误只是归类技术差错，没有主观上的过错，予以删改报关单或者补税即可；如果申报错误存在主观过错，影响了税款征收、出口退税，影响了海关监管秩序或者海关统计，海关将会移交缉私部门或者海关办案部门立案处理。笔者认为，归类申报不实违规案件，应当同时具备以下构成要件。

二、归类申报不实违规案件构成的基本要件

（一）税号申报错误

税号申报错误即企业申报的税号与海关最终认定的税号不一致。企业申报税号的对错由谁来判断？目前，海关归类主管部门，即海关总署关税

征管司，包括海关总署设在上海、广州和北京的三个税管局，以及各直属海关关税处，是进出口商品归类的权威机构，其他社会化的归类中介服务机构尚不具有进出口商品归类认定的权威性。所以，从法律角度，无论是法院的司法审查、海关的行政复议，还是海关的纳税争议，最终都会以海关或者海关专业机构出具的归类意见作为进出口商品的最终归类结论，企业申报的税号与海关最终认定的归类结论不一致，即构成企业归类申报错误。

（二）进出口商品属于明确的商品归类事项

商品的归类是明确的还是不明确的，不但要看该商品的归类在《中华人民共和国进出口税则》（以下简称《税则》）、《进出口税则商品及品目注释》（以下简称《品目注释》）或者《中华人民共和国进出口税则本国子目注释》（以下简称《本国子目注释》）中有没有明确列名，还要看海关总署对该商品有没有做出归类决定的公告，或者海关对特定企业的归类申请是否做出预裁定。除此之外，海关总署归类部门或者直属海关商品归类主管部门，对“某商品是否属于具有明确的商品归类事项”出具的书面意见，也可以作为判断商品归类是否明确的依据。

如果某商品归类明确，而企业仍申报错误，则企业主观上具有一定过错，根据行政处罚的“过错责任原则”，可予以行政处罚；如果某商品的归类不属于明确的归类事项，企业申报错误，属于归类技术差错，主观上不具有可归责性，则不应当对企业的申报行为做移交缉私部门立案处理的处罚，海关予以删改单纠正或者补税即可。

（三）没有免责事由

企业对明确规定的商品归类事项申报错误，海关在进出口货物归类查验或者报关单归类审核过程中，没有发现企业的上述申报错误，并予以通关放行的，企业基于海关审核放行产生的信赖关系，继续申报该错误税号，导致少缴税款、多退税款、影响监管秩序或者影响海关统计的，根据行政法律上的“信赖保护原则”，对当事人可以不予处罚。

另外，如果不同海关对相同商品的归类意见明显不一致，或者该商品归类问题已提交海关归类技术委员会讨论决定，可以认为该商品属于归类疑难问题。具有归类疑难问题的商品税号申报错误的，当事人申报错误具有不可归责性，没有主观过错，可以不予处罚。上述情况均属不予处罚的免责事由。

综上，当事人申报税号同时具备上述三个条件，才能构成税号申报不实的违规行为，从而根据《海关行政处罚实施条例》第十五条的规定予以行政处罚；缺乏其中任何一个条件，均不构成税号申报不实的违规行为，不应当移交缉私部门立案处理，即便移交缉私部门立案了，也应当不予处罚或者撤案。

三、税号申报不实违规的典型案例

案例 1：税号申报不实影响出口退税案（归类化验）

简要案情： 2011 年 11 月到 2013 年 5 月期间，A 公司以一般贸易方式向 B 海关申报出口氰基乙酰胺 33 票，价值人民币 1580 万元，申报税号均为 29241990.90（其他无环酰胺，出口退税率为 13%）。B 海关稽查认为，上述货物应归入税号 29269090.90（其他氰基化合物，出口退税率为 9%）。A 公司涉嫌税号申报不实影响国家出口退税，导致可能多退税款约人民币 70 万元。

海关将案件线索移交缉私部门，缉私部门调查认为当事人申报的税号 29241990.90，与海关认定应当申报的税号 29269090.90 不符，当事人的申报行为构成税号申报不实的违规行为，从而影响了国家出口退税，应当根据《海关行政处罚实施条例》第十五条（五）项的规定予以行政处罚，B 海关拟对其处罚款人民币 55 万元。

案件处理： 海关告知 A 公司上述处罚意见后，A 公司依法提出听证申请。经听证查明，对涉案报关单（即第 10 票报关单）项下出口的货物，海关曾经对商品成分进行了化验检测，并且化验后未对其申报的税号提出疑义。听证合议庭认为：海关对涉案商品进行化验，但未提出归类疑义。当事人根据海关化验结果确认的税号继续向海关申报出口，对海关审核确认的税号产生了信赖，应当受到信赖保护，对第 10 票及其后的申报错误行为不应当予以处罚，仅对化验之前的 9 票申报不实行为予以行政处罚。海关经听证后，将行政处罚改为对当事人科处罚款人民币 5 万元。

案例 2：税号申报不实影响税款征收违规案（信赖保护）

简要案情： 2013 年 12 月 16 日，A 公司进口 6DCT451 型汽车自动变速箱，向海关申报税号为 87084091（进口关税率为 6.5%），此后一直按照这个税号申报。直至 2015 年 5 月，该公司向 B 海关申报进口该商品，B 海关认为税号应当申报为 87084099（进口关税率为 10%），并对该报关单作了删改单处理。

随后，A 公司向 C 海关申报进口该商品时，向 C 海关工作人员说明了 B 海关的归类意见，但 C 海关工作人员口头告知企业：B 海关的归类意见可能有误，建议 A 公司先按 87084091 税号申报，有问题再补税。A 公司为稳妥起见，向 C 海关同时申请预归类，但海关未正式受理，A 公司遂按 C 海关的归类建议税号 87084091 进行申报。

海关税收征管中心经风险分析认为 A 公司税号申报有误，指令 C 海关将当事人的上述行为移交缉私部门处理，缉私部门调查认定 A 公司申报不实导致少缴税款约人民币 700 万元。

案件处理：经海关缉私调查认为，涉案商品的税号属于明确的商品归类事项，当事人税号申报错误，构成税号申报不实的违规行为，应当根据《海关行政处罚实施条例》第十五条（五）项的规定予以处罚。但是，本案当事人向海关申报税号时，C 海关工作人员对当事人进行了不当建议，导致当事人申报错误，当事人的税号申报不实行为应受信赖保护，本案应当不予行政处罚。

案例 3：税号申报不实影响出口退税案（归类疑难问题）

简要案情：2013 年 3 月，当事人出口蔗糖素向 A 海关申报税号为 29329990（出口退税率为 13%），但海关认为该商品税号应当为 29321900（出口退税率为 9%）。A 海关认定当事人税号申报不实并将其移交缉私部门。缉私部门调查过程中，当事人提交了海关化验中心化验认可其申报税号为29329990的证据（在2012年3月向B海关申报同样商品时），缉私部门据此对申报错误行为不予受理，并退回海关作改单处理。

2013年8月，当事人再次向C海关申报出口蔗糖素，申报税号为29329990，C海关查验归类后通关放行。2013年11月，当事人又以税号29329990向A海关再次申报出口该商品，被A海关查获，移交缉私部门立案处理，涉及多退税款约人民币102万元。

案件处理：本案经A海关的上级海关审核认为，当事人先后向三个海关申报出口一种商品，三个海关经对该商品进行实质性归类查验、归类化验后，对该商品分别做出不同的归类认定，说明该商品归类具有一定的难度，属于归类技术疑难问题。因此此类商品归类错误，应属归类技术差错，不应当予以处罚，最后根据《行政处罚法》第二十七条第二款、《海关行政处罚实施条例》第十五条（五）项的规定，对当事人做出不予行政处罚的决定。

由于当事人认为自己申报的税号29329990没有错误，因此不服海关的不予行政处罚决定，向上级海关申请行政复议被维持原决定后，再次向人民法院提出行政诉讼。

四、归类申报不实案件的处罚标准

（一）法律依据

根据《海关行政处罚实施条例》第十五条的规定，归类申报不实影响税款征收的案件，处漏缴税款30%～200%的罚款；影响出口退税的案件处申报价格10%～50%的罚款，但此项处罚规定过于严苛，海关执法实践中，一般按影响出口退税款的比例处以罚款。仅仅影响海关统计和海关监管秩序的申报不实违规案件，分别处定额人民币 1 万元以下或者人民币 3 万元以下的罚款。

（二）从轻处罚

海关对当事人在海关调查过程中，积极配合海关调查并主动提交涉案保证金，或者提供海关尚未掌握的违法事实的予以从轻处罚，处漏缴税款或者多退税款 1 倍以下的罚款。

（三）主动披露

当事人在无意或过失条件下实施了税号申报错误的行为，如果能够在海关稽查、核查之前主动如实地向海关报明税号申报错误的，属于主动披露，海关应当减轻处罚或者不予处罚，并且免缴税款滞纳金，信用等级调整上也应予以酌情考虑。

第二节 “明确的商品归类事项”是案与非案的基本界限

一、背景综述

2019 年，全国海关因税号申报错误，通关现场予以删改的报关单共计约 10 万票，补缴税款约 12 亿元人民币，而因税号申报错误移交给缉私部门处理的报关单约计 3000 票；海关稽查发现的进出口商品归类错误移交给缉私部门处理的案件数量不多，但案值较大，特别是税号申报错误影响出口退税的违规案件，案值占违规案件总值的四分之一。那么，企业税号申报错误，是否构成违规，要不要移交缉私立部门案处理？成了近年关企争议的主要焦点，海关和企业对这个问题都感到纠结。

海关纠结之处：立案处理面临复议、诉讼的执法风险，不予立案处理则面临海关行政执法的审计监督风险；企业纠结之处：进出口归类不明确的商品，选择较低关税税率或者较高出口退税率的税号进行申报，面临海关行政处罚的风险，选择较高关税税率或者较低出口退税率的税号申报，增加了企业经营成本。

对税号申报错误的行为，海关处理的基本规则是有明确商品归类事项的商品，企业归类申报错误的，原则上予以立案处理；对商品归类事项不明确的商品，企业因归类技术问题而申报错误的，因企业无主观过错，原则上不予立案处理。

但是，什么是明确的商品归类事项，什么是不明确的商品归类事项，各界却持续争论不休，困扰着企业的进出口通关和海关的行政执法。

笔者在本节中，从税号申报不实案件的违规构成角度，阐述了税号申报错误行为的法律性质，但对其核心问题：什么是明确的商品归类事项？诸多企业和海关仍存疑虑，接下来将以“明确的商品归类事项”为主题，谈一谈关企归类争议的问题。

二、归类总规则推导的归类结论

大家知道，明确的商品归类主要指在《税则》《品目注释》中列名、列举的，与《本国子目注释》所述商品相同的，或者海关总署对该商品做出过归类决定或者归类行政裁定的，又或者海关对本企业做出过归类预裁定的，均可纳入明确商品归类事项范畴。但进出口贸易实践中，《税则》列名或者做过归类决定的商品数量占进出口商品总数的比例很小，大部分商品的归类并没有在《税则》中列名或者做过归类决定，而是直接根据归类总规则推导出归类结论。这种归类结论是否可以视为明确的商品归类事项呢？笔者认为，归类总规则（General rules for the interpretation of the harmonized system）属于《商品名称及编码协调制度》（*Harmonized Commodity Description and Coding System*，以下简称《协调制度》）的重要组成部分，是对商品归类基本规则的归纳和总结，用于指导商品归类的总原则，它与《协调制度》和《税则》具有同等的法律效力。大部分的进出口商品是根据归类总规则推导出来的，由于归类总规则与《税则》具有同等的法律效力，所以，根据归类总规则推导出来的归类结论，理论上应当属于明确的商品归类事项。

但是，如果企业对海关根据归类总规则推导的归类结论有异议，并且有充分理由可以证明海关根据归类总规则推导的归类结论存在缺陷，从而产生归类争议的，应当由海关总署关税征管司或者海关归类主管部门以书面形式进一步确认现场海关归类结论的正确性，并海关总署关税征管司或者归类主管部门的最终书面归类意见，作为判断企业税号申报是否正确的依据。同时，海关总署关税征管司或者归类主管部门作为专业机构，有必要对归类争议商品是否属于明确的商品归类事项做出书面判断，作为缉私部门认定企业归类申报错误行为案与非案的主要依据。

案例 4：某公司出口磷酸税号申报错误案

简要案情：2008 年 9 月至 2010 年 9 月，A 公司出口工业用磷酸 1104 票，申报出口时将磷酸与盛装磷酸的塑料桶分开申报，分别归入税目 2809 和 3923 项下，塑料桶出口退税率为 11%，磷酸出口退税率为 0。2010 年 9 月 8 日，A 公司向 A 海关申报出口上述货物，A 海关审单时，根据归类总规则五（二）项的规定，认为与货物同时进出口的专用包装容器，应当与货物一并归类。经上海归类分中心确认该商品应当合并申报为磷酸，涉及影响出口退税的管理。

案件处理：A 海关认为，根据归类总规则五（二）项的规定，当事人出口的磷酸与盛装磷酸的塑料桶应当合并申报，归类总规则推导出来的归类结论是明确的商品归类事项，当事人申报错误，构成出口归类申报不实从而影响出口退税的管理，根据《海关行政处罚实施条例》第十五条（五）项的规定，应当处申报价格 10%～50% 的罚款。但当事人对 A 海关的商品归类提出异议，向上级 B 海关提起复议。B 海关复议决定撤销海关行政处罚决定，重新对当事人做出不予行政处罚的决定。

但是，当事人仍然不服，向人民法院提起诉讼，请求法院判决：撤销不予行政处罚决定，支持原归类申报。经过法院的二审终审，某省高级法院最终判决维持 B 海关的不予行处罚的决定。

法律分析：根据归类总规则五（二）项的规定，“与所装货品同时报验的包装材料或包装容器，如果通常是用来包装这类货品的，应与所装品一并归类。但明显可重复使用的包装材料和包装容器可不受本款限制”，A 海关对归类总规则五（二）项的理解只注重了前半部分，而忽视了但书部分，可重复使用的容器，可以与所装货物分开申报。本案盛装磷酸的桶，企业认为属于可回收并重复使用，符合归类总规则五（二）项但书部分的内容，可以分开申报。海关和企业对涉案商品的归类各执己见，双方均有自己的依据和理由。

所以，复议机构认定：本案涉案商品属于不明确的商品归类事项，当事人申报错误属于技术性的归类差错，撤销 A 海关行政处罚的决定，维持 B 海关对当事人不予行政处罚的决定。

三、归类指导意见书或者归类问答书

归类指导意见书或者归类问答书是海关总署关税征管司或者海关归类主管部门对海关提出的归类问题予以标准化书面答复的商品归类文书。海关审核企业申报的商品归类，如果与已有的归类指导意见结论不同，将会把企业申报的税号作为归类申报错误对待，并将该商品归类事项确定为具有明确的商品归类事项，认定企业申报错误构成违规，并移交缉私处理。

但是，如果企业根据《税则》及其注释、归类决定或行政裁定、归类总规则的规定，对海关的归类意见提出异议，海关应当就该涉案商品的归类问题向海关总署关税征管司或者归类主管部门申请书面归类认定，并将认定结论作为确定企业税号申报是否正确的依据。同时，海关总署关税征管司或者归类主管部门作为专业机构，有必要对归类争议商品是否属于明确的商品归类事项做出书面判断，从而作为缉私部门认定企业归类申报错误行为案与非案的主要依据。

案例 5：某公司出口马口铁税号申报错误案

简要案情：2011 年 9 月 1 日至 2013 年 8 月 31 日，当事人 A 公司以一般贸易方式向 B 海关申报出口马口铁制金属罐一批，申报税号为 73102900（出口退税率为 9%）。B 海关，根据《税则》并参考海关归类指导意见 W-3-6800-2012-0025，审核认定上述货物应归入税号 73102100（出口退税率为 5%），A 公司涉嫌税号申报不实影响出口退税管理，将其移交缉私部门处理。

案件调查过程中，当事人 A 公司对 B 海关认定的该商品归类事项提出异议：涉案商品为开口的金属空罐，且生产工艺与用于装饮料的易拉罐一致，但又不属于易拉罐，符合容积小于 50 升的“非易拉罐”容器的描述，从而按照税号 73102900 向 B 海关申报。A 公司请求 B 海关重新做出归类认定，B 海关遂将涉案商品的归类问题申请提交海关总署《协调制度》归类技术委员会讨论。

案件处理：2015年2月2日至6日，《协调制度》第十八次归类技术委员会会议将税目7310项下马口铁归类问题列入讨论议题。经审议，该议题存在商品归类依据不明确、归类观点分歧大的情况，需要进一步开展调研或咨询世界海关组织（WCO）后再做决定。

根据上述情况，海关案件审理委员会讨论决定，A公司不应当被认定为构成税号申报不实的违规行为，建议做撤案处理。

四、归类主管或者专业部门的其他书面归类意见

归类主管部门指直属海关关税处，专业部门指海关总署关税征管司，这两个部门对现场海关的商品归类提供技术支持。作为职能部门或者专业机构，具有接受现场海关商品归类认定请求的职能，可以对现场海关的归类认定请求出具书面归类意见（除归类指导意见或者归类问答书外），同时可以对商品是否属于明确的商品归类事项做出书面的专业判断。

如果企业对现场海关的归类认定产生异议，现场海关应当根据归类主管或者专业部门的书面归类意见，对企业的归类申报行为予以分别处置：对被认定为明确的商品归类事项的归类申报错误行为，原则上移交缉私部门处理；对不明确的商品归类事项申报错误行为，予以撤单重报或者修改报关单的决定。

案例 6：某公司出口植物提取物税号申报错误案

简要案情： 2010 年 5 月 21 日至 2012 年 5 月 21 日期间，当事人 A 公司向 B 海关申报出口甜菊糖苷（甙）52 票，47065 千克，涉案货物价值约 3000 万元人民币，申报税号 29329990（出口退税率为 13%）。经海关认定涉案商品税号应为 29389090（出口退税率为 9%），当事人涉嫌税号申报不实的违规行为，多退税款人民币 123 万元。

案件处理： B 海关认为涉案商品具有明确的商品归类事项，申报错误构成税号申报不实的违规行为，拟根据《海关行政处罚实施条例》第十五条（五）项的规定，予以多退税款 30% 的罚款（37 万元人民币），并做出处罚告知。当事人对 B 海关上述处罚及归类认定不服提出听证申请，要求 B 海关向归类化验中心重新鉴定涉案商品的归类问题。经广州化验中心化验后出具证明表示：同意海关的归类意见，但此类商品归类难度大，极易造成归类差错，属于归类疑难问题。

海关根据上述广州化验中心的书面归类鉴定意见，认定涉案商品属于不明确的商品归类事项，最后做出不予行政处罚的决定。

五、海关专业机构归类鉴定的法律性质

海关《行政处罚决定书》认定的主要事实是“漏缴税款”和“货物价值”，原因是海关罚款大多以“漏缴税款”或“货物价值”作为罚款基数。所以，根据《中华人民共和国海关计核违反海关监管规定案件货物、物品价值办

法》第四条的规定，海关正式做出《行政处罚决定书》之前，应在《行政处罚告知书》中告知当事人“漏缴税款”或者“货物价值”的数额。对漏缴税款的核定，海关应当出具《税款计核证明书》；对货物价值的核定，海关应当在《行政处罚告知书》中列明。

如果当事人对“漏缴税款”或者“货物价值”的核定有异议，可以在告知程序中提出申辩或者听证，也可以在处罚决定程序中提出复议或者诉讼。

海关归类鉴定意见与上述“漏缴税款”和“货物价值”的法律性质相同，是决定税号申报错误行为案与非案的关键要素。如果企业对海关的归类认定意见产生异议，海关应当向归类专业机构申请对涉案商品做出归类鉴定，作为海关定性处罚的事实依据。

当事人对海关的归类认定意见，或者对专业机构的归类鉴定结论，可以在处罚告知程序中提出申辩或者听证，也可以在处罚决定程序中提出复议或者诉讼。

第三节　商品归类错误，究竟该不该罚

货物进出口，企业向海关申报的商品要素，除了货物名称、数量和价格，还有原产地和税号等。要素申报，不但是贸易统计的要求，也是关税征收的需要。

税号，也称商品归类或者商品编号，不同税号对应不同的税率，不同税率征收不同的税款，归入企业申报的 A 税号可能征收较少的税款，而归入海关认定的 B 税号可能征收较多的税款。

商品归类错误，海关可能责令补税，还可能认定违规并处以罚款。所以，商品归类正确与否，归类错误如何补缴税款，是否移交缉私部门并处罚款？成为企业与海关之间长期争议的主要焦点。

一、焦点之一：商品归类是否正确，要不要补缴税款

案例 7：某公司进口商品向海关申报税号归类争议案

根据风险监测，海关发现某公司进口的液晶显示屏（不带 HDMI 接口）申报税号 85285211（税率 0%）有误，认为正确税号应为 85285212（税率 15%）。该公司不服海关的归类意见，双方经归类磋商，依然各执已见。公司书面请求口岸海关向海关总署税收征管局报请归类问答。一个月后，口岸海关报送归类问答结果：海关总署税收征管局做出归类意见，将该商品税号归入 85281211。于是，争议解决，货物顺利通关。

海关对企业商品归类提出质疑，关企之间归类争议程序开启。企业对海关质疑，如果不提具体的申辩意见，海关则直接对企业申报的税号予以修正，并且责令补税；若企业提出申辩意见，海关将如何审定商品归类？法律并无规定程序。

实践中，关企之间的归类磋商，海关现场或者海关稽查部门将根据《税则》、注释、归类总规则和归类先例，结合企业的申辩意见，对涉案商品的归类，予以自由裁量。绝大多数案例，最终企业都是“凶多吉少”，企业的申辩意见能被海关采纳的，确属例外，少之又少。

原因何在？海关的商品归类，大多以“我觉得”为主，很少考虑“你觉得”。企业在“权威”面前，缺乏与海关进行归类磋商的程序和途径，如果没有提出复议或者诉讼，在大多数情况下只能服从，但复议、诉讼程序

何等漫长，多数企业折腾不起，尽管心里多有不服，也只能就此作罢。

笔者认为，在海关归类质疑、磋商阶段，如果能够引入归类复核程序，允许企业提出复核申请，由口岸海关通过直属海关，向海关总署税收征管局提出归类问答，最后根据问答结果，海关再确定归类意见。如果海关总署税收征管局与企业的归类意见相同，则归类争议解除，海关认可企业的申报，上述“案例 7”属于这类情况；如果海关总署税收征管局与海关的归类意见相同，则修改企业的商品归类，并责令其补缴税款。

然而，海关认定企业商品归类错误，其后果仅仅是补缴税款那么简单吗？

二、焦点之二：商品归类错误，要不要移交缉私部门

案例 8：某公司出口抽油机商品归类申报不实违规案

某公司出口的抽油机申报商品税号为 84306990（出口退税率为 17%），海关专项稽查发现该商品税号申报错误。因涉案抽油机不带动力装置，根据海关总署 D-1-0000-2009-0246 号归类决定，不带动力源的抽油机应当归入 84314310（出口退税率 15%）。该项商品归类，属于明确的商品归类事项，企业申报错误涉嫌违规，海关将其移交缉私部门立案调查。缉私部门经调查后对该公司做出罚款人民币 90 万元的处罚决定，企业的信用等级由高级认定企业降为一般信用企业。

海关发现企业商品归类错误，由海关直接删改报关单或者补征税款，是商品归类错误案件的主要处理方式。但全国海关每年约 3000 宗的归类申

报不实违规案件，从何而来？勿庸置疑，是海关向缉私部门移交的。

那么，有的商品归类错误，海关移交给缉私部门立案调查，有的商品归类错误，海关直接删单重报或者责令补税。移交或者不移交之间，海关判断的标准何在？

是否为“明确的商品归类事项”是基本的判断标准。企业申报错误，主观上具有一定的过错，构成申报不实违规行为的，移交缉私部门；不是“明确的商品归类事项”，企业申报错误，则可能属于技术性的归类差错，不构成申报不实的违规行为，不移交缉私部门。

那么，什么是“明确的商品归类事项”？《税则》条文列名的商品，《品目注释》或者《本国子目注释》列举的商品范围，海关总署做出归类决定并公告的商品，或者海关对本企业做出归类预裁定的商品，均属“明确的商品归类事项”。海关发现“明确的商品归类事项”企业申报错误的，都要移交缉私部门处理，上述案例 8 属于这类情况。上述判断标准，可以称之为“客观依据”。

除此之外，其他归类错误，是不是均属技术性归类差错，都不需要移交缉私部门处理呢？实际情况并非如此，大多数商品归类申报不实案件，都是根据海关的“主观判断”做出的。办案海关认为涉案商品属于“明确的商品归类事项”，则移交缉私部门，办案海关认为涉案商品不属于“明确的商品归类事项”，则不移交缉私部门，直接予以删改单补税处理。办案海关上述判断方式依据不充分，随意性较大，我们称之为“主观判断”。日常企业与海关之间的归类争议，都是发生在这个领域。

笔者认为，商品归类错误，办案海关是否将其移交缉私部门，应当以“客观依据”作为判断基准；办案海关“主观判断”随意性大，不能作为认定归类申报不实违规行为的依据，除非海关总署归类专业机构对涉案商品是否为“明确的商品归类事项”，出具书面认定意见。

三、焦点之三：海关移交缉私部门的，是否均予以罚款

案例 9：某公司出口货物商品归类申报不实不予以处罚案

某公司申报出口化学品氰基乙酰胺23票，商品税号应为29241990（退税率为13%），但海关稽查认为该商品税号应为29269090（退税率为9%），将其移交缉私部门处理。企业收到处罚告知后，向海关提出申请听证，并提交了海关化验确认归类的证据材料。海关听证后，对企业做出不予处罚的决定。

商品归类错误，海关移交缉私部门处理，缉私部门是否一律认定违规，并予以罚款呢？不一定。

首先，缉私部门对海关移交的商品归类申报不实案件线索，根据“明确的商品归类事项”标准，做出是否构成违规的判断。如果不属于“明确的商品归类事项”，缉私部门仍会退回海关处理的。

其次，如果构成申报不实的违规行为，但海关对商品归类做过实质性的审核（未见异常），例如，对进出口商品做过归类查验或者化验、海关要求企业对商品归类做过补充申报或者对商品归类修改过报关单，企业根据海关的审核结果申报税号，即便申报错误，也没有主观过错。根据信赖保护原则，海关缉私部门将不再追究企业法律责任，即不予罚款。

再次，如果构成申报不实的违规行为，并且没有实质性审核的情况，海关缉私部门将依法对企业予以罚款。

四、焦点之四：商品归类错误，海关要罚多少钱

案例 10：某公司出口货物归类申报不实影响出口退税案

某公司以一般贸易方式申报出口超高频晶片，申报商品税号为 85411900（出口退税率为 16%），海关稽查并经税收征管局认定：该商品属于明确的商品归类事项，应当归入税号 71041000（出口退税率为 0%）。该公司共计申报出口涉案商品 824 票，总计多退税款 1506 万元人民币，海关按照多退税款的 50%，处人民币 753 万元的罚款。

进口商品归类申报不实案件，绝大多数都会漏缴税款。根据法律规定，海关可处漏缴税款 1 倍左右的罚款，但如果企业积极配合海关调查，可以从轻处罚，最轻可处漏缴税款 30% 的罚款；如果没有漏缴税款，影响海关统计的，处人民币 1 万元以下的罚款。

出口商品归类申报不实案件，绝大多数都会影响出口退税。实践中，海关按影响出口退税额的 1 倍左右处以罚款，若有从轻情节的，可以从轻处罚，最轻可处影响退税额 30% 的罚款。

进出口企业被海关处以罚款超过 3 万元人民币的，都可能影响企业信用等级，尤其是一年内罚款累计超过 100 万元人民币的，企业信用等级可能被降为失信企业。因此，企业自查发现商品归类错误的，建议立即主动向海关提出，可以最大程度地减少企业的罚款和企业信用降级的法律风险。

第四节　海关归类尊重先例及其后续处置

一、综述

海关归类先例申报制度是指进出口企业在进出口商品申报时选取海关归类数据库中相同商品的已有归类数据向海关申报，海关对企业上述申报的商品税号免于归类审核，进出口货物直接先予放行，海关后续核查发现归类申报错误时再予以依法处置的归类申报制度。

海关归类先例申报制度给进出口企业商品税号的申报提供较为权威性的专业参考，并为企业通关提供便利。企业按海关先例数据库提供的商品归类数据予以申报，海关审单时发现企业申报的商品税号具有先例标识的，无需审核归类，直接先行通关。如果海关事后审核发现企业归类申报存在问题，再予以后续处置，从而提高企业的通关效率。

先例申报的后续处理原则遵循过错责任原则，企业没有过错不承担责任，存在过错才承担法律责任，海关不承诺企业按照先例数据库中的商品归类进行申报全部予以免责，仅为企业申报提供权威性的专业参考。

海关归类先例申报制度是海关通关制度改革中全新的一种监管模式。2016 年 11 月 24 日，海关总署发布了第 66 号公告，推出归类先例辅助查询系统，现已试点运行，之后将逐步丰富完善，商品归类先例数据将逐渐增多。那么，进出口企业面对新制度，应当如何合法有效地利用此项便利措施呢？归类先例申报的法律性质和法律效力将如何定位呢？

二、归类先例的运用程序

1. 企业对拟申报进出口的商品，若不能确定其商品税号，可以借助归类先例辅助查询系统，输入商品名称、规格型号等查询要素，系统将会自动弹出与上述查询要素有关的商品归类数据项，用户可以根据拟申报的进出口商品结构、功能、用途等具体情况，选择与其相同或者最接近的商品归类数据项，向海关申报。

2. 企业选中海关先例数据库中的数据时，查询系统将会自动地将选中的归类先例数据（如，8 位数商品税号、商品名称、规格型号等申报项目）导入海关申报系统的报关单中，并自动带有归类先例标识。海关审单人员看到带有标识的商品税号，对其申报的商品税号不再予以验核，先行直接通关放行。

3. 先通关再处置，不等于只要按照归类先例申报就可以免责。按归类先例申报，给企业通关便利，通关时不再验核，但事后海关对企业申报归类的正确与否进行核查，核查后认为企业申报错误的，虽然企业选择了先例数据，还应当依法承担相关法律责任。那么哪些情况应当承担法律责任？哪些情况不需要承担法律责任呢？

三、归类先例的法律效力

行政机关对管理相对人归类申报错误是否给予行政处罚，决定于相对人的行为是否构成违法，行政违法的认定取决于相对人主观上的过错，无过错则无责任是行政处罚的普适性原则，客观归责属于例外。所以，企业按照归类先例进行申报是否构成违法，主要是看企业是否存在主观过错，具体情形如下。

（一）不构成违法的情形

归类数据库中的归类数据主要来源可以分为三类：一是《税则》列名、《品目注释》列名、海关归类决定、海关行政裁定、海关对本企业做出的归类预裁定；二是海关对其他企业做出的归类预裁定、归类指导意见；三是各直属海关审核认定的重点商品数据库。

第一类商品，属于《税则》列名、《品目注释》列名、海关归类决定或者行政裁定的商品，经过法定的程序，由法定机构做出不针对特定主体的具有普遍约束力的行政决定，并予以公告。笔者认为，企业引用其先例，即便申报错误也不具有主观过错，不应当承担相应的法律责任。而本企业申请的归类预裁定是海关对特定当事人做出的行政决定，具有信赖保护的功能，因此本企业根据归类预裁定做出的申报行为，即便申报错误也应不构成违法。

案件的处理方式：对申报错误行为予以纠正，并根据《海关法》第六十二条的规定，在一年之内补缴税款。

（二）不予行政处罚的情形

第二类商品，属于海关对其他企业做出的归类预裁定，或者海关做出的归类指导意见，这些归类数据也经过一定的法定程序，且经过海关审核决定，但未对外公告，是海关内部的决定，对外不具有普遍约束力。归类预裁定仅对特定申请企业有法定效力，对其他企业仅具参考效力。而归类指导意见属于海关总署关税征管司或者归类主管部门对海关内部的归类申请做出的归类意见，对企业申报具有指导意义，不具有法律效力。如果企业根据上述归类先例做出的归类申报，结果被海关判定为申报错误，笔者认为，该商品归类具有一定的归类技术难度，属于归类疑难问题。企业申报错误海关可以认定违法，但海关应不予行政处罚。

案件的处理方式：根据《海关行政处罚实施条例》第十五条第一款和《行政处罚法》第二十七条第二款的规定做出不予行政处罚的决定，对申报错误行为予以纠正，并根据《海关法》第六十二条的规定，在三年之内追缴税款，属于出口退税案件的，海关将违法情况通报当地国税局。

（三）予以行政处罚的情形

第三类商品，属于其他重点商品归类数据，来源于各直属海关确认归类的重点涉税商品，未经过法定的归类程序，但经过海关总署关税征管司或者海关归类主管部门审核认可的，具有较高的专业水准和权威性。企业根据先例数据库中的这些归类数据进行申报，被海关确认申报错误，不免除其法律责任，应当依法处理。

另外，因企业选取归类先例与企业实际进出口商品不一致，导致申报错误的，依法应当承担申报错误的法律责任，根据《海关行政处罚实施条例》第十五条第一款（四）、（五）项的规定予以行政处罚。

第五节　进口货物价格申报不实违规案的定性处理

一、进口货物价格申报的几个常见问题

与税号申报问题一样，进出口货物的价格申报问题，一直是海关和进出口企业关注的焦点，也是关企争议的焦点之一。其中，货物的进口价格是海关税收征管的重要因素，货物的出口价格与“转移定价”“外汇管制”“虚假贸易”和“出口退税”具有一定的关联性。本节只谈进口价格申报问题，出口价格申报的法律性质，将另文探析。

（一）特殊关系影响成交价格

特殊关系影响成交价格，即通常所说的“转移定价”，是跨国公司的母公司与子公司之间，子公司与子公司之间跨境贸易确定的内部价格。这种进口货物的内部定价一般情况下低于国际市场正常价格，货物进口时向海关申报这种内部价格将会规避进口关税及进口环节税。特殊关系影响成交价格的，申报的成交价格不符合法律规定，海关依法予以磋商估价征税。那么海关这种磋商估价的情事，予以删改报关单或者追补税款处理，还是应当移交缉私部门立案调查处理呢？

（二）支付特许权使用费未向海关申报

特许权使用费是指买方进口货物时需要向卖方或者第三方支付的专利权费或专有技术使用费、商标权使用费、著作权费，以及进口货物分销权、销售权费。上述费用只要与进口货物有关并且作为货物销售的一个条件，而且没有包含在货物成交价格之中，买方需要另行支付的，也应当向海关

申报纳税。但买方如果没有向海关申报上述应当申报的特许权使用费，海关对其仅予价格调整，删改报关单或者追补税款处理，还是移交缉私部门立案调查处理呢？

（三）无成交价格或者成交价格不能确定

国际贸易实务中，偶见易货贸易、寄售贸易或者货物捐赠等贸易方式，这种贸易本身没有实际成交价格，企业应当以进口货物的“货值”向海关申报。

但如果企业申报的“货值”与海关估价不一致，应当如何处置？有些大宗货物的定价方式采取“公式定价”方式结算。所谓的“公式定价”是指买卖双方未以具体明确的数值约定货物价格，而是以约定的定价公式来确定货物结算价格的定价方式。这种定价方式在申报状态下货物进口价格一般尚未确定，企业进口时向海关申报的价格与将来实付或应付的价格可能不一致，或者与海关审定的价格不一致，海关发现后应当如何处置？

（四）支付运输、保险费未向海关申报

进口货物完税价格是指进口货物 CIF 到岸价格，包括货物到港前的运输费用和保险费用。如果企业申报的成交价格中没有包含运保费的，应当另行申报运保费。海关发现企业没有申报实付或者应付的运保费的，海关对其应当如何处置？

（五）实际成交价格未向海关申报

进口商已经或者应当向供货商或者第三方支付约定的实际成交价格，但未向海关如实申报上述成交价格的，海关应当如何处置？

二、哪些价格问题构成价格申报不实

上述几种常见的价格申报问题，何者构成价格申报不实的违规行为，应当移交缉私部门立案处理？何者仅由海关做出删改报关单或者追补税款即可，不需要移交缉私部门立案处理？

笔者认为，判断价格申报是否构成违法的核心原则是行政处罚的过错责任原则。即便申报的价格低于海关审定的价格，若企业申报行为主观上没有过错，则不构成价格申报不实的违规行为，不应当予以行政处罚；如果申报的价格低于海关审定的价格，且企业申报行为存在主观过错，则构成价格申报不实的违规行为，应当予以行政处罚。

那么，什么是企业申报行为的主观过错呢？这个问题海关在执法实践中操作和判断的难度较大，企业在法律风险方面也不好防控。对上述常见的价格申报问题，结合实证案例，分析如下。

（一）存在实际成交价格但未如实申报，构成的违法

支付货款未报构成违法：企业进口货物对外直接或者间接实际支付了货款，或者根据合同约定应当直接或者间接支付货款的，均应当如实向海关申报。故意隐瞒部分价格不向海关申报，可能会被海关认定为价格瞒骗，构成走私行为；企业漏逃税款 20 万元人民币以上的，还可能被移交缉私部门作为走私犯罪立案侦查。没有故意隐瞒申报价格或者采取逃避海关监管的措施，企业仅因过失没有如实申报实付或者应付货物价款的，构成申报不实的违规行为，海关予以罚款，并责令补税。

例外情形：企业对外实付或者应付的货物价款中，如果存在法定不应计入完税价格的因素，企业没有向海关申报的，不构成违法。如，根据《审价办法》第十五条的规定，对外支付的进口货物国内安装费、维修费、技术援助费、境内外培训费，以及国内复制权费等，不应计入完税价格，企业未申报已对外支付的这些费用，不构成申报不实的违规行为。

海关办理的大量价格申报不实案件，绝大多数都是这类案件。有一种观点认为，价格申报错误的，并没有违规案件，要么是走私案件，要么是补税情事。虽然这种观点有一定道理，但笔者并不认同这个观点。

（二）运保费未如实申报，构成的违法

运保费未申报构成违规：《审价办法》第五条明确规定，完税价格应当包括进口货物的运保费，即运保费属于明确应当申报的价格项目。如

果在货物的成交价格中没有包含运保费用，企业需要另行申报进口货物到达国内港口起卸前的运输费和保险费。这个费用无论是向供货商支付（以CIF方式成交）的，还是单独向第三方支付（以FOB成方式交）的，也无论这个费用是已支付的，还是应付尚未支付的，只要企业没有向海关如实申报，均应当构成违规行为（故意隐瞒的构成走私，本节只探讨违规问题）。

例外情形：根据《审价办法》第三十五条、第三十六条的规定，企业确实没有发生运保费的，或者运保费在申报状态下不明确，因此没有申报此项费用或者申报错误的，则不构成违规行为，仅由海关根据相关规定予以价格调整即可。

案例11：进口货物运保费申报不实案

简要案情： 2013年2月，A公司与香港B公司签订合同，双方约定A公司向B公司购买原产于赤道几内亚的原木1.6万立方米，FOB成交价格为365万美元，B公司租用香港船务公司的货轮从亚巴塔港运抵国内港口，支付运保费共计52万美元，并委托报关行向海关申报进口。但由于A公司提交给报关行的报关材料中没有运保费的发票，报关行在填写报关单时没有加上运保费，直接填写了总价365万美元，造成漏报运保费，涉及少缴税款约人民币58万元。

案件处理： 海关调查认为，A公司向报关行提供的报关材料中明确成交方式是FOB，没有隐瞒成交方式，但报关行未尽合理审查义务，直接根据原木价格发票作为总价进行填报，且将FOB价格填报为CIF价格。经海关审理认定，调查排除了双方的主观故意，不构成走私行为。但双方均有申报的违规责任，A 公司未提交运保费发票，主要责任应由 A 公司承担，报关行承担未合理审查的责任。根据《海关行政处罚实施条例》第十五条（四）项、第十七条的规定，对 A 公司罚款 46 万元人民币，对报关公司罚款 3 万元人民币。

（三）无成交价格或成交价格不能确定的，不构成违规行为

易货贸易、寄售或捐赠的进口货物，没有成交价格的，企业应当根据货物的市场估值进行申报。申报价值若与海关估价不符，企业没有主观过错，可以磋商补税，不构成申报不实的违规行为。

进口货物在申报状态下成交价格不能确定的，要求企业申报准确的进口价格是不合理的，也是不可能的。这种情况下申报价格与海关估价不符，或者与将来确定的实际成交价格不符，企业没有主观过错，仅作删改报关单或者补税处理即可，不作违规案件处理。

案例 12：公式定价方式进口货物价格申报错误案

简要案情：2013 年 12 月，当事人 A 公司与国外供货商签订购买苯的合同，约定按新加坡普氏公布的 2014 年 3 月、4 月两个月中每周五的 FOB 韩国平均价格再加 32 美元 / 吨作为进口货物单价。由于按公式定价，在国外装船前无法确定实际结算价格，当事人与外商根据市场行情，以暂定价 1230 美元 / 吨签订进口合同，并向 B 海关申报进

口了两票苯。2014年5月22日，当事人与外商签订公式定价补充协议，根据公式确定上述两票货物的实际成交价格分别为1333.54美元/吨和1304.3美元/吨。2014年6月25日，当事人A公司主动向B海关申请按实际成交价格补缴税款。经核定，漏报成交价格509246.03美元，漏缴税款人民币531126.75元。但由于当事人进口时没有向海关说明公式定价的相关情况，B海关将其移交缉私部门立案处理。

案件处理：鉴于当事人自查发现并主动向海关报明了其申报不实的行为，根据《海关行政处罚实施条例》第十五条（四）项的规定，对当事人科处罚款2万元人民币（约占漏缴税款的3.7%）。

但笔者认为，本案当事人在进口货物状态下，进口货物的成交价格并不明确，要求当事人申报尚未确定的公式定价结算价格并不公平，本案当事人主观过错不明显，不构成影响税款征收的申报不实行为，可以不予行政处罚，或者不予立案处理。

（四）特殊关系影响价格或特许权使用费申报错误，不构成违规

特殊关系影响价格不构成违规。特殊关系影响成交价格，但企业向海关如实申报实际成交价格，无主观过错，即便成交价格低于相同或者类似货物的国际市场价格，海关也只能根据《审价办法》的相关规定对其进行估价，并做删改单或者补税处理，对其进行行政处罚缺乏法律依据。

例外情形：根据《中华人民共和国海关进出口货物报关单填制规范》（以下简称《海关进出口货物报关单填制规范》）第四十四项规定，海关要求对企业是否存在特殊关系影响货物进口成交价格进行确认，如果企业确认结果为“是”，结果无论是否存在价格申报错误，都可以认为企业主观上没有过错，不构成违规；如果企业确认结果为“否”，企业否认了特殊关系的价格

影响，结果若被海关认定为特殊关系影响价格，则可能作为违规案件处理。

特许权使用费申报错误不构成违规。货物进口时特许权使用费支付情况常处不确定状态（因按销售比例计提和量化分摊），属于成交价格不能确定的范围，所以，这种情况下发生特许权使用费申报错误或者未申报情事，由海关与企业进行依法磋商估价确定，不作为违规案件处理。

例外情形：根据《海关进出口货物报关单填制规范》第四十五项规定，海关要求企业对是否支付了与进口货物有关的特许权使用费进行确认，如果企业进行了“是”的确认，无论是否存在价格申报错误的行为，企业主观上均未有过错，不构成违规；但是，如果企业进行了“否”的确认，而海关核查发现企业支付了与进口货物有关的特许权使用费，则企业存在一定的主观过错，海关可能作为违规案件处理。

最后一种最常见的价格申报问题：海关对企业申报的进口货物价格产生价格质疑，但没有证据能证明企业申报的价格不符合《审价办法》第八条规定的成交价格条件，也不存在《审价办法》第十一条规定的价格调整项目，但海关还是根据《审价办法》第六条的规定，对企业的进口货物进行估价，这种条件下的海关估价高于企业申报的价格，能否将海关估价作为申报不实违规行为的依据？大家看看下面的典型案例，就知道答案了。

案例 13：企业申报与海关估价不符的价格申报错误案

简要案情：2016 年 5 月 7 日，A 公司向 B 海关申报进口一批洗净未梳山羊生皮绒毛，规格型号为“山羊生皮绒毛|白色、褐色|纤维长度 18mm ~ 22mm|10% ＜含绒率≤ 20%”，申报单价 2.5 美元 / 千

克。B 海关对其进行价格质疑，经过价格磋商程序，B 海关接受当事人以 3 美元 / 千克单价报关，并缴纳税款 57069.41 万元人民币。

货物放行前，2016 年 5 月 19 日，B 海关对该票货物又进行查验取样送检，并要求 A 公司为上述货物缴纳 19022.96 元人民币保证金后放行。同年 7 月 25 日，天津海关化验中心对该批货物出具鉴定结论为净绒率 33.41%、平均长度 32mm。B 海关以当事人申报货物规格与鉴定结论不符为由移交 B 海关缉私部门立案调查。海关调查核定，与“净绒率 33.41%、平均长度 32mm”最接近的类似货物价格为 4 美元 / 千克，计核当事人漏缴税款 19022 元人民币。

案件处理： B 海关根据《海关行政处罚实施条例》第十五条（四）项的规定，对当事人处罚款人民币 1.9 万元，并责令补缴税款。当事人不服上述处理决定，向上级海关申请复议。

复议机关认为：本案证据不能证明当事人申报的成交价格是不真实的，海关对涉案货物做出完税价格 4 美元 / 千克的估价结论，不能作为海关认定当事人进口货物价格申报不实的依据，因此复议决定撤销 B 海关的行政处罚决定。

第六节　特许权使用费的申报、分摊和违规认定

一、背景综述

海关对企业经常开展以特许权使用费为核心的进口货物价格稽查，海关与企业之间围绕支付的特许权使用费是否应当计入完税价格，支付的

权利费用又如何进行量化分摊到进口货物中等两个核心问题，存在诸多争议。“剪不断，理还乱”的特许权使用费问题，已经长期困扰着企业的申报。

根据《审价办法》第十一条（三）项的规定，特许权使用费是否计入完税价格，主要看：是否与进口货物有关，是否作为货物销售的一个条件。这个标准看似简单，其实执行起来却比较复杂。

什么是“与进口货物有关”？如，买方A公司从卖方加拿大B公司进口九套水上娱乐设备，货物价值839万美元，并且双方签订了水世界游乐设施设计服务费112万美元。A公司未向海关申报上述设计服务费。那么，A公司支付的112万美元设计服务费，是否与进口游乐设备有关，是否应当计入完税价格？这个问题不同海关有不同看法，不同企业也存在不同意见。如果确定与进口货物有关，那么，其中多少份额的特许权使用费可分摊到进口货物？

国际贸易实践中，根据贸易惯例，特许权使用费计提、支付方式多样，包括一次性支付、分次支付、按进口货物销售金额比例分期提成、按进口货物销售利润比例分期提成、分期计提集中支付，以及分期计提分期支付。所以，特许权使用费的支付时间往往滞后于货物进口的时间，货物进口申报时的成交价格常常处于不确定的状态。在这种复杂条件下，根据企业财务数据资料对特许权使用费进行量化分摊，也就显得更为复杂。

在《海关进出口货物报关单填制规范》规定下，海关要求企业进口货物时进行支付特许权使用费确认，企业做出否定性确认时，可能面临海关行政处罚的法律风险。海关对企业计提、支付的特许权使用费，是否应当计入完税价格，如何合理地量化分摊到进口货物中，也同样面临企业的纳税争议，承担着执法风险。本节对特许权使用费的申报、量化分摊和违规认定等问题，结合案例，分析如下。

二、特许权使用费的申报

（一）哪些特许权使用费可以不用申报

1. 与进口货物无关的，不用向海关申报。根据《审价办法》第十一条（三）项的规定，特许权使用费应当计入完税价格，除非与进口货物无关，或者不构成货物销售条件。

案例 14：进口药品原料支付的使用商标权费案

简要案情： A 公司由境外 B 公司与国内某企业共同投资设立，A 公司从 B 公司进口药品原料，在境内加工为成品后向国内市场销售。根据双方签署的“商标许可权合同”，B 公司授权 A 公司使用其制成品的商标权，A 公司须每半年向 B 公司支付一次特许权使用费，其中商标权使用费的金额是成品药销售净额的 2%。

案件处理： 海关认为 A 公司向 B 公司支付的商标权使用费，构成 B 公司销售货物的条件并与进口原料有关，该特许权使用费应当计入完税价格向海关申报，故与进口货物进行量化分摊后对 A 公司补征了进口环节税款。

笔者认为： 本案 A 公司支付的特许权使用费，与进口货物即原料药无关。A 公司支付的商标权使用费是用于国内生产的成品制剂药销售，进口原料药进口时既不随附商标，也不是进口后附上商标直接可以销售的，或者进口后经轻度加工后附上商标即可以销售的；支付的商标权使用费是用于国内深加工生产的成品制剂药上，根据《审价办法》第十三条（二）项的规定，A 公司支付的商标权使用费与进口货物无关，可以不计入完税价格，不需要向海关申报，也不需要提前向海关做出申报确认。

2. 没有进口货物的，不需要向海关申报。企业因生产或者贸易需要，向境外支付费用购买专利权、专有技术权、商标权、著作权，但没有进口任何相关的货物，不需要向海关申报纳税。如，仅通过网络下载或传输专利、专有技术或者乐曲、电影等，没有进口相关货物，也没有通过任何有形介质载体进口上述权利，只要签订服务贸易合同、付汇即可完成服务贸易的，不需要向海关申报。

3. 法定的特殊权利费用，不用向海关申报。买方向卖方支付进口货物的国内复制权费，即企业为了在国内生产销售相同的产品是将货物作为样品进口，而支付了复制权费用的，不需要向海关申报。如 A 娱乐公司从美国 B 公司进口 BLUE NOTE 唱片，并在国内复制销售，为此向 B 公司支付复制费 100 万美元。根据《审价办法》第十五条（四）项的规定，此项费用不计入完税价格。

买方向卖方支付货物进口后的技术援助费用，不需要计入完税价格。如，国内 A 公司向日本 B 公司进口一批汽车零部件生产设备，并与对方签订“技术援助协议”，由 B 公司提供产品生产工艺的技术援助，A 公司按销售额比例 1% 计提、支付技术援助费用。由于这种费用是发生在国内的生产过程中，根据《审价办法》第十五条（一）项的规定，不需要计入完税价格。

（二）特许权使用费的申报方式

1. 进口货物与特许权使用费同时申报。申报货物进口时，同时申报特许权使用费的，不论是否带介质载体的，特许权使用费都应当计入进口货物的完税价格，并以进口货物的税号向海关申报纳税。

2. 进口货物与特许权使用费分开申报。货物与特许权不同时进口，如果没有介质载体的，从网络下载（专利、专有技术和著作权）或不需要下载的（如商标权、分销权等），以进口货物的税号申报，直接计入进口货物的完税价格；有介质载体的，以载体的税号申报，直接计入介质载体的完税价格。

3. 没有进口货物的，不用向海关申报。纯技术进口的服务贸易，没有进口任何相关货物的情况下，不需要向海关申报，也不需要缴纳进口关税和环节税。但是，如果企业通过转移定价等财务处理方式，由国内不同的关联企业分别对外支付进口货物的货款和特许权使用费，货物和技术进口后再结合在一起，海关应如何处理有待进一步研究。

4. "支付特许权使用费"的确认。2016 年 3 月开始，海关实施了新版的报关单，《海关进出口货物报关单填制规范》第四十五项要求，企业应当对进口货物是否支付与进口货物有关的特许权使用费予以确认。此项"确认"构成特许权使用费申报的一个重要组成部分，将对特许权使用费案件的违规定性产生一定的影响。

三、特许权使用费的量化分摊

（一）"合理分割"特许权使用费

判断企业计提或者支付的特许权使用费，是否应当计入完税价格，首先应当将计提或支付的费用予以合理分割。如果部分费用与进口货物无关，那么这部分费用不必计入完税价格，应当从支付的特许权使用费中予以分割剥离出来。

案例 15：进口手机外壳生产模具未申报特许权使用费案

简要案情：A 公司进口手机外壳生产模具 85 套，申报价格合计 1071 万元人民币，缴纳税款 327 万元人民币。经海关核算，实际进口的 85 套手机生产模具，实际进口总价为 3376 万元人民币。其中，模具硬件价格 1071 万元人民币，模具研发设计费 1200 万元人民币，手机外壳的外观设计费 1105 万元人民币。A 公司对模具的研发费用和手机产品的外观设计费用共计 2305 万元人民币没有申报，海关核定漏缴税款人民币 600 万元人民币，移交缉私部门处理。

案件处理：本案首先是刑事撤案，做行政案件处理；其次是行政案件撤案，做补税处理。在最终补税时，将模具研发设计费 1200 万元人民币计入完税价格，而将手机外壳的外观设计费 1105 万元人民币，从应税的特许权使用费中剥离出去，未计入完税价格。其主要原因是此项费用的支付与进口货物无关。

（二）"量化分摊"支付的特许权使用费

经过"合理分割"后的特许权使用费，是否都应当计入进口货物的完税价格呢？理论上，经过"合理分割"后的特许权使用费，均与进口货物有关，应当计入完税价格。但是，国际贸易实践中，特许权使用费的支付与货物进口经常并不同步，那么根据财务周期计提或者支付的特许权使用费，如何量化分摊到当期的进口货物上，就会产生比较复杂的会计问题。常见的量化分摊方式如下：

1. 分次付清：每次进口货物根据财务报表分摊的特许权使用费分次量

化列明，应当计入每次进口货物的完税价格。这种付费方式应税费用简单清楚，但贸易实际中比较少见。

2. 一次付清：一次付清特许权使用费的方式，一般是在进口货物总量有可靠的合同预期前提下实施，否则，一次性的费用数额很难计核。这种付费方式的前提是，特许权使用费的总额与进口货物总量按比例量化分摊，就能得出当期进口货物分摊的应税特许权使用费，计算方法相对比较简单。

3. 提成支付：根据公认的会计准则，特许权使用费按每一会计期间的进口货物国内销售额百分比提成，或者按每一会计期间的进口货物国内销售利润百分比提成，再按每月份、季度或者半年对外支付。这样每次进口货物特许权使用费量化分摊的公式如下：特许权使用费分摊金额 =（涉案进口货物的完税价格 + 已征关税金额）/ 计提周期内主营业务成本（制造费用）× 计提周期内提取的特许权使用费金额。

案例 16：进口汽车转向器零件涉及特许权使用费量化分摊案

简要案情：当事人 A 公司以一般贸易方式向海关申报进口汽车转向管连支器等货物一批，同时，当事人与境外 B 公司 NSK 株式会社签订“使用许可及技术援助协议”，就使用许可及计提率进行约定。双方约定，计提的特许权使用费每半年对外付汇一次。2011 年 9 月 27 日至 2014 年 9 月 26 日，当事人计提、支付特许权使用费 73326701.91 元人民币。

案件处理：海关按每半年计提的特许权使用费金额对应分摊到进口货物报关单项下有关各项货物的完税价格中，分摊公式为：当期特许权使用费分摊金额 =（单项进口货物的完税价格 + 单项进口货物的已征关税金额）/ 货物申报日期所在半年的主营业务成本（制造费用）× 货物申报日期所在半年计提的特许权使用费金额。根据上述公式，量化分摊的未向海关申报与进口货物有关的特许权使用费数额为 14861383.90 元人民币，涉税约 3946258.58 元人民币。

由于本案的协议名称为“使用许可及技术援助协议”，如果财务列明上述费用中含有技术援助费用，则技术援助费用首先予以剥离比较合理。

四、违规违法的认定条件

企业计提或者支付的特许权使用费，如果依法应当计入完税价格的，但未向海关申报或者未如实向海关申报，是否构成走私行为或者违规行为？这个问题海关和企业之间争议较大，不同海关和海关的不同部门也存在不同意见。有观点认为，特许权使用费的申报问题不存在违法行为，海关发现漏报的，给予补充申报或者补税即可，不用移交海关缉私部门处理；有观点认为，特许权使用费申报问题与其他价格申报问题的法律性质一样，不存在特殊性，应当依法定性处理。笔者认为，特许权使用费的申报问题与其他货物价格申报相比，具有明显的特殊性，漏报或者未报特许权使用费在执法实际中作为违规案件立案处理的案例较少，大多数作为漏税情事仅作补税处理。但以下几种例外情况应予以关注：

1. 一次性进口，一次性支付：涉案货物一次性进口，特许权使用费一次性支付，这种情况无需量化分摊，事实清楚，证据确凿，应报不报的违法风险较大。

2. 客观地量化，准确地分摊：海关掌握了企业客观可量化的数据资料，并且以科学合理的会计准则予以量化分摊，做到计核漏税款准确无误。这种情况下，海关作为行政处罚案件，定性价格申报不实的执法风险较小。

3. 否定性确认，实质性支付：企业在填报新版报关单时，如果第四十五项“支付特许权使用费确认”申报为“否”，而海关调查发现当事人实际上已经支付了特许权使用费，海关可能将其移交缉私部门立案处理。

4. 不作为违规处罚的特许权使用费案件，根据《海关法》第六十二条规定，应当在三年之内追征税款？或是在一年之内补征税款？ 也是一个比较复杂的法律问题，在此不再赘述，笔者已在“进口货物价格申报不实违规案的定性处理”小节中，予以分析。

第七节 特殊关系、价格影响和支付特许权使用费确认的法律后果

一、背景综述

《海关进出口货物报关单填制规范》（海关总署 2016 年第 20 号公告，现已更新至海关总署 2019 年第 18 号公告），对“申报单位”“监管方式”和“商品编号”等栏目的填制要求做了相应调整；新增出口“原产国”和进口“最终目的国”等填制要求，删除出口“结汇方式”等无法律依据的申报指标；增加了“特殊关系确认”“价格影响确认”“支付特许权使用费确认”等填制规范，并将原“经营单位”改为“收发货人”，将原“收货单位”改为“消费使用单位”，将原“发货单位”修改为“生产销售单位”，将“贸易方式（监管方式）”改为“监管方式”，并对调整项目的填制要求重新进行了规范，同时启用了新版的《中华人民共和国海关进出口货物报关单》。

《海关进出口货物报关单填制规范》实施之后，曾引起进出口企业的普遍关注。特别是新版报关单中增加了“特殊关系确认”“价格影响确认”和“支付特许权使用费确认”三项内容，即进出口企业与境外供应商之间是否

存在特殊关系，特殊关系是否影响成交价格，以及是否对外支付了与进口货物有关的特许权使用费。海关要求企业在填写报关单时如实填报上述三项内容，这不仅增加了申报技术的难度，也增加了企业申报的法律风险。

本节从企业如何进行三项确认的角度，结合实证案例，分析三项确认可能会导致的法律后果，希望能够对进出口企业预判、防范海关法律风险起到一定的参考作用。

二、特殊关系确认

（一）如何填报特殊关系

新版报关单第四十三项要求进口企业在货物进口申报过程中，填报买卖双方是否具有特殊关系。如果买卖双方具有特殊关系的，应当填报“是”，不具有特殊关系的应当填报“否”。那么，如何判断跨境贸易买卖双方是否具有特殊关系呢？根据《审价办法》第十六条规定，有下列情形之一的，应当认为买卖双方存在特殊关系，在该栏目应填报“是”，反之则填报“否”：

1. 买卖双方为同一家族成员。

2. 买卖双方互为商业上的高级职员或者董事。

3. 一方直接或者间接地受另一方控制。

4. 买卖双方都直接或者间接地受第三方控制。

5. 买卖双方共同直接或者间接地控制第三方。

6. 一方直接或者间接地拥有、控制或者持有对方 5% 以上（含 5%）公开发行的有表决权的股票或者股份。

7. 一方是另一方的雇员、高级职员或者董事。

8. 买卖双方是同一合伙的成员。

买卖双方在经营上相互有联系，一方是另一方的独家代理、独家经销或者独家受让人，也应当视为存在特殊关系。

特殊关系确认仅对进口报关单要求填报，出口报关单不需要确认特殊关系，加工贸易及保税监管货物进出口也不需要确认特殊关系。

海关确认特殊关系的目的是为确认企业进口申报价格的真实性，所以，特殊关系确认是价格影响确认的前提，有特殊关系的可能影响成交价格，无特殊关系的，不存在特殊关系影响成交价格的问题。

（二）填报“是”可能产生的后果

如果企业在进口报关单“特殊关系确认”一栏填报“是”，该报关单很可能将被海关列入重点审价范畴，推定企业申报完税价格可能存在的问题。但是，纳税义务人能证明其成交价格与无特殊关系买方价格相同或者相近的，或者与相同、类似进口货物倒扣价格、计算价格相同或者相近的，应当视为特殊关系未对进口货物成交价格产生影响。

（三）填报“否”可能产生的法律后果

如果企业在进口报关单“特殊关系确认”一栏填报“否”，但海关通过核查、稽查或者调查发现当事人存在特殊关系，导致当事人申报内容与实际情况不一致的，将产生怎样的法律后果呢？

笔者认为，当事人对特殊关系，只要申报不正确，申报不实的事实就已构成。但是，由于特殊关系确认不列入海关贸易统计的范畴，不构成影响海关统计的违规行为，因此不能根据《海关行政处罚实施条例》第十五条（一）项的规定予以处罚；如果同时没有价格等其他项目申报不实的情事，则也不构成《海关行政处罚实施条例》第十五条（三）、（四）、（五）项规定的违规行为。

那么，特殊关系确认的申报错误，能否根据《海关行政处罚实施条例》第十五条（二）项的规定，认定为申报不实影响海关监管秩序呢？笔者认为也不妥。主要理由：一是合理性欠缺，影响海关监管秩序比影响海关统计的危害性大，如果都影响不了海关统计，如何影响监管秩序呢？二是合法性不明，《海关行政处罚实施条例》制定于2004年，第十五条（二）项影响监管秩序有其特定的含义，而特殊关系确认规定于2016年，认定特殊关系确认影响海关监管秩序有些牵强。所以，海关对仅仅特殊关系确认申报错误，虽然构成违规事实，但予以行政处罚缺乏法律依据。

如果当事人“特殊关系确认”申报错误的同时，也低报了进口货物的完税价格，则构成《海关行政处罚实施条例》第十五条（四）项规定的违规行为，海关将对当事人按照申报不实影响国家税款征收予以定性处罚。

案例 17：某公司低报价格漏缴税款申报不实违规案

2016 年 5 月 29 日，A 海关稽查发现，当事人 B 公司在以一般贸易方式申报进口集成电路过程中，“特殊关系确认”一栏填报为“否”，经查实当事人与供应商存在特殊关系，而且涉案货物进口价格少报共计人民币 51488.44 元（与无特殊关系的第三方相同货物成交价格相比），涉税人民币 8753.03 元；当事人漏报运保杂费人民币 94503.48 元，涉税人民币 16065.59 元，总共计漏税约人民币 2.4 万元。海关稽查后将案件移交海关缉私部门，缉私部门在案件调查过程中，当事人向海关提交了 5 万元人民币担保金。海关根据《海关行政处罚实施条例》第十五条（四）项的规定，对当事人处罚款人民币 1.2 万元，并责令当事人补缴漏缴的税款。

三、价格影响确认

（一）如何填报“价格影响确认”

如何填报“价格影响确认”，什么情况下填报“是”，什么情况下填报“否”？新版报关单第四十四项要求进口企业在货物进口申报过程中，应当填报买卖双方是否因特殊关系影响成交价格。如因特殊关系影响成交价格，则应当填报“是”；虽然存在特殊关系，但纳税义务人能证明其成交价格与同时或者大约同时发生的下列任何一款价格相近的，应视为特殊关系未对成交价格产生影响，应当填“否”。

1. 向境内无特殊关系的买方出售的相同或者类似进口货物的成交价格。

2. 按照《审价办法》第二十三条的规定所确定的相同或者类似进口货物的完税价格。

3. 按照《审价办法》第二十五条的规定所确定的相同或者类似进口货物的完税价格。

价格影响确认仅对进口报关单要求填报，出口报关单不需要进行价格影响确认，加工贸易及保税监管货物进出口也不需要进行价格影响确认，无特殊关系的也不需要进行价格影响确认（无特殊关系的，价格影响确认填“否”）。

（二）填报“是”可能产生的后果

如果企业在报关单“价格影响确认”栏目填报“是”，那么将100%面临海关价格调整，或者价格磋商。企业一般情况下不会填报“是”，因为知道填报“是”必然面临海关价格审核，所以，这个栏目理论上全部填“否”。

（三）填报“否”可能产生的法律后果

填报“否”可能产生两种法律后果：一是申报存在特殊关系未影响价格，但海关调查发现特殊关系影响了成交价格，则构成申报不实影响国家税款征收的违规行为，海关根据《海关行政处罚实施条例》第十五条（四）项的规定予以行政处罚；二是申报没有特殊关系也未影响价格，最后价格申报错误，但没有特殊关系，这种申报不会产生任何特殊的法律后果，与旧版报关单的情况一样。

综上，特殊关系确认与价格影响确认的申报中，如果两项均填“否”，但企业存在特殊关系并影响价格确认的，企业申报行为将构成申报不实的违规行为，依法应当予以行政处罚；企业存在特殊关系，但不影响价格，构成申报不实的违规行为，行政处罚则无法律依据。如果特殊关系确认填报“是”，价格影响确认填报“否”，最后企业存在特殊关系，并影响价格，但企业申报未影响价格，则已构成价格申报不实的违规行为，海关将根据《海关行政处罚实施条例》第十五条（四）项的规定予以行政处罚。

四、支付特许权使用费确认

（一）如何填报“支付特许权使用费”确认

如何填报“支付特许权使用费”确认？什么情况下填报“是”，什么情况下填报“否”？新版报关单第四十五项要求，进口企业应当填报是否向卖方支付了与进口货物有关的特许权使用费。根据《审价办法》第十三条规定，企业应当确认进口行为中买方是否存在向卖方或者有关方直接或者间接支付特许权使用费。特许权使用费是指进口货物的买方为取得知识产权权利人及权利人有效授权人关于专利权、商标权、专有技术、著作权、分销权或者销售权的许可或转让而支付的费用。如果进口行为中买方存在向卖方或者有关方直接或者间接支付特许权使用费的，在本栏目应填报“是”，反之则填报“否”。

但是，企业在进口活动中对是否支付特许权使用费的判断比较困难，报关单填报“是”的情况较少，填报“否”的情况较多。主要原因是支付的费用是不是与进口货物有关，或者是不是构成货物销售的一个条件，或者特许权使用费是否应当向相关进口货物进行合理分摊等，是一项技术性较强的工作。

（二）填报“是”可能产生的后果

如果企业填报“是”，而在完税价格申报中没有包含特许权使用费，那么，海关 100% 会对企业进行价格调整或者价格磋商。所以，企业一般只在明确支付了特许权使用费，并已计入完税价格或者需要计入完税价格但数额量化不清的情况下，才向海关确认支付了特许权使用费，由海关来计核与进口货物相关的特许权使用费。

（三）填报“否”可能产生的法律后果

如果企业在“支付特许权使用费确认”一栏填报“否”，书面确认了没有支付过特许权使用费，但海关查明企业事实上为进口货物直接或者间接地向权利人或者其授权人支付过特许权使用费，则海关可能认定其构成申报不实的违规行为，将根据《海关行政处罚实施条例》第五条、第十五条（四）项的规定予以罚款，并责令补缴税款。

案例 18：某公司支付特许权使用费未申报违规案

简要案情：A 公司自 2015 年 11 月至 2016 年 9 月，以一般贸易方式向海关申报进口垫片、垫圈、转向管连支器等货物。2016 年 11 月 2 日，海关稽查发现当事人与日本某公司签订“使用许可及技术援助协议”，并于上述时间段内共向日本公司计提、支付特许权使用费 5200 万元人民币，当事人每月计提一次，每半年对外支付一次费用。海关按每半年计提的特许权使用费金额对应分摊到有关进口货物报关单项下各项货物的完税价格中，计核未向海关申报与进口货物有关的特许权使用费 1266 万元人民币，涉税约 286 万元人民币。

案件处理：当事人 A 公司在进口货物申报时未将相关特许权使用费计入进口货物的完税价格，也未向海关确认已支付过特许权使用费。稽查部门将本案线索移交缉私部门，缉私部门根据《海关行政处罚实施条例》第十五条（四）项的规定立案处理。

第八节　进口货物原产地申报的若干法律问题

一、进口货物原产地不明确的，如何适用税率计征税款

案例 19：某公司进口货物申报不实影响税款征收案

简要案情：某钢铁有限责任公司以一般贸易方式向海关申报进口热轧钢板卷 5000 吨，申报原产地是加拿大。经海关查验，实际进口货物为冷轧钢板卷，海关通知缉私部门对当事人的申报行为进行立案处理。

由于当事人无法提供涉案货物的加拿大原产地证书，海关也无法查证涉案货物原产地是哪个国家（地区）。海关认为，这种情况符合海关总署 2004 年第 2 号公告中关于“对于申报进口冷轧板卷时不能提供原产地证明，且经查验也无法确定货物的原产地不是俄罗斯、韩国、乌克兰、哈萨克斯坦等 4 国和台湾地区的，海关将按照本公告附件 2 所列的其他台湾公司适用的税率征收反倾销税”的规定。

本案共计偷逃税款约 800 万元人民币，依据《海关行政处罚实施条例》第十五条（四）项的规定，海关对公司的申报不实行为处罚款 650 万元人民币。当事人向法院提出诉讼，要求撤销行政处罚决定，法院经审理判决，撤销海关的行政处罚决定。

法律分析：

1. 原产地不明确的，适用普通税率征税。根据《进出口关税条例》第十条及《中华人民共和国海关进出口货物优惠原产地管理规定》第二十一条的规定，原产地不明确的，适用普通税率计征税款。

2. 原产地不明确的，适用优惠税率计核偷漏税款。海关总署相关法律文件明确规定，海关计核走私违法（包括违规）案件的偷漏税款，因海关对违法事实负有举证责任，如果海关不能证明货物原产于世界贸易组织成员（或者与我国有特别关税协定的国家）以外的其他国家，则应当适用最惠国税率或者暂定税率，计核偷漏税款。

二、报关单与原产地证书的税号不符，是否影响原产地证书的法律效力

案例 20：原产地证书载明税号与申报税号不一致案

简要案情：某公司从新加坡进口阀门电子控制器，向海关申报税号 8537，海关稽查部门对该商品的归类提出质疑，认为应当归入税号 9032。企业不同意海关上述归类意见，与海关产生归类争议。最后，经海关归类复核，认为该商品应当归入税号 8412，企业按照海关最终认定的税号 8412 向海关申报进口。

但是，新加坡海关认定该商品的税号是 8537，对该商品出具的

原产地证书列明的税号也是8537，而企业根据我国海关审核确定的税号8412申报，与新加坡原产地证书的税号不一致。我国海关认为，“报关单”与“原产地证书”的税号不一致，该商品的原产地证书无效，不能享受协定税率，只能按照最惠国税率征税。

法律分析：

1. 原产地不受税号的影响。一种商品完全制造或者生产于某个国家，则其原产地属性是确定的，不论该商品归入何种税号，原产地均不会受到税号的影响。

2. 归类差异不改变原产地属性。对同一种商品，不同国家海关可能有不同的归类意见。我国海关对商品的归类不同于原产国的归类意见，导致进口“报关单”的申报税号与出口国“原产地证书”的税号不一致，这并不会改变商品原产地的属性。

3. 原产地证书的法律效力不受税号影响。基于对《协调制度》规则的不同理解，各国海关对同一商品可能存在不同的归类意见。但是，只要进口的涉案货物，原产于原产地证书的签发国（地区），无论企业是否按照原产地证书上的税号向我国海关申报，企业均可以享受原产国（地区）与我国的协定税率。

如果因为各国海关不同的归类意见，导致质疑甚至否定真实原产地证书的法律效力，不允许企业享受协定税率，则对于企业来说，显得不尽公平、合理；对于海关来说，执法也缺乏法律依据。

三、提交虚假的原产地证书，但申报的原产地是真实的

案例 21：某公司提交虚假的原产地证书向海关申报案

简要案情：2014 年 2 月，宁波某进出口贸易公司以一般贸易方式向海关申报进口两票焦油沥青混合物共计 7.3 万吨，货物价值共计人民币 3.5 亿元。当事人持编号 KL–2014–E–13、KL–2014–E–13 的马来西亚原产地证书向海关申报。但经核查，上述原产地证书不是马来西亚授权机构国际贸易和工业部签发的，海关认定上述原产地证书为虚假证书。事后，马来西亚国际贸易和工业部就上述货物的原产地问题，向我国海关发函证明其原产地的真实性。

鉴于当事人不具有偷逃税款的主观故意，且马来西亚政府发函证实涉案货物原产地的真实性，海关未认定当事人的行为构成走私行为，但对当事人提供虚假原产地证书的行为，认定构成原产地申报不实的违规行为。根据《海关行政处罚实施条例》第十五条第（四）项的规定，海关对当事人处罚款人民币 2100 万元（约为漏缴税款的 82%）。

当事人不服海关的上述处罚决定，向某地中级人民法院提出诉讼，要求撤销行政处罚决定，此案最终和解结案。

法律分析：

1. 原产地申报不实的法律含义。根据《海关行政处罚实施条例》第十五条的规定，当事人进口货物原产地申报不实的，构成违规行为的，处以罚款。如涉案商品原产于马来西亚，当事人申报原产地也是

马来西亚，原产地没有申报错误，就不构成原产地申报不实违规，即便提供虚假的原产地证书，也不构成原产地申报不实。因为法律规定，是原产地申报不实，而不是原产地证书申报不实。

2. 提供虚假原产地证书的法律性质。当事人提供了虚假的原产地证书，且瞒报了真实的原产地，导致偷逃税款的，可能构成走私违法。

但是，如果当事人申报的原产地是真实的，对虚假原产地证书并不知情，可以不承担法律责任；如果伪造或者买卖原产地证书，则可以根据《海关行政处罚实施条例》第二十四条的规定定性处理。

四、提交真实的原产地证书，但申报原产地是虚假的

案例 22：某公司伪报进口货物原产地走私案

简要案情：2016 年 8 月，广州某燃料公司向海关申报进口 5.5 万吨轻质燃料油，并提交了菲律宾授权机构签发的原产地证书。经海关调查证实，当事人申报进口的轻质燃料油实际上并非原产于菲律宾，而是原产并启运于韩国。当事人运输上述货物途经菲律宾时在港口短暂停泊并加注少量 0 号柴油，同时，委托第三方向菲律宾原产地签发机构申领了原产地证书，并以此原产地证书向海关申报进口，享受中

国—东盟自由贸易协定项下优惠关税税率（0）的待遇。

海关发现涉案货物实际原产于韩国，当事人申报行为涉嫌违法，遂将违法线索移交缉私部门，缉私部门将其作为刑事案件立案侦查。

法律分析：

1. 原产地瞒骗走私。当事人利用骗取或者非法手段获取真实的原产地证书，但货物真实原产地与证书不一致，导致偷逃税款的，可能构成走私犯罪或者走私行为。

2. 原产地申报不实。当事人提交真实优惠原产地证书，海关调查核实当事人原产地申报不实，应当通过优惠原产地核查机制，请签发机构撤销优惠原产地证书之后，再对当事人的行为做出行政处罚；如果真实的优惠原产地证书没有撤销，海关不能认定当事人行为构成违规，也无法做出行政处罚的决定。

五、进口货物原产地证书的补救和查询

案例 23：某公司进口货物原产地申报错误案

简要案情： 2016 年 2 月至 2019 年 10 月，某进出口公司向海关申报原产于美国的医用血管栓塞系统，申报税号为 90219090，原产地申报为美国。海关核查发现，该商品申报税号错误，正确的税号为

90189099，且该税号商品属于中美贸易摩擦加征 25% 关税的商品范围，海关责令企业补缴税差。

在核查过程中，当事人提出该商品的原产地申报有异议，认为该商品由美资智利公司生产制造，正确的原产地应当是智利，并由供应商补办了智利的原产地证书，排除了部分对美加征关税的税收风险。

法律分析：

1. 补办原产地证书。供应商须在货物出口前向签证机构申请签发出口货物原产地证书。特殊情况下（不可抗力或非主观原因），在进口货物无法提供原产地证书时，企业可以出具进口货物原产资格申明，在缴纳保证金，并承诺货物进口之日起 1 年内补交原产地证书（在货物启运后的一年之内，相关企业向发证机构申请补办原产地证书）后，办理申报。各类补（后）发原产地证书要求见表 3.1。

表 3.1　各类补（后）发原产地证书要求一览表

证书名称	加注补发	加注栏目	备注
亚太贸易协定证书			没有规定可以补发。要求于货物出口时或出运后 3 个工作日内签发。
中国—东盟自贸区证书	ISSUED RE TROACTIVE LY	第 13 栏打对勾	货物装运之日起一年内补发。货物出运后 3 天之内无须加注补发。
中国—巴基斯坦自贸区证书	ISSUED RE TROACTIVE LY	第 13 栏	货物装运之日起一年内补发。货物出运后 3 天之内无须加注补发。
中国—智利自贸区证书	ISSUED RE TROACTIVE LY	第 14 栏	货物装运之日起一年内补发。

续表

证书名称	加注补发	加注栏目	备注
中国—新西兰自贸区证书	ISSUED RE TROACTIVE LY		没有规定可以补发。
中国—新加坡自贸区证书	ISSUED RE TROACTIVE LY	第 12 栏	货物装运之日起一年内补发。
中国—秘鲁自贸区证书	ISSUED RE TROACTIVE LY	标题栏	货物装运之日起一年内补发。
海峡两岸经济合作框架协议原产地证书	补发	第 15 栏	货物出口报关之日起 90 天内签发。
中国—哥斯达黎加自贸区证书	ISSUED RE TROACTIVE LY	第 14 栏	货物装运之日起一年内补发。
中国—瑞士自贸区证书	ISSUED RE TROACTIVE LY	第 4 栏	货物装运之日起一年内补发。
中国—冰岛自贸区证书	ISSUED RE TROACTIVE LY	第 4 栏	货物装运之日起一年内补发。
中国—韩国自贸区证书	ISSUED RE TROACTIVE LY	第 5 栏	货物装运之日起一年内补发。货物出运后 7 天之内无须加注补发。
中国—澳大利亚自贸区证书	ISSUED RE TROACTIVE LY	供官方使用栏	货物装运之日起一年内补发。

2. 原产地证书的海关核查。我国海关与其他国家已经形成部分原产地证书的联网监管。截至 2019 年 12 月 31 日，我国已与韩国、新加坡等十个国家（地区）实现了原产地电子联网。这些国家签发的优惠原产地证书，可以通过原产地电子信息交换系统，实时传输原产地

证书的电子数据，实现实时查询。

对于尚未实现原产地联网核查的国家（地区），当海关怀疑有关文件的真实性或者有关货物原产地的准确性时，海关可以根据原产地证书签发与核查操作程序（见海关总署商务部、国家质检总局联合公告2007年第77号），通过深圳、拱北、福州海关原产地办公室，向出口国（地区）提出追溯性核查的请求。

但是，进口企业能否通过上述程序，向海关提出查询原产地真实性的请求，目前尚无规定。

3. 进口企业的核查需求。实际上，对境外供应商提供的原产地证书的真实性问题，进口企业是无法控制的。如果进口企业对境外供应商提供的优惠原产地证书有核查的途径，则可以排除假证带来的法律风险。

但是，在无法核查的情况下，进口企业直接持境外供应商提供的原产地证书向海关申报，被海关发现为假证后予以行政处罚。这样的情况下，由于进口企业没有主观过错，对其处罚其实并不合理。

第九节　企业出口退税的若干海关法律风险

一、海关与退税

大家知道，出口退税（Export rebate）是国家税务部门主管的事情，与海关有何关联？是的，企业出口货物能否获得出口退税，能退多少已缴增值税款，都是国家税务部门依法决定的事情。但是，出口退税除了“退税”环节之外，还有“出口”环节，“出口”是“退税”的前提和基础，企业能否获得退税，能退多少税？很大程度上取决于出口申报的真实性和出口货物申报的税号。根据海关相关监管规定，企业出口货物应向海关如实申报商品名称、数量、价格和税号等，这些要素与出口退税均有一定的关联性。所以，国家税务部门能否给予企业出口退税，给企业退多少税，基本的判断依据是货物的出口报关单。

2004 年国务院出台了《海关行政处罚实施条例》，该条例第十五条（五）项规定，企业出口货物应当申报的项目未申报或者申报不实，影响出口退税管理的，处出口货物申报价格 10%～50% 的罚款。从此，海关成为出口退税管理的一个重要部门。

出口退税既然与出口货物的海关申报密切相关，那么，伪报或者瞒报出口商品名称，出口商品的税号申报错误，均可能直接影响到出口退税。重者构成出口骗退税犯罪、出口骗退税行政违法行为，轻则可能构成申报不实影响出口退税的海关违规行为。《税收征管法》第六十六条规定：以假报出口或者其他欺骗手段，骗取国家出口退税款的，由税务机关追缴其骗取的退税款，并处骗取税款一倍以上五倍以下的罚款；构成犯罪的，依法追究刑事责任。

所以，出口骗退税行为，是税务机关行政处罚的范畴，但出口骗退税情节严重构成犯罪的，应当交由公安机关立案侦查，追究刑事责任。

关于出口骗退税问题，本节暂且不表。下面，笔者仅从海关监管和企业申报的法律视角，简要分析出口货物申报不实影响出口退税管理违规案件的若干海关法律问题。

二、申报不实影响出口退税违规案的几种形式

（一）品名申报不实违规案：移交刑事甄别

企业向海关申报的商品名称与实际出口商品不符，即企业将实际出口的 A 商品申报为 B 商品，两种商品的税号不同，出口退税率很可能不同，

导致企业可能多退税款。这类商品名称申报错误的案件，当事人如果故意申报错误的商品名称骗取出口退税，很可能构成骗取出口退税罪。一般情况下，海关先会移交地方公安机关做刑事甄别处理，如果地方公安机关经甄别认为不构成骗取出口退税罪的，再由海关根据《海关行政处罚实施条例》的相关规定按申报不实的违规行为定性处理。

案例 24：出口货物品名申报不实违规案

简要案情： 2013 年 8 月 23 日，当事人 A 公司委托物流公司持出口报关单以一般贸易方式向 B 海关申报出口 5 寸液晶显示屏（TFT / 彩色）192 箱共 34560 个。经海关查验发现，实际出口的货物是废旧 5 寸液晶显示屏 24 箱共 4320 个和金属切割框架 168 箱共计 1621 千克，实际出口货物与申报不符被查扣。B 海关对 A 公司以申报不实违规定性处理。

案件处理： B 海关对 A 公司做出行政处罚决定之前，将本案移交地方公安机关进行甄别处理。但是，公安经侦部门以“该现场违法行为没有实施完毕就被海关查获，没有实际办理退税，该案没有追查的意义”为由，不予受理，并退回海关处理。海关根据《海关行政处罚实施条例》第十五条（五）项的规定，以申报不实影响出口退税的违规行为定性处理。

（二）税号申报不实违规案：明确的商品归类事项

税号申报不实影响出口退税案件，是海关最常见的申报不实影响出口退税案件类型，占申报不实影响出口退税案的 90% 以上。企业商品名称申报无误，但税号申报错误，将低退税率的商品税号申报为高退税率的商品税号，导致多退税款的，属于税号申报不实影响出口退税案件。但并非所有的税号申报错误行为均构成申报不实的违规行为，只有涉案商品属于明确的商品归类事项，当事人申报错误影响出口退税的，才构成申报不实违规行为；如果涉案商品不属于明确的商品归类事项，即便申报错误，也仅属于商品归类技术性差错，予以撤单、改单或者补税，不构成申报不实的违规行为。

案例 25：出口货物税号申报不实违规案

简要案情：2012 年至 2013 年，当事人 A 公司以一般贸易方式向 B 海关申报出口灯管等 LED 产品共计 40 票，申报商品税号均为 8539，出口退税率为 17%。经海关调查并归类鉴定，上述货物税号应为 9405，出口退税率为 13%。经计核，上述货物申报价格为 5210 万元人民币，出口货物应退税款 671 万元人民币，实际已退税款 878 万元人民币，申报错误导致多退税款约 206 万元人民币。

案件处理：经海关归类部门认定，涉案商品 LED 灯管属于明确的商品归类事项（归入税目 9405 项下），当事人申报错误有明显的主观过错，应当构成申报不实的违规行为。海关根据《海关行政处罚实施条例》第十五条（五）项、《行政处罚法》第二十七条的规定，对当事人科处罚款 62 万元人民币（约为多退税款的 30%）。

（三）出口高报价格违规案：不影响出口退税管理

出口货物高报价格，能否构成影响出口退税管理的违规行为？这个问题各界争议较大。有的海关认为，只要出口企业具有一般纳税人资格，企业出口高报价格就可能影响出口退税管理。但国家税务部门认为，企业出口高报价格绝大部分情形下不可能获得多退税款。主要理由如下：

1. 贸易型企业计核出口退税额，不但与货物出口申报价格、出口退税率有关，出口退税的最大限额不能超过出口货物的进项税额；

2. 生产型企业计核出口退税额，不但与货物出口申报价格、出口退税率有关，还与企业当期留抵税额有关，出口退税的最大限额不但不能超过出口货物的当期进项税额，也不能超过当期留抵税额；

3. 出口货物价格申报再高，既不会影响出口货物的当期进项税额，也不会影响当期留抵税额，只会影响出口货物的免抵退税额。

所以，无论生产型企业还是贸易型企业，出口高报价格，并不会影响实际的出口退税额。也就是说，一般情况下，企业并不可能因高报出口价格而获得多退税款。

笔者认为，出口退税的主管部门是国家税务部门，高报价格是否影响出口退税，应由国家税务部门做出专业判断，海关在这个问题上应当以国家税务部门的意见为准。

综上所述，海关办理出口高报价格的申报不实案件，如果不能直接判断是否影响出口退税的，应当先请国家税务部门做出是否影响出口退税的专业判断。如果国家税务部门判断认为不影响出口退税，海关应当根据《海关处罚实施条例》第十五条（一）、（二）项规定的影响海关统计或者影响海关监管秩序的违规行为予以处理。

案例 26：出口高报价格申报不实案

简要案情： 2015 年 11 月 4 日，当事人 A 公司向 B 海关申报出口货物 1 票，目的国为日本，成交方式为 FOB。该票报关单表体项下第一项申报商品名称为数码相机框架，申报数量 1000 个，申报总价 1633050 美元；第二项申报商品名称为数码相机边框，申报数量 1000 个，申报总价 1280600 美元。经当事人自查，该票报关单两项出口商品的申报币制与报关单随附单据显示的出口价格实际币制不符，实际出口商品的价格币制均为日元，当事人填报为美元。因此，当事人出口货物高报价格大约 100 倍。事后当事人 A 公司主动向 B 海关报明币制申报错误的情事，B 海关立案调查。

案件处理： 经调查 B 海关认为，当事人出口货物价格申报的错误是工作人员疏忽大意的笔误所致，而且当事人无法因高报价格获取多退税款，不影响出口退税管理。B 海关认为本案当事人的行为属于高报价格影响海关监管秩序的行为，鉴于当事人主动向海关披露申报错误情事，符合减轻处罚的条件，遂根据《海关行政处罚实施条例》第十五条（二）项的规定，对当事人处以罚款人民币 1 万元。

但是，如果有证据证明，企业故意大幅高报出口价格以骗取国家的出口补贴，可能构成骗取国家补贴款的非法经营罪，这类案件近年高发。近日，海南省公安厅联手海口海关破获一起特大骗取国家出口补贴案，涉及骗取国家补贴款约 2.35 亿元人民币。

三、出口退税违规案的处罚幅度

根据《海关行政处罚实施条例》第十五条（五）项的规定，出口退税案件处出口货物申报价格 10%～50% 的罚款。但该条例实施十多年来，海关办理一万多起出口退税案件，处申报价格 10% 以上罚款的案例极少，主要原因如下。

（一）法定处罚幅度不符合过罚相当的原则

从海关行政处罚的合理性角度看，以申报价格作为处罚基数不具有合理性，不符合过罚相当的行政处罚原则。笔者认为，影响出口退税的申报不实案件，应当以可能多退的税款作为处罚基数比较合理。申报不实可能影响的出口退税金额越大，申报不实的危害性也就越大，罚款金额也应当越高；相反，可能影响的出口退税金额越小，罚款金额也应当越小。

（二）税号申报不实案件的税率差较小

实践中，出口退税案件最常见的是税号申报不实案件，当事人申报的税号与应当申报的税号，分别对应不同的税率，二者之间的税率差额是当事人可能多退税款的比例基数。如，当事人申报税号的出口退税率为 17%，应当正确申报税号的出口退税率可能为 15%，两者之间的税率差为 2%，因此可能多退税款仅为申报价格 ×2%。这种情况下，如果对当事人处申报价格 10% 以上的罚款，则相当于处多退税款 5 倍的罚款，显然过罚不相当。

因此，从合理性考虑，出口退税申报不实案件的处罚幅度，海关参照《海关行政处罚实施条例》第十五条（四）项的规定，处可能多退税款 30%～200% 的罚款。但从合法性考虑，法律适用上仍应当引用《海关行政处罚实施条例》第十五条（五）项的规定，如果个案处罚幅度低于申报价格的 10%，应当同时引用《行政处罚法》第二十七条的规定减轻处罚。

鉴于上述法律规定的处罚幅度与海关行政处罚实践明显脱节，建议在修改《海关行政处罚实施条例》时，对该条文予以合理调整。

四、多退税款如何处置

漏缴税款的行政处罚案件，海关做出行政处罚决定后，依法根据《海关行政处罚实施条例》第五条的规定责令企业补缴税款；影响出口退税的行政处罚案件，当事人的多退税款则应当如何处置？

1. 构成申报不实的出口退税违规案，海关做出处罚决定后函告国家税务部门，由国家税务部门对企业追回多退税款，尚未退税的，国家税务部门不再予以退税；但通关渠道查获的案件，由于海关对其直接进行删改报关单操作，企业无法退税。所以，海关不再通报国家税务部门。

2. 构成申报不实但不予处罚的违规案件，海关函告国家税务部门，国家税务部门对企业追回多退税款，尚未退税的，国家税务部门不再予以退税；但通关渠道查获的案件，由于海关对其直接进行删改报关单操作，海关不再通报国家税务部门。

3. 不构成申报不实的案件，包括不受理、不立案或者立案后撤案的，即便海关认定的税号与当事人申报的税号不同，海关也不需要向国家税务部门通报相关案件信息。

案例 27：归类疑难商品的税号申报错误案

简要案情：2013 年 7 月至 2015 年 5 月，当事人 A 公司以一般贸易方式向 B 海关申报出口复合胶体蓄电池 217 票（密封型）共计

98207 个，申报的税号为 85078090（其他蓄电池），出口退税率为 15%。经海关化验认定，该种蓄电池的电解液为硫酸，电极为铅板，相应的税号应为 85072000（其他铅酸蓄电池），出口退税率为 0。B 海关对当事人 A 公司的税号申报错误行为进行立案调查。经计核，当事人出口货物的货值为 1886 万元人民币，可能多退税款 282 万元人民币。

案件处理：2017 年 7 月 21 日，C 海关对同类商品的归类问题提交《协调制度》归类技术委员会第 20 次会议。会议研究决定，无论结果如何，说明该商品的归类问题属于归类技术疑难问题。因此，B 海关对本案做出撤案处理，本案的出口退税后续处置问题，海关可以不向国家税务部门通报。

第十节　影响海关统计申报不实案件的法律问题

一、背景综述

海关统计是以进出口货物的报关单作为基本依据，对报关单上进出口货物的品名及税号、数量价格、经营单位、贸易方式、运输方式、进口货物原产国、启运国、境内目的地、出口货物目的国、运抵国、境内货源地，以及进出口日期和关别等项目的进出口贸易统计。《海关法》第二条明确规定，海关统计与海关监管、税款征收、查缉走私并称为海关四大职能，是国民经济统计的组成部分。海关进出口贸易统计数据是国家宏观经济决策的重要依据。

简单地说，海关统计数据是用一份一份报关单累计分析而得出的统计结论。如果报关单填报的项目与进出口贸易实际情况一致，则海关统计数据准确，国家据此可以做出有效的宏观经济决策；但如果报关单填报的项目与进出口贸易实际不符，则海关统计数据会不准确，国家据此而做出的经济决策可能失灵。所以，为保证海关统计数据的准确性，法律要求企业如实填报报关单上的统计项目。因统计项目申报不实而影响海关统计的，海关可以根据《海关行政处罚实施条例》第十五条（一）项的规定，对企业处1万元人民币以下的罚款。

上述对海关统计项目错误申报惩罚性的规定很简单，罚款金额也不高，但海关统计案件的定性处理，实际上却存在诸多法律问题。统计处罚是“行为罚”还是“结果罚”，影响统计与影响海关监管秩序的区别何在，非法定统计项目的申报错误是否构成违规，统计案件处罚幅度如何确定等，这些问题关企争议频发，海关执法规范较少，业界相关文章和法律探讨也并不多见。笔者认为，从以下几个角度厘清海关统计处罚的争议问题，能为企业贸易合规和减少关企争议提供一些参考。

二、“行为罚”还是“结果罚”？

因品名、税号等统计项目申报不实影响海关统计准确性的，构成申报不实违规。那么，海关统计处罚究竟是针对企业的错误申报行为，还是针对因申报不实影响海关的统计结果呢？也就是说，统计处罚是“行为罚”或是“结果罚”？如果是“行为罚”，即针对企业错误申报行为而做出的处罚，那么海关对企业的每一次错误申报行为都需要予以处罚；如果是“结果罚”，那么海关根据一次统计结果（一般是统计月报，即每月公布一次统计数据），依法对企业处罚一次即可。我们先看一个案例：

案例 28：多票出口相同货物申报不实影响海关统计案

简要案情：2015 年 5 月 27 日至 2016 年 5 月 26 日，当事人 A 公司向海关申报出口乙二胺二邻羟苯基大乙酸铁钠 853.3 吨，申报税号为 2922499990（出口退税率为 13%），总货值约为 1982 万元人民币。经调查，海关发现乙二胺二邻羟苯基大乙酸铁钠实际应归入税号 2922509090，当事人涉嫌归类申报不实。海关稽查部门将此案线索移交缉私部门处理，共计涉及报关单 96 份。经缉私部门调查核实，2015 年 1 月 1 日之后，税号 2922509090 项下商品出口退税率变更为 13%。此案当事人税号申报不实，但并未影响出口退税，涉嫌影响海关统计。

案件处理：对本案的处理，存在三种不同意见：

1. 根据《海关行政处罚实施条例》第十五条（一）项的规定，认定当事人申报不实影响海关统计的准确性，作为一个案件一次性处罚款人民币 1 万元。

2. 根据《海关行政处罚实施条例》第十五条（一）项的规定，认定当事人申报不实影响海关统计的准确性，但因海关一个月做一次统计月报，一个月向社会公布一次统计结果，所以，当事人申报行为每个月都影响海关统计，一年之内共影响海关统计 12 次，每次处人民币 5000 元罚款，共计罚款人民币 6 万元。

3. 根据《海关行政处罚实施条例》第十五条（一）项的规定，认定当事人申报不实影响海关统计的准确性，当事人一年之内连续 96 次向海关申报出口货物（96 票报关单），每票报关单都是一次独立的申报不实行为，应当对每次申报不实行为处 1000 元人民币罚款，共计罚款 9.6 万元人民币。

法律分析：上述第一种意见，是目前较为常见的海关统计处罚方式，根据《海关行政处罚实施条例》第十五条（一）项的规定，一个案件在处罚幅度范围内做出一次处罚。但这种处理方式可能存在合理性欠缺的问题，如，有的案件当事人高达 1000 多次的申报，依法处 1 万元人民币以下的罚款；有的案件只有一次或者几次申报，也处 1 万元人民币以下的罚款，两类案件处罚结果类似，但是危害后果显然不同，显失公平合理。

第二种意见倾向于“结果罚”。企业多次申报不实，海关一并立案，并以一个月影响一次海关统计的准确性为违规行为依法进行一次处罚。

第三种意见倾向于“行为罚”。对企业的每一次申报行为均作为违规行为进行处罚，处理方式可能会比较公平，但明显偏重，与第一种处罚方式形成明显的对立。

笔者认为，海关统计处罚存在的这个问题，应当尽快统一，无论以上述哪种意见作为处罚方式，都可以解决海关执法统一性的问题。但从合理性角度，笔者更倾向于第二种意见。

三、统计与监管秩序如何区分？

海关作为进出口贸易的监管机关，主要职能是为了维护进出口贸易的监管秩序。截至 2018 年初，海关总署已经颁布了 236 个部门规章（海关总署令）。任何一个海关监管规定的有效实施，都需要相应的法律责任，也就是需要海关的行政处罚措施。所以，笔者一直认为，海关行政处罚是海关监管的一个重要组成部分，如果没有海关行政处罚，海关所有的监管规定就形同虚设。

根据《海关行政处罚实施条例》第十五条的规定，对申报不实违规行为的行政处罚，大致分为涉税（含退税）、涉证、统计和海关监管秩序四种，对涉税、涉证的处罚已经比较明确，笔者也多次分析其中的相关问题，在此不再赘述。海关统计处罚主要针对海关统计项目申报不实影响统计准确性的行为，那么，影响海关监管秩序的申报不实行为具体指的是什么呢？对此，法律没有明确规定，业界一直争论不休，我们先看一个案例。

案例 29：加工贸易进口料件税号申报不实案

简要案情： 2015 年 12 月 7 日，本案当事人委托货运代理有限公司以进料对口贸易方式向海关申报进口环烷烃 50 千克，申报税号为 2902199090，申报价值 CFR67500 美元。经海关查验，实际进口货物为 4 烷基双环己烷 50 千克，税号为 2902192000。进口货物品名和税号的申报与实际情况均不相符，已构成申报不实的违规行为，移交缉私部门处理。

案件处理： 当事人进口加工贸易保税料件，虽然品名和税号申报不实，但保税料件进口不涉及税款征收和许可证管理，品名和税号均既属于海关统计项目，似又属于海关监管秩序范围。鉴于进口保税料件的品名和税号申报与实际不符，可能导致进口保税料件脱离海关监管，海关根据《海关行政处罚实施条例》第十五条（二）项的规定，对当事人以申报不实影响海关监管秩序，科处罚款 2.8 万元人民币。

大家看了上述案例可能会产生疑问：本案为什么不按照影响海关统计准确性予以处罚，而按照影响海关监管秩序予以处罚？这个问题确实不好直接回答。

影响海关监管秩序行为是概括式的兜底性质条款，广义上讲，无论是涉税、涉证或者影响海关统计的申报不实行为，都可以说是影响海关监管秩序的行为。那么，什么情况下海关可以将申报不实行为定性为影响海关监管秩序行为并予以处罚呢？笔者认为，影响海关监管秩序的具体情形应当由立法部门或者海关总署予以明确规定，否则海关运用“影响海关监管秩序”的处罚条款可能无所依据。

实践中，海关对申报不实影响商检通关单管理的行为，对加工贸易保税货物或者海关特殊监管区域货物的税收要素申报不实的行为，对出口货物税收要素申报不实但不影响出口退税的行为，定性为影响海关监管秩序的行为。除此之外，其他非涉税、涉证的申报不实一般按影响统计准确性予以处罚（非海关统计项目除外）。笔者建议上述做法在立法时予以明确，使狭义的影响海关监管秩序的行为，与影响海关统计准确性的行为有个清晰的界限。

四、非法定统计项目申报的法律性质

《中华人民共和国海关统计条例》第六条规定了品名及编码、数量、价格等十项海关统计项目。而《海关进出口货物报关单填制规范》列明了近50项的进出口货物填报事项，有的属于法定统计项目，有的不属于法定统计项目。那么，企业对不属于法定统计项目的，如果填报与实际不符，是否构成申报不实的违规行为呢？

笔者认为，非法定统计项目申报不实的，不构成申报不实影响海关统计准确性的违规行为，但如果申报不实行为涉税（含出口退税）、涉证或者影响海关监管秩序的，可以按照相关规定处理，如果也未导致上述后果，行政处罚则于法无据，不能予以处罚。如，进出口货物的“规格型号”不是法定的海关统计项目，仅规格型号申报错误，而未影响税号等税收要素的正确申报，行政处罚则于法无据，删改报关单即可。

案例 30：特许权使用费支付确认的申报错误案

简要案情： 2016 年 5 月 2 日至 2017 年 5 月 1 日，当事人共向海关申报进口汽车转向器集成电路模块 23 票，87000 件，并按转向器制成品销售提成，分季度支付境外供应商特许权使用费 800 万元人民币。但报关企业在填写报关单时，“特许权使用费支付确认”一栏均填报“否”，海关稽查部门发现上述特许权使用费未申报事项，遂将案件线索移交缉私部门处理。

案件处理： 经缉私部门调查认为，当事人虽然存在未申报特许权使用费的情形，但根据双方特许权使用费以销售成品提成的协议，货物进口状态下，与货物相关的特许权使用费数额并未确定，当事人未将特许权使用费计入完税价格向海关申报，不构成申报不实的违规行为。另外，当事人将特许权使用费支付确认为“否”，虽然存在申报错误，但该项目并非海关统计事项，如果对当事人按照影响海关统计准确性处罚，显然于法无据。所以，对当事人做出撤销处理，责令当事人补缴税款即可。

五、海关统计处罚的罚款幅度

根据《海关行政处罚实施条例》第十五条的规定，海关统计处罚案件处人民币 1000 元以上 10000 元以下的罚款。但具体个案如何确定处罚幅度？执法实践中，一般以统计处罚案件的案值作为罚款幅度的参考依据，案值越大处罚幅度越高，最高不得超过 1 万元人民币。由于海关总署尚未规范统计处罚的罚款幅度，目前各海关根据关区的实际情况自己掌握，处罚标准尚未统一。

在全国海关通关一体化改革全面实施之后，海关查验异常处置系统即将全面运行，纳入简单案件程序管理的海关统计处罚案件，将全面由海关计算机网络系统予以确定处罚幅度（海关以案值为基础设定参数），从而实现全国海关的执法统一。

案例 31：出口税号申报不实影响海关统计案

简要案情：2016 年 2 月 23 日，当事人以一般贸易方式向海关申报出口梭织男套头衫等两项货物。其中，申报出口梭织男套头衫 3803 件，申报税号为 62114390.00（出口退税率 17%、无出口监管条件），申报 FOB 总价 97869.24 美元。经海关调查发现，梭织男套头衫实际应归入税号 62113390.99（出口退税率 17%、无出口监管条件），与当事人申报的税号不符。

案件处理：经审理认为，当事人出口货物申报的税号与实际不符，但未影响出口退税管理，构成申报不实影响海关统计准确性的违规行为。因本案案值较小（约人民币 60 万元），情节轻微，海关根据《海关行政处罚实施条例》第十五条（一）项的规定，对当事人处人民币 1000 元的罚款。

第四章

加工贸易违规案的若干海关法律问题

“飞料走私”是二十世纪九十年代对加工贸易违法案件的典型记忆。现在“飞料走私”的现象减少了很多，但海关对加工贸易的监管重点还是保税料件的去向。保税料件出口了、卖掉了、调换了，或者让他人代加工了，都得向海关如实汇报。没有汇报，你就这么任性地干了，海关就得罚你。甚至，你稀里糊涂地把保税料件弄得不知去向，海关也不会原谅你，不但要把税补回来，还得罚你款。

海关加工贸易违规案，每年约6000起，案件数量不足违规案件总量的10%，但加工贸易违规案件的案值较大，每年超过100亿元人民币，约占海关行政处罚案件总案值的25%，所以，加工贸易违规案是海关行政处罚案件的重要组成部分。

不同时期的加工贸易违规案件，呈现明显不同的特征。2000年之前，加工贸易案件的主要类型为擅自转让或者内销保税料件违法案，但随着海关加工贸易监管水平的提高和企业经营管理的不断规范，擅自转让保税料件的违法案件逐渐减少；2010年至2020年，加工贸易违规案件的主要类型为擅自外发加工违规案，但目前由于加工贸易转型升级，很多加工贸易企业转移到越南和印度等国家，外发加工违规案占比也明显下降。无论是擅自转让或者内销违规案，还是擅自外发加工违规案，在违规构成和处罚幅度上很少发生法律争议，所以，后面章节中没有对擅自转让或者内销和擅自外发加工的违规行为做专题论述。

近年，加工贸易违规案件的常见类型是擅自调换保税料件、保税料件短少无正当理由、加工贸易“先销后税”和单耗申报不实违规案。本章分别对这几类违规案件存在的若干法律问题，结合实证案例，进行合法性和合理性分析，供海关、企业和中介咨询机构参考。

第一节　加工贸易串料违规案的三个典型问题

一、背景综述

加工贸易作为我国进出口货物的一种主要贸易方式，曾经占全部进出口贸易的半壁江山（占贸易总额的50%以上），但2008年国际金融危机之后，随着我国经济结构和劳动用工制度的变化，我国加工贸易规模占比逐年下降，至今加工贸易占全部进出口贸易仅剩不足四分之一（约占贸易总额的23%）。我国加工贸易具有政策性强，海关监管制度复杂的特点，对加工贸易的手册（电子账册）设立、单耗备案、进出口申报、加工监管和手册核销的一系列监管规定，很多企业经常误读，导致在实施过程中违规。轻则海关予以行政处罚，重则可能构成走私犯罪。据统计，我国海关2015年查处的加工贸易违规案件6000多起，占海关行政处罚案件数量约7%，案件数量占比虽然不大，但案值高达120亿元人民币，案值占比超过海关行政处罚案件案值的30%以上。

同时，加工贸易违规的行为方式也比较多样，不同时期的多发案件特点各不相同，如擅自转让保税料件，擅自外发加工，保税料件短少和擅自调换保税料件等，是先后各个不同时期的常发案件类型。

其中，擅自调换保税料件（即加工贸易违规串料案）是现阶段最常见、最具争议的一种加工贸易案件类型之一。主要争议聚焦在以下三个问题，结合典型案例分别阐述如下。

二、擅自调换保税料件的违规定性问题

擅自调换保税料件与擅自转让或者擅自处置保税料件最易混淆，执法实践中常常出现将擅自调换保税料件定性为擅自转让或者擅自处置保税料件。

案例 1：擅自调换与擅自处置或转让违规案

简要案情：当事人 A 公司从事加工贸易生产经营业务，从 B 海关申领加工贸易手册，进口生产原料辛醇，用于加工生产化工产品苯二甲酸二辛酯，并从加工贸易手册项下出口。但由于当事人的加工生产基地距离原料辛醇的进口口岸较远，化工危险品的长距离运输成本较高，当事人遂与 C 公司达成换货协议：由 C 公司向 A 公司提供以一般贸易方式进口的同品种、同规格、同数量的辛醇原料，A 公司将从口岸进口的保税料件辛醇交由 C 公司使用。B 海关稽查部门发现后，将案件交由缉私部门立案调查。经缉私部门调查认定，当事人 A 公司交由 C 公司的进口保税料件共计 9000 吨，价值约 1.2 亿元人民币，涉及税款约 2400 万元人民币。

案件处理：B 海关认为，当事人将加工贸易手册项下进口的保税料件交由 C 公司使用，构成将海关监管货物擅自处置的违规行为，根据《海关行政处罚实施条例》第十八条（一）项的规定，对当事人处罚款人民币 600 万元（占货物价值 5%），并责令当事人补缴所漏税款。

法律分析：本案当事人将加工贸易手册项下进口的保税料件与一般贸易方式进口的同品种、同规格、同数量的料件互换使用的行为，是构成擅自调换？或是构成擅自处置？还是构成擅自转让？笔者认为，定性为擅自调换为妥。主要理由如下：《海关行政处罚实施条例》第十八条第一款（一）项规定的将海关监管货物“进行其他处置的”，属于兜底性条款。“其他处置”可能是将保税料件以一般贸易方式出口，也可能是出租、出借，而擅自调换和擅自转让均属于具体的行为描述。如果当事人行为符合具体列明的违规行为描述，应当首先按具体列明的违规行为描述定性，而不按照兜底性条款定性。

那么，擅自转让和擅自调换都是具体列明的违规行为描述，为什么不定性为擅自转让，而定性为擅自调换呢？根据海关行政处罚的原则，当事人对同一货物实施了两个以上违规行为的，应当依法择其重者处罚；当事人同一行为违反了两个法律条款规定的，也应当依法择其重者处罚。但是，当事人同一行为具备同一条款的两个具体违规行为特征描述的，择其重者处罚没有法律依据，应按照有利于当事人的原则，选择一个可能较轻的行为予以处罚比较合理。而且，本案 A 公司将加工贸易项下进口货物交给 C 公司使用，虽然货物所有权转移了，但没有收取货款的行为，不符合货物转让的基本法律特征。

综上，当事人的同一违规行为同时符合擅自调换、擅自转让或者擅自处置行为特征的，应当按照擅自调换予以定性处理，而不按照擅自处置或者擅自转让的违规行为定性处理。

三、程序性违规与实体性违规问题

擅自调换保税料件，属于程序性违规还是属于实体性违规？若属程序性违规，可以减轻处罚；若属实体性违规，不具备减轻处罚的条件。

案例 2：擅自调换的程序性违规

简要案情： A 海关稽查部门查明，当事人 B 公司在从事加工贸易生产过程中共计 4 本加工贸易手册存在串料等违规情况，其中 2 本加工贸易手册项下进口的电容器相互串换使用，并加工出口，涉及货物价值人民币 820 万元；另外 2 本加工贸易手册项下的保税电子元件与同品质、同规格、同数量的国产电子元件之间相互串换使用，且该电子元器件以一般贸易方式进口关税税率为零，当事人串料时没有向海关申报或者说明情况，涉及货物价值人民币 1260 万元。

案件处理： 鉴于当事人 B 公司在加工贸易生产过程中，将不同加工贸易手册之间的保税料件相互串换，同时，将保税料件与同品种、同规格、同数量和零关税的国产料件之间相互串换，擅自串料没有导致漏缴税款，属于程序性违规。根据《行政处罚法》第二十七条、《海关行政处罚实施条例》第十八条第一款（一）项的规定，对当事人依法减轻处罚，罚款人民币 20 万元（约占涉案货物价值的 1%），不责令补税。

案例 3：擅自调换的实体性违规案

简要案情： 当事人 A 公司经营加工贸易业务，将国内采购的双面覆铜板515吨用于生产加工贸易出口成品。随后，将调换出来的保税进口料件制成多层线路板在国内销售。经B海关核查，国内采购的料件与进口料件属于同品名、同规格、同数量，但进口关税税率为4%，违规串料的双面覆铜板价值3954万元人民币，涉及税款704万元人民币。

案件处理：当事人未经海关许可，擅自将国内采购的双面覆铜板从加工贸易手册项下出口，并将调换出来的保税料件在国内销售。根据《海关行政处罚实施条例》第十八条第一款（一）项的规定，构成擅自调换保税料件的违规行为。海关对当事人的违规行为科处罚款396万元人民币（约占价值的10%），并责令当事人补缴所漏税款。

法律分析：擅自调换保税料件的违规行为，究竟是程序性违规还是实体性违规？笔者认为，如果违规行为没有导致税款漏缴，则属程序性违规，可以减轻处罚；如果违规行为导致税款漏缴的，属于实体性违规，不能减轻处罚。

根据海关总署《关于执行〈中华人民共和国海关加工贸易货物监管办法〉有关问题的公告》（2014年第21号公告），以下情形应属程序性违规：

1. 保税料件与保税料件相互串换。无论是同一企业不同加工贸易手册项下的保税料件相互串换（见案例2），还是不同企业之间的保税料件相互串换；无论是同品种、同规格的保税料件，还是不同品种、不同规格的保税料件相互串换，因为加工贸易保税料件“两头在外”，不涉及税款征收的，均属于程序性违规。

2. 保税料件与一般贸易方式进口的非保税料件相互串换。考虑一般贸易方式进口的非保税料件已经缴纳了进口关税和增值税，允许其与同品种、同规格、同数量的保税料件相互串换，但如果未向海关办理相关手续，则构成程序性违规。

3. 保税料件与国产料件相互串换符合“三同一不”的条件。如果国产料件与保税料件符合同品种、同规格、同数量和不牟利条件（“不牟利”是该商品“一般贸易方式进口关税税率为0”）的，擅自调换不影响税款征收的，则属于程序性违规。

另外，保税料件与国产料件相互串换不符合“三同一不”的条件，如果串换出来的保税料件尚未处置，未造成危害后果的，理论上也可以根据《行政处罚法》第二十七条的规定减轻处罚。

四、违规串料案的补税问题

违规串料案件是否应当责令当事人补缴税款，这是一个各方争议较大的问题。笔者认为，海关是否应当责令当事人补税，取决于当事人的违规行为是否漏税，漏什么税就应当补什么税，如果没有漏税。就不存在补税的问题。如果漏缴的是关税，没有漏缴增值税，就应当只补缴关税，不用补缴增值税。

案例4：符合“三同一不”条件的不需要补税

简要案情： A海关对当事人B公司调查发现，当事人在执行加工贸易手册期间，存在保税原油加工时间与成品油出口时间倒挂的事实，因此认定当事人存在用国内原油代替进口保税原油加工成品油出口的违规行为。A 海关认定当事人的行为违反了《海关行政处罚实施条例》第十八条（一）项的规定，涉案价值约人民币 2 亿元，涉及税款约人民币 2900 万元。

案件处理：A 海关综合考虑当事人违规行为发生的经济背景，案发后企业采取的整改措施，涉案货物进口为零关税等因素，对当事人做出减轻处罚的决定，科处罚款人民币 480 万元（约为涉案货物价值的 2.4%），并责令其办理补缴增值税税款 2900 万元人民币。但经上级海关对上述处理决定进行复核后，取消了责令当事人补税的决定。

法律分析：

1. 关于补缴关税的问题。当事人擅自调换保税料件的违规行为，如果是用保税料件与保税料件串换，或者保税料件与一般贸易进口的非保税料件相互串换，不涉及漏税的问题，则不需要责令当事人补缴关税，也不需要补缴增值税；当事人如果是用保税料件与国产料件串换，而且不符合“三同一不”条件的，则应当责令当事人补缴关税，但是否需要补缴增值税呢？这个问题有待各界持续关注和讨论。

2. 关于补缴增值税的问题。当事人将串换出来的保税料件擅自在国内销售，没有向海关缴纳关税，海关应当责令当事人补缴关税。同时，当事人串换出来的货物内销时需要依法向税务部门缴纳增值税，如果当事人能够证明其在涉案货物内销时已经向税务部门缴纳了增值税，海关是否可以责令当事人再次补缴增值税呢？这个问题也有待各界持续关注和讨论。

3. 关于重复征税的问题。根据《税收征管法》的相关规定，货物流转一次只征一次增值税，尽管征税的部门不同。如果税务部门对串换出来用于内销的货物已经征收了增值税，海关发现违规情事后责令当事人再次补缴增值税，对当事人来说，两个税收部门先后对其同一税目征收两次税款，存在重复征税之嫌。

笔者认为，海关责令补缴的税款应当是漏什么税，补什么税。如果当事人的涉案货物在进口后第一次流转时已经向国家缴纳了增值税，则在后期查发案件中不宜再将这部分税款计入漏缴税款，海关责令当事人补缴的税款也不应包含这部分已经缴纳的增值税款。

第二节　保税料件短少违规案的若干法律问题

一、保税料件短少违规

从事加工贸易的企业，无论是进料加工保税料件或者来料加工保税料件，从进口之日起到出口、内销或者深加工结转之日止，都要接受海关的严密监管，海关在规定期限内对加工贸易手册或者电子账册进行一次核销。如果保税料件进（进口）出（出口、内销、结转或者库存）平衡，海关予以核销；如果进出不平衡，且进大于出，则不予核销，海关可以认定上述情况为保税料件短少或者灭失，并根据海关相关规定责令补税，同时移交缉私部门立案调查。

保税料件短少违规是一种常见的加工贸易违规行为，海关核查发现加工贸易保税料件进大于出，且无法认定保税料件存在擅自内销转让、擅自作其他处置或者单耗申报不实等情形，无法查清进出差异部分保税料件真实去向的，一律将其推定为保税料件短少（或灭失），并交缉私部门调查处理，法律上称之为海关监管货物无正当理由短少（或者灭失）违规。

案例 5：无正当理由短少锂电池材料案

简要案情：2014 年 4 月 3 日，海关对当事人执行加工贸易合同情况实施稽查，发现该公司存在合同项下进口锂电池零件、保护电路、锂离子聚脂等保税料件短少的情事，遂将该违法线索移交海关缉私部门。经缉私部门调查并计核，短少保税料件货物价值人民币 641.8 万元，涉及税款 136.2 万元人民币。

案件调查过程中当事人辩称，上述保税料件短少原因是由于公司生产所用物料较多，备案单耗不准确，实际单耗大于备案单耗，实际上短少保税料件已从加工制成品项下出口，或者损耗过大所致，但当事人未能向海关提供相关证据材料予以证实所述事实，所以，海关对当事人上述辩解不予认可。

案件处理：海关认定当事人短少保税料件无正当理由，根据《海关行政处罚实施条例》第十八条（三）项的规定，定性为违规行为，并处罚款 38.5 万元人民币（约占货物价值的 6%），并根据《海关行政处罚实施条例》第五条的规定，责令当事人补缴所漏税款。

二、短少的保税料件去了哪里

加工贸易进口保税料件属于海关监管货物，海关发现企业经营的保税料件出现短少，但不能查清短少的保税料件真实的去向，那么这些短少的保税料件都可能到哪里去了呢？笔者在分析短少保税料件的举证责任和处罚的必要性之前，先对短少保税料件去向的可能性进行简要梳理。

（一）内销转让，无法查清

保税料件短少去向不明，第一种可能性是保税料件或者其制成品内销转让了，但海关无法查清。根据《海关加工贸易货物监管办法》（海关总署第219号令）的相关规定，企业将保税料件或者保税料件的制成品、半成品、残次品等内销转让给国内企业的，应当向海关办理相关手续，并照章纳税。如果企业擅自内销转让保税料件，没有办理相关海关手续，应当依法承担法律责任。当事人具有主观故意，并采取使用伪造、变造的手册、单证等方式逃避海关监管，擅自将保税料件在境内销售牟利的，构成走私。情节严重的，构成走私犯罪，追究刑事责任；情节较轻的，构成走私行为，海关予以行政处罚，没收走私货物。没有故意销售牟利转让保税货物的，构成违规行为，依法处以罚款并责令补税。

当然，上述情况都是在海关能够查清擅自内销或者转让保税料件违法事实的前提下而做出的处罚。如果海关不能查清擅自内销转让保税料件的违法事实，即没有相应的证据证明企业内销保税料件（例如，缺乏相应的内销转让记录、买卖货款财务凭证、购货人证词等比较完整的证据链条），则从违法构成上看，无法定性为擅自内销的走私，也不能定性为擅自转让的违规。但是，即便缺少内销转让的充分证据，实际上也存在因内销转让而短少料件的可能性。如，有查问笔录、出仓记录等材料涉及内销转让的线索，但没有转让合同、货款往来等证据，无法认定为擅自内销走私或者擅自转让违规行为的，只能推定为保税料件无正当理由短少的违规行为，根据《海关行政处罚实施条例》第十八条（三）项的规定，处以罚款并责令补税。

案例 6：无正当理由短少钮扣材料案

简要案情： 2012 年 10 月 23 日，海关对本案当事人的加工贸易手册执行情况实施稽查，发现当事人短少保税原材料铜片、钮壳、钮底等保税料件，合计货物价值 2189 万元人民币，涉及税款 498 万元人民币。稽查部门将案件线索移交缉私部门进行立案，缉私部门对保税料件短少的去向开展调查，重点调查是否存在内销转让情事，最后未发现当事人存在内销转让等导致保税料件短少的情况。

案件处理： 海关认定当事人保税料件短少无正当理由，根据《海关行政处罚实施条例》第十八条（三）项的规定，处罚款人民币 219 万元（约占货物价值的 10%），并根据《海关行政处罚实施条例》第五条的规定，责令补缴所漏税款。

（二）擅自处置保税料件，无法查清

保税料件短少去向不明，第二种可能性是企业将保税料件或者制成品以一般贸易方式出口，或者在国内出租、出借，但海关无法查清的。企业基于公司经营利润、出口退税或者其他需要，将加工贸易保税料件或者制成品以一般贸易方式申报出口，或者在国内出租、出借，但海关不能查清或者量化出口货物与保税料件的关联性，没有证据证明多少保税料件以一般贸易方式出口，或者无法查清出租、出借保税料件的事实。根据《海关行政处罚实施条例》第十八条（一）项的规定，海关认定企业擅自处置海关监管货物的证据不足，但经核定确实存在进口保税料件数量短少的，也会以无正当理由短少保税料予以处理。

（三）低报单耗，加工贸易出口

企业经营保税加工业务，向海关申报的单位成品耗料量（简称“单耗”）应当与实际用料一致，但如果实际用料多于申报的用料，则实际出口的保税料件将多于申报出口的保税料件，多出部分的保税料件其实脱离了海关监管，将导致海关监管的保税料件数量短少。由于保税料件出口既不涉及税款征收，也不涉及出口退税，如果企业能够证明数量短少的保税料件是由于低报单耗而多出口了，可以认定是一种短少的正当理由，是一种合理的保税料件去向，海关不能按照《海关行政处罚实施条例》第十八条（三）项的规定进行处罚。

（四）其他途径短少（或灭失）

加工贸易保税料件短少，除以上原因之外，还可能因自然损耗、不可抗力或者被盗被抢等因素生成短少。如果企业有证据证明料件短少是由于上述原因造成的，根据行政处罚的过错责任原则，则也不构成违法，但企业可能没有尽到合理的保管保税料件义务，海关可以责令其补缴税款。

三、短少违规的特殊举证责任

保税料件无正当理由数量短少的违规，是一种比较特殊的违规行为。正常情况下，海关对加工贸易企业进行核查、稽查、调查发现保税料件数量短少的，应当查清短少的保税料件真实的去向，再根据实际的去向情况分别定性处理，如擅自内销转让、擅自处置海关监管货物等。如果无法查清擅自内销转让、擅自处置等具体的违法事实，但保税料件又有数量短少的，海关都将其定性为保税料件短少无正当理由的违规，这是海关“有责推定”的违规认定方式。

从行政处罚的举证责任分配上看，根据《行政处罚法》第三十条、《中华人民共和国行政诉讼法》第三十二条规定，行政机关对其做出的行政处罚负有举证责任。海关是做出行政处罚的行政机关，根据现行法律规定，只要证明保税料件存在数量短少，即可认定违法事实存在，并可以依法予以处罚。这里，证明保税料件短少的举证义务由海关承担。

但是，相关法律法规同时又规定了企业可以进行反证，即企业若能证明短少的保税料件存在正当去向和理由，如已经从加工贸易项下出口、深加工结转、因不可抗力或者被盗被抢而灭失的，则保税料件短少不存在“无正当理由”的事实，依法不构成违法。

笔者认为，无正当理由短少的违规认定是一种“有责推定”，举证责任分配上，海关的举证责任较轻，只要证明保税料件数量短少即可，不需要考虑短少的料件到底去了哪里；企业的举证责任较重，法律将较重的举证责任推给了企业，企业需要证明保税料件的合理去向才能免责，从而产生了保税料件短少违规的举证责任不平衡，这是短少处罚的法律依据合理性屡受质疑的重要原因之一。

四、短少违规的特殊处罚时效

保税料件短少违规案件，另外一个特殊情况是处罚时效的问题。保税料件短少违规案件的处罚时效如何计算？大家知道，违规行为自实施之日起，两年之内海关没有发现的，将不再给予行政处罚。那么，保税料件短少的处罚时效从何时起算呢？因为保税料件短少是一种海关推定的违法状态，不是企业实施的具体行为，所以，当事人违法行为实施之日无法确定，两年处罚时效的起算点也就无法确定，处罚时效自然难以确定。因此，保税料件短少违规案，海关一般不考虑处罚时效的问题，稽查、核查或者调查发现的保税料件短少案件，无论何时发现的，均予以处罚。

事实上，保税料件短少违规案处罚时效虽然具有特殊性，但此类案件不予考虑处罚时效则缺乏法律依据。保税料件短少违规案，即便是海关推定的一种违法状态，但这种违法状态也有时间界限。从保税料件进口之日起至加工贸易手册核销之日止或者电子账册核销期限终止之日止，是违法状态可能发生的时限，违法状态最早始于保税料件进口之日，最晚始于加工贸易手册或电子账册核销之日。在违法事实存在多种可能性的前提下，根据有利于当事人的原则，选择以违法状态始于保税料件进口之日作为时效起算点较妥。

五、短少处罚的必要性

加工贸易保税料件违法情事，海关相关的法律法规不但规定了擅自内销转让、擅自处置保税料件等处罚条款［《海关行政处罚实施条例》第十八条（一）项］，要求海关在查清保税料件去向基础上依法处罚，同时又规定了查不清楚保税料件去向的情况下，将其认定为数量短少违规予以处罚的概括性兜底条款［《海关行政处罚实施条例》第十八条（三）项］，而且两种违规条款处罚幅度一样，存在重复规定之嫌，实际上没有必要规定数量短少违规条款，理由如下：

1. 如果法律在价值判断上认为有必要对保税料件短少予以行政处罚，则擅自内销转让和擅自处置保税料件的行为没有必要设定，可以全部纳入保税料件数量短少条款进行处罚，海关也不需要对擅自内销转让和擅自处置保税料件进行调查取证，节省更多的行政资源；

2. 短少保税料件的真实去向，除了可能被擅自内销转让、擅自处置或者出租、出借等违法处置之外，还有可能是加工贸易项下出口、不可抗力灭失或者被盗被抢等合规短少，用“有责推定”和举证责任倒置的方式让当事人“自证无责”，在行政处罚中慎用为妥；

3. 保税料件短少的当事人主观过错不明显，认定违法不符合行政处罚的过错责任原则。

综上，在《海关法》和《海关行政处罚实施条例》立法修改时，建议研究修改保税料件（或者海关监管货物）无正当理由短少的违规处罚条款。

保税料件（或者海关监管货物）短少，海关能够查清去向的，按各具体违法处置方式的法律规定处理；对海关不能查清短少货物去向的，仅责令补税，不做违规处理。

第三节 “先销后税”违规案件的定性与处理

一、什么是“先销后税”

“先销后税”，从文字表述上理解，即加工贸易保税货物先行内销再集中征税的行为。海关总署2013年第70号公告（以下简称70号公告）规定，加工贸易内销集中征税是指符合条件的加工贸易企业先行内销加工贸易保税货物，再集中向主管海关办理内销纳税手续。换句话说，就是海关允许企业在一定条件下先行内销保税货物，并集中一次性向海关办理内销纳税手续，这项业务简称为“先销后税”。

无论是海关特殊监管区域内企业（H账册企业）、区外联网监管的企业（E账册企业），还是区外非联网监管的加工贸易企业，均可以办理“先销后税”业务。但是，不同海关信用等级的加工贸易企业，开展“先销后税”的条件有所不同，高级认证企业和一般认证企业不需要提供担保手续，一般信用企业开展此项业务需要提供有效担保（保证金或者银行保函）。

海关允许企业开展“先销后税”业务的主要目的，从企业的角度出发是为了减少通关费用，降低运营成本，提高经营效率；从海关监管和税收安全角度出发，70号公告同时规定了“先销后税”集中申报纳税的期限，企业将保税货物先行内销后应当在当月的月底前集中办理海关手续，以免时间过长未申报纳税，造成保税货物脱离海关监管并致税款流失。

二、“先销后税”常见的违规问题

2014年1月1日，70号公告实施后，为加工贸易企业提升业务效率安挥了作用，但同时在开展“先销后税”业务过程中也出现了违规等现象。企业与海关之间的合规争议频发。那么，这个业务领域日常存在哪些常见的违规问题呢？下列四个问题值得关注。

（一）先行内销，超期未税，但主动报明

根据《国务院关于促进外贸回稳向好的若干意见》（国发〔2016〕27号）要求，在全国范围内取消了加工贸易业务审批。随后，商务部门取消了加工贸易保税货物内销许可制度，海关也将企业申请内销海关核准的制度改为备案制。如果企业事先向海关备案了《集中办理内销纳税手续情况表》，并在加工贸易手册或者联网监管企业的电子账册执行过程中内销保税货物，但超过规定的期限（当月月底前）未向海关集中办理纳税手续，事后（核销前）主动向海关报明上述超期未税情事的。

（二）先行内销，超期未税

企业事先向海关备案了《集中办理内销纳税手续情况表》，在加工贸易手册或者联网监管企业的电子账册执行过程中先行内销，但超过规定期限未向海关集中办理纳税手续，事后也并未向海关主动报明上述超期未税情事的。

（三）先行内销，核销未报

企业事先向海关备案了《集中办理内销纳税手续情况表》，在加工贸易手册或者联网监管企业的电子账册执行过程中先行内销并未向海关办理集中纳税手续，在加工贸易手册或者电子账册核销时也未向海关申报或者说明内销保税货物情事的。

（四）未经备案，擅自内销

企业不符合“加工贸易内销集中征税”条件，或者虽符合条件但未事先向海关提交《集中办理内销纳税手续情况表》进行备案，擅自内销保税货物的。

三、“先销后税”相关违规问题的法律责任

上述“先销后税”四个相关违规问题，可以分为三类：第一类是第一、第二个问题，法律上属于先销后税未按规定办理海关手续，即保税货物先行内销，但超过规定纳税期限向海关集中缴纳税款；第二类是第三个问题，法律上不属于真正意义上的“先销后税”，虽然向海关事先提交《集中办理内销纳税手续情况表》，但保税货物先行销售后直到加工贸易手册或者电子账册核销时均未向海关申报纳税；第三类是第四个问题，企业不符合“先销后税”条件，或者未向海关事先提交《集中办理内销纳税手续情况表》进行备案，擅自内销保税货物。上述三类问题的法律责任如何界定比较合理呢？

（一）超期未税属于程序性违规

企业事先已办“先销后税”备案，销售后没有在规定期限内集中办理纳税手续而被海关发现，海关查获时不管企业是否已经缴纳了税款，只要加工贸易手册或者电子账册还未核销，保税货物应当视为均未脱离海关监管。企业主要错误在于超过期限而尚未纳税，并不意味着不纳税，其行为性质属于程序性违规（未按规定办理海关手续），而不是涉税违规（漏缴国家税款），海关对企业违规行为的处罚应当根据《行政处罚法》第二十七条第一款（四）项的规定减轻处罚。

在程序性违规的条件下，如果企业在海关发现前主动披露（在稽查、核查或者调查前）相关违规情事，海关可以根据《行政处罚法》第二十七条第二款的规定对企业做出不予行政处罚决定。

（二）核销时隐瞒未报属于擅自转让

企业事先向海关提交《集中办理内销纳税手续情况表》，先行内销但未按规定期限集中纳税的行为，在核销之前被海关发现的，其行为性质都是一样的，属于程序性违规。但是，企业先行销售保税货物直至加工

贸易手册或者电子账册核销时还没有向海关申报，在核销之时或者之后才被海关发现的，保税货物可能脱离海关监管，导致影响海关税款征收，属于影响税款征收的实质性违规行为，应当根据《海关行政处罚实施条例》第十八条第一款（一）项的规定定性为擅自转让保税货物，并依法予以处罚。

（三）不符“先销后税”条件属于擅自转让

企业不符合“先销后税”条件，擅自内销保税货物未向海关申报纳税，不管是在核销之前被海关发现，还是在核销之时或者之后被海关发现，保税货物均可能脱离海关监管，导致影响海关税款征收，构成实质性违规行为，应当根据《海关行政处罚实施条例》第十八条第一款（一）项的规定予以行政处罚。

四、典型案例

案例 7：“先销后税”主动披露

简要案情：当事人 A 公司于 2014 年 1 月 24 日在 B 海关办理了三本进料加工手册，共计进口保税料件高纯阴极电解铜 4471 吨，金额总计 3346 万美元。在执行上述加工贸易手册过程中，当事人向 B 海关提交了三本加工贸易手册全额税款银行保函，金额共计 3490 万元人民币。

当事人加工生产铜锌合金带卷成品出口过程中，于 2014 年 11 月，在当地的商务局办理了上述三本加工贸易手册的“加工贸易保税进口料件内销批准证”（商务部、海关总署 2016 年第 45 号公告已取消内销审批），12 月向 B 海关提出内销申请，并于 2015 年 1 月未办理内销海关手续的情况下，内销转让了上述加工成品，两个月后，当事人 A 公司主动向海关申报纳税并说明了先行销售的情况。

案件处理：B 海关认为，当事人 A 公司经营保税货物加工贸易业务不按照规定办理内销征税等海关手续的行为，违反了《海关法》第三十三条和《海关加工贸易货物监管办法》第三十三条的规定，构成违反海关监管规定的行为。鉴于当事人 A 公司内销保税货物前已经办理了“加工贸易保税进口料件内销批准证”，并向海关提出内销申请，事后向海关集中纳税并说明情况，没有造成危害后果，根据《行政处罚法》第二十七条第二款的规定，对当事人不予行政处罚。

案例 8：“先销后税”减轻处罚

简要案情：当事人 A 公司向 B 海关申请办理了四本进料加工贸易手册，备案进口铅铋合金矿，出口铋金属。2013 年 6 月，四本加工贸易手册执行过程中，A 公司先后内销副产品铅锭 1449 吨。当事人共向 B 海关申请办理了六票上述货物的内销补税手续，共计完税价格 1685.33 万元人民币，所涉税款 345.67 万元人民币，货物价值为 2031 万元人民币。经海关调查，上述六次内销集中纳税手续的时间，全部超过《中华人民共和国海关加工贸易企业联网监管办法》（海关总署第 150 号令）第十二条关于“先销后税”应当于当月月底前集中办理纳税手续的规定。

案件处理： B 海关认为，虽然当事人在内销后主动办理补税手续，但已超过海关总署第 150 号令规定的当月月底前集中纳税的规定，已构成违规行为。鉴于当事人在加工贸易手册核销前已主动补税，违规行为的性质属于程序性违规，可以减轻处罚，最后决定对当事人处案值 1% 的罚款。

案例 9： 电子账册核销时未申报内销情况

简要案情： 当事人 A 公司向 B 海关办理了编号 E42075000008 的加工贸易电子账册，备案进口乙烯醋酸乙烯共聚物（EVA）、线性低密度聚乙烯、线型高密度聚乙烯等保税料件，备案出口土工膜、PE 管、PE 膜、PE 筒管等制成品。2014 年 12 月 1 日，B 海关对当事人 A 公司实施稽查时发现，截至 2014 年 12 月 1 日，当事人电子账册 E42075000008 项下共计短少保税料件 5994 吨。事后当事人自查证实短少保税料件已于该电子账册核销期前在国内市场销售，并用国内市场购买的料件加工出口，因故在电子账册核销时未向海关申报纳税。

案件处理： B 海关认为，当事人虽然符合“先销后税”条件，但在保税料件内销过程中，不但未在规定期限内向海关集中办理纳税，而且在电子账册核销期时也未向海关申报内销情况，当事人擅自内销行为已经导致保税货物脱离海关监管，影响国家税款的征收，构成擅自转让保税货物，应当根据《海关行政处罚实施条例》第十八条（一）项的规定，对当事人处货物价值 5% 以上的罚款。

第四节　加工贸易单耗管理制度的创新需求

我国进出口加工贸易的业务形态，经历了从进料加工、来料加工 C 手册海关监管，到电子 E 账册联网监管，从保税料件的外发加工到深加工结转，从保税料件及其制成品的内销批准到“先销后税”等一系列的重大变化，同时，海关对加工贸易的监管政策也随之发生了相应变化。但是，海关对加工贸易的单耗管理制度，至今一直还沿用 20 年前的管理模式，目前来看单耗管理制度似乎已不再适应新型加工贸易业态发展的需要，传统的加工贸易单耗管理制度与海关监管制度改革方向也不相适应，急需重新进行制度的设计，制定出台适合新型加工贸易业态的单耗管理制度和措施。

本节通过分析传统的加工贸易单耗管理制度与新型加工贸易业态的不适应性，结合新型加工贸易业态发展的实际需要，提出加工贸易单耗管理的五项制度创新需求，供各界参考。

一、单耗标准仅具参考价值

单耗是指加工贸易企业在正常生产条件下生产单位成品所耗用的料件量，包括净耗和工艺损耗。单耗标准是指供通用或者重复使用的加工贸易单位成品耗料量的准则。国家根据各种商品耗用的通用料件量，定时或者不定时发布国家单耗标准。企业向海关备案或者申报的单耗应当在国家发布的单耗标准范围之内，否则，海关不予备案或者单耗审核不予通过。现行的国家单耗标准是由国家制定，企业被动适用的，具有强制性的特点。

实践证明，国家制定的单耗标准与企业实际生产单位成品所耗用的料件量可能不相一致，应当允许企业根据实际情况向海关申报单耗。如果忽视企业的这种实际单耗需求，强制要求企业以国家单耗标准向海关备案或者申报，不但容易引起关企争议，时间长了，而且还将对加工贸易业务的转型战略升级产生负面影响。

那么，国家单耗标准不能强制性地让企业接受，是不是意味着不需要国家制定单耗标准了呢？答案是否定的。企业向海关申报单耗，海关负有监管和审核的责任。海关审核企业申报的单耗，需要以国家单耗标准作为基础进行审核。这种单耗审核制度，类似企业的完税价格申报制度，企业向海关申报进口货物的完税价格，应当以成交价格作为基础进行申报，但海关审核企业申报的进口货物完税价格是否正确，却以海关掌握的相同或者类似货物的完税价格作为参照标准，进行价格审核。所以，国家单耗标准类似于海关掌握的价格资料，不应作为强制性标准而存在，但可作为参考性的资料，不具有强制实施的法律效力。总之，单耗标准在现行加工贸易业态下应当实现角色转变。

二、取消单耗的事先备案制度

《中华人民共和国海关加工贸易单耗管理办法》（海关总署第155号令，以下简称《单耗管理办法》）第四条规定，“加工贸易企业应当在加工贸易备案环节向海关进行单耗备案”；第十四条规定，“加工贸易企业应当在成品出口、深加工结转或者内销前如实向海关申报单耗”。根据上述规定，海关要求企业先后两次申报单耗，第一次在加工贸易手册设立时的单耗申报（备案）。这阶段企业加工贸易业务尚未实际开展，企业被动向海关申报的单耗，实际上是虚拟的，企业按照以往估定的单耗数值，或者按照国家制定的单耗标准向海关备案，与实际单耗存在差距的概率较大，缺乏实际意义。所以，在加工贸易手册设立时进行单耗备案既无必要性，也缺乏合理性，建议取消单耗的备案制。

企业事先备案单耗没有实际意义，那么如何确定加工贸易出口、结转或者内销成品及半成品中所含的保税料件，以便海关正确核销加工贸易手册或者电子账册。即如何确定企业生产产品的实际单耗，并向海关正确申报？根据企业生产实际情况，在加工贸易企业第一批成品生产出来之后，根据单位成品的实际耗料量，由企业主动计核确定实际单耗，并在第一批成品出口、深加工结转或者内销前主动向海关申报，作为海关核销企业加工贸易手册或者电子账册的依据。

三、从海关审核单耗到企业自报单耗

（一）弱化事先审核

根据《单耗管理办法》第二十一条规定，“海关对加工贸易企业申报的单耗进行审核，符合规定的，接受加工贸易企业的申报”，可以看出，海关对企业申报单耗的审核是主动的、积极的、逐票进行的，经审核企业的申报单耗符合规定的，海关接受企业的申报，作为保税料件的核销依据；经审核企业申报的单耗不符合规定的，海关不接受企业的申报。即便海关对企业申报的单耗没有进行实质性的实际审核，从法律意义上，也应当视同为海关已做过了审核。海关只要在企业单耗申报单上签章，就视同审核同意，事后如果发现企业申报错误，海关再追究企业的申报责任将存在一定的法律障碍。因为海关事先审核同意，没有发现申报错误，企业根据海关审核意见进行申报，产生了信赖保护，追究企业责任法律则依据不足。

所以，单耗的海关事先审核制度，监管效率较低，有必要做出弱化调整，从海关审核转向让企业主动申报。

（二）强化企业自报

根据《单耗管理办法》第十四条规定，"加工贸易企业应当在成品出口、深加工结转或者内销前如实向海关申报单耗"，海关可以根据企业申报的单耗用于核销保税料件。但是，如果企业申报错误，海关可以依法追究企业的申报责任。企业单耗自报制度的性质类似于全国海关通关一体化条件下以"自报自缴"为核心的海关税收征管制度，由企业根据实际生产情况计核单耗，并向海关申报。在没有风险提示的条件下，海关原则上通过企业申报的单耗数据，对绝大多数申报的单耗数据可以不作审核。但是，企业应当对自己的申报数据承担更为严苛的法律责任，海关也将会在事后更多地对企业申报的单耗数据进行合规性批量审核，发现问题，将依法处置，这就是所谓的强化加工贸易业务的事后监督。

（三）加强事后监督

虽然海关给予企业更多自报单耗的权利，减少对企业的申报的干预，并将申报数据直接作为核销保税料件的依据，但是企业申报正确与否，海关可以通过事后稽核予以监督管理。海关在加工贸易单耗监督管理中，可以引进企业风险管理的机制，对部分高风险企业和重点商品进行重点审核，对低风险企业和非重点商品直接以企业申报的单耗作为核销依据。如果事后海关核查时发现问题，再依法处置。

所以，强化企业如实申报义务，弱化海关事先审核职权，符合海关职能改革的方向，强化事中、事后监督，弱化事前行政审核，提高行政效率，加强监管效果，从而起到降低企业经营成本的作用。

四、导入海关单耗质疑的磋商机制

单耗申报类似于价格、归类和原产地的申报，均可能影响
税款征收。根据价格、归类和原产地的申报管理办法，当
业申报的价格、归类和原产地存在疑义时，应与企业

议。其实，单耗质疑与归类、价格质疑一样，需要双方充分交换资料和信息，消除分歧，减少争议。海关可以在磋商过程中向企业明确单耗质疑的理由、海关核定单耗的方法，企业也可以在磋商中提供所申报单耗的依据和数据材料。双方在磋商过程中大多可以去除分歧，保留共识，达成一致意见，保证单耗认定的客观、量化、公正和准确，避免海关核定单耗的武断性和不合理性。

但是，如果双方单耗磋商达不成一致意见，或者企业未能提供资料或者提供的资料无法确定单耗的，海关有权对"单耗"进行依法核定，并且根据海关核定的单耗核销保税料件。根据《单耗管理办法》第二十五条规定，海关可以单独或者综合使用技术分析、实际测定、成本核算等方法对加工贸易企业申报的单耗进行核定，但对单耗核定方法目前尚未予以具体细化。

笔者认为，海关可以借鉴《审价办法》确立的完税价格海关核定方法、对单耗的技术分析法、实际测定法，成本核算法等单耗核定方法进行进一步具体的细化，提高海关依职权核定单耗的透明度。

五、单耗申报的法律责任

（一）加大稽核力度

如果海关对企业申报的单耗不再审核，申报单耗直接作为核销保税料件的依据，那么，加工贸易事前监管的门槛将大幅降底，则事后监管的风险也就相应增加。海关从贸易安全的角度，可能事后对加工贸易业务将会加大稽核的力度，达到海关监管的行政效率和执法风险的动态平衡。

（二）慎用单耗申报不实

加工贸易单耗申报不实的违规构成看似简单，认定违法确属不易。只要企业申报单耗与实际单耗不符，是否均可构成单耗申报不实的违规行为呢？实际上情况却相当复杂，它与税号申报不实、价格申报不实（特别是特许权使用费申报不实）的违规案件性质十分相似，加工贸易单耗认定同样是一个技术性很强的业务问题。所以，加工贸易单耗申报不实违规构成，应当明确其为过错责任原则。如果企业单耗申报错误，而当事人没有主观过错，则不应当认定为单耗申报不实违规。如，企业与海关进行单耗磋商，企业根据双方磋商结果向海关进行单耗申报，但海关通过稽查认定企业申报的单耗高于实际单耗，由于企业是根据海关认可的磋商结果进行申报，主观上并没有过错，应当予以免责，不应当承担单耗申报不实的法律责任。

再如，企业申报的单耗与海关核定的单耗不同，但当事人没有主观过错，只是海关运用的核定单耗方法和企业核定单耗方法不同，导致的结果不同，这种情况也仅属于技术性差错，如果将其认定为单耗申报不实的违规行为，则执法风险较大。

（三）注意法条竞合

企业申报单耗与实际单耗不符，大多导致保税料件的溢余（高报单耗），少数导致保税料件的短缺（低报单耗）。企业对溢余料件未向海关申报，或者将其擅自内销转让，或者将其以一般贸易方式出口，或者将其出租、出借等，则依法构成其他违规行为。企业对同一对象实施的两个行为，先后违法了两个法律条文，由于两个行为之间存在因果关系，依法可以根据《海关行政处罚实施条例》第五十一条第二款的规定，择其重者处罚。

所以，单耗申报错误并将溢余保税料件擅自转让或者作其他处置的案件，在多数情况下，海关都选择根据《海关行政处罚实施条例》第十八条（一）项的规定予以处罚，而很少用《海关行政处罚实施条例》第十八条（五）项单耗申报不实的规定予以行政处罚。

综上，单耗申报不实的违规构成认定难度较大，建议在《单耗管理办法》修订时，在其法律责任中予以详细描述，以期规范海关执法、指引企业守法。

第五章

减免税设备的移作他用与融资租赁

二十世纪八九十年代，“经济特区”是一个时髦的热词，企业在这些地方投资办厂，可以免税进口生产设备。当下，部分外商陆续撤离我国，迁往越南、泰国等地继续生产制造。究其原因，除我国地价和劳动力成本快速上升外，外商进口设备的税收优惠范围也在逐渐减少。但是，挖地铁用的进口盾构设备、制造飞机用的进口重装机械，以及人工智能用的精密仪器等很多设备，减免税进口优惠仍继续存在。

设备减免税进口之后，并非万事大吉，很多问题出在设备进口后的使用过程中，没有按规定使用。例如，张三申请的免税设备借给李四用，烤鸭的免税设备用于烤鸡，这都是海关所不允许的。

根据国家税收优惠政策进口的减免税设备，自设备进口之日起，海关继续监管三年。海关监管期限内，企业不得将海关监管的减免税设备擅自用于转让、抵押、移作他用或者融资租赁等，否则构成违反海关监管规定的行为，将依法受到行政处罚。海关监管期限内，企业如果需要将减免税设备转让、抵押、移作他用或者融资租赁等，应当向海关办理相关手续。

转让减免税设备，是将减免税设备的所有权从减免税设备的申请人转移到其他企业。根据海关监管规定，减免税设备的转让，申请人应当办理解除海关监管的手续，补缴关税和进口环节税。擅自转让未办理海关手续的减免税设备，构成违规，海关将责令补税并处罚款。但是，如果减免税设备的受让人具有享受同等减免税优惠政策的条件，能够办理设备海关结转手续的，不需要责令补税，属于程序性违规，可以依法减轻处罚。

擅自抵押减免税设备违规案件的定性处理比较简单。如果擅自抵押的后果，没有导致抵押权人处置抵押物的法律后果，均按照程序性违规处理，对当事人依法减轻处罚。

擅自转让和抵押的减免税设备违规案件不少，但海关和企业存在争议的案例并不是很常见。擅自移作他用和融资租赁减免税设备也是比较常见的减免税设备违规案件，法律争议也比较集中。下面重点对这两类案件关企争议的焦点问题，结合案例进行剖析。

第一节　移作他用违规行为的典型案例分析

特定减免税设备经政府主管部门依法核准减征或者免征税款进口后，海关在一定期限内对减免税设备进行后续监管。根据《海关法》第五十七条的规定，减免税设备进口后只能用于特定地区、特定企业或者特定用途，未经海关核准并补缴关税，不得移作他用；根据《中华人民共和国海关进出口货物减免税管理办法》第三十条的规定，在海关监管年限内，减免税申请人需要将减免税货物移作他用的，应当事先向主管海关提出申请。经海关批准，减免税申请人可以按照海关批准的使用地区、用途、企业将减免税货物移作他用。如果企业擅自将减征或者免征税款进口的减免税设备移作他用，则构成《海关法》第八十六条（十）项、《海关行政处罚实施条例》第十八条（一）项规定的移作他用违规行为，海关可以依法对违规行为予以行政处罚。

那么，减免税设备擅自移作他用有哪些主要情形？企业在减免税设备监管期限内的使用过程中，什么情况下可能构成移作他用的违规行为？海关如何对减免税设备移作他用的违规行为予以行政处罚并责令补缴税款？本节结合实证案例，对减免税设备移作他用违规行为的几个法律问题梳理如下。

一、改变减免税设备使用主体的移作他用违规案

根据国家税收优惠政策进口的特定减免税设备，只能由特定主体（减免税申请人）使用，不能由其他人使用；申请人之外的其他享有同等减免

税待遇条件的主体，如果使用申请人进口的特定减免税设备，应当由减免税申请人向海关提出申请，并办理相关特定减免税设备移作他用的手续，或者由减免税申请人向海关补缴税款后转让给其他人使用。减免税申请人未经海关同意，擅自将特定减免税设备出租或者出借给他人使用，构成违反海关监管规定的违规行为，应当根据《海关行政处罚实施条例》第十八条（一）项的规定，对当事人处货物价值 5% 以上 30% 以下的罚款。

案例 1：改变使用主体（出借给他人）

简要案情：2012 年 5 月，当事人 A 公司将国家鼓励发展的内外资项目下免税进口的玻璃切割机、偏光贴附机、IC 自动安装机等 23 台减免税设备，转移给关联企业 B 公司安装使用，未向使用单位 B 公司收取任何费用，设备在进口后均记入当事人 A 公司的固定资产账。上述 23 台减免税设备货物价值（移作他用时折旧）约为人民币 5000 万元，移作他用期间涉及的税款约人民币 722 万元。案发后，使用单位 B 公司于 2014 年 1 月 15 日办理了《国家鼓励发展的内外资项目确认书》，符合享受同等减免税优惠政策的条件。

案件处理：当事人 A 公司未经海关许可，擅自将特定减免税设备交由他人使用，违反了《海关法》第五十七条的规定。鉴于设备的实际使用人在海关调查过程中补办了《国家鼓励发展的内外资项目确认书》，享有同等减免税优惠政策待遇，移作他用不影响税款征收，该案属于程序性违规，应予减轻处罚。根据《行政处罚法》第二十七条第一款（四）项、《海关行政处罚实施条例》第十八条（一）项的规定，对当事人处以罚款人民币 80 万元（约为货值的 1.6%）。鉴于设备使用单位享受同等减免税优惠待遇，不再补缴设备移作他用期间的税款。

案例 2：改变使用主体（出租给他人）

简要案情： 2012 年 6 月 5 日至 7 月 25 日，当事人 A 公司以技术改造项目名义向 B 海关申领了六份进出口货物征免税证明，分批次进口交叉铺网机（PTFE 纤维）、退卷机（PTFE 纤维）等 28 台设备，进口后设备被陆续运至当事人的全资子公司 C 公司使用。其后，当事人 A 公司与 C 公司签订“设备租赁合同”，A 公司将上述设备出租给 C 公司使用，租期从 2013 年 7 月 1 日至 2023 年 6 月 30 日，年租金 810 万元人民币。

经核定，当事人 A 公司出租给 C 公司的减免税进口设备货物价值（出租时折旧）合计人民币 6504 万元，移作他用期间涉及的税款为 583 万元人民币。

2014 年 10 月 27 日，C 公司获得了国家发展和改革委员会签发的“国内投资鼓励项目确认书”，符合享受同等税收优惠政策的条件。

案件处理： 当事人 A 公司未经海关许可，擅自将处于海关监管期内的减免税设备出租给 C 公司使用，已违反了《海关法》第五十七条的规定。鉴于使用单位享受同等减免税优惠待遇，根据《海关法》第八十六条第（十）项、《海关行政处罚实施条例》第十八条（一）项的规定，海关对当事人处以罚款人民币 95 万元（约为货物价值的 1.46%）。鉴于设备使用单位享受同等减免税优惠待遇，不再补缴设备移作他用期间的税款。

二、改变减免税设备核定用途的违规案

国家规定可以享受减免税优惠政策的进口货物，只能用于进口货物申请减免税时核定的用途。如果货物在进口后的海关监管期限内，没有按照事先核定的用途使用，则违反了《海关法》第五十七条的规定，导致影响国家税款的征收，应当根据《海关行政处罚实施条例》第十八条（一）项的规定处以货物价值 5% 以上 30% 以下的罚款，并责令补缴所漏税款。

案例 3：改变设备用途违规案

简要案情：2007 年 5 月至 2013 年 4 月，A 公司以鼓励项目征免性质向 B 海关申报免税进口 CNC 数控 PCB 成型机、二次铜自动电镀线、线路光学检查系统等设备共计 31 台，确认项目内容为：研发、生产高密度数字光盘机线路板。上述设备进口后记入当事人固定资产账，并投入使用生产。经查，上述设备进口后，由于市场对高密度数字光盘机需求萎缩，A 公司擅自将上述 31 台减免税设备使用于确认书列明项目之外的生产用途，用于生产冰箱、电视、音响等家电的单面硬质电路印刷板

和双面硬质电路印刷板，即擅自改变了主管部门审批的特定用途。

此案实际用途不属于国家鼓励类项目，不能享受同等减免税优惠政策。经计核，A公司擅自移作他用货物价值约1651万元人民币，移作他用期间涉及的税款164万元人民币。

案件处理：A公司未经海关许可，擅自将应当用于特定用途的减免税设备，用于生产非特定用途的产品，违反了《海关法》第五十七条的规定，构成将海关监管设备擅自移作他用的违规行为。鉴于A公司在调查过程中积极配合，主动缴纳足额担保金、减轻危害后果，可以从轻处罚。根据《海关行政处罚实施条例》第十八条（一）项的规定，对A公司处以罚款人民币90万元（约为涉案货物价值的5.45%）。另，根据《海关行政处罚实施条例》第五条的规定，责令A公司办理补缴税款等相关海关手续。

三、改变使用地点的法律性质

在国家税收优惠政策的实施过程中，特定区域或者地区（如深圳经济特区等）曾经可以享受诸多税收优惠政策，但现在这种因特定区域或者地区而享受进口货物税收优惠政策的情况已经很少见，所以，因改变特定减免税设备的使用地点而构成移作他用的情况也已经很少见。

在实践中，容易产生的一种误解应当引起充分的重视，即对《海关法》第五十七条规定的“特定地区”扩大解释为“使用地点”，并将特定减免税设备“改变使用地点”的行为等同于“改变特定地区”的移作他用行为，执法中应当予以严格区分。

例如，A公司进口减免税设备在B厂区使用，但因生产扩容需要，次年，A公司将该减免税设备转移到本公司的C厂区用于相同用途。海关发现后，对 A 公司仅给予纠正，并补充办理相关备案手续即可。海关若对上述行为予以行政处罚，则缺乏法律依据，可能将有执法风险。

四、减免税设备用于自己生产的同时又向他人提供加工服务的行为的法律性质

企业进口减免税设备，并在本企业安装使用于特定用途，同时，在本企业生产之余又为他人提供生产加工服务，或者企业进口减免税设备专门为他人提供生产加工服务的，是否构成减免税设备移作他用的违规行为呢？上述问题在实践中比较常见，但案件处理上争议较大，执法不统一。下面选取几个案例说明这类案件的处理原则。

案例 4：使用主体、设备用途均不变

简要案情： 2014 年 12 月，A 海关对 B 报社实施稽查，发现当事人 B 报社于 2014 年 11 月 8 日至 11 月 28 日，使用德国高宝双幅卷筒纸胶印机为本集团出版物进行印刷的同时，为其他 14 家单位的出版物进行了代印，并收取代印费约 57 万元人民币，涉案货物价值约 6911 万元人民币。海关认为当事人将减免税胶印机为他人提供代印并收取印刷费的行为，属于移作他用违规，拟根据《海关行政处罚实施条例》第十八条（一）项的规定，处罚款 90 万元人民币（约占货物价值的 1%），并没收违法所得印刷费 57 万元人民币。

案件处理： 海关总署审核认为，当事人将减免税设备在自己按规定使用的同时，又为他人提供加工服务，只要其用途符合国家减税免

优惠政策，使用主体也不变，则不构成移作他用，应当不予处罚，责令补税也没有依据。

案例 5：专门为他人生产符合税收优惠政策的产品

简要案情： 当事人 A 公司为杏仁精加工项目向北京市政府发改委申请项目确认书，免税进口条状产品包装机一台。海关在免税进口设备的后续核查中，发现 A 公司与 B 公司签订了委托加工协议，由 A 公司使用包括免税进口的条状产品包装机在内的有关设备为 B 公司生产加工核桃粉，加工费为人民币 5500 元／吨。

案件处理： 海关认为，考虑到核桃粉加工可以适用当前执行的《外商投资产业指导目录（2007 年修订）》鼓励类中第三类第（一）项第三条“蔬菜、干鲜果品、禽畜产品加工”条目，因此，当事人 A 公司使用免税进口条状产品包装机生产加工核桃粉属于“干鲜果品的加工行为”，适用鼓励类产业条目。无论当事人是生产自有品牌的产品，还是为 B 公司加工生产核桃粉，均属于税收优惠政策鼓励范围内的生产行为，即当事人的行为不构成减免税设备移作他用行为。

案例 6：使用主体不变、设备用途改变

简要案情： A 公司向 B 海关申报免税进口 CNC 钢卷自动裁剪机一台、1350 幅分条裁剪生产线一台（符合国家产业政策《鼓励外商投资产业目录》第三类第二十一条），上述两台设备进口后承接 C 公司的订单，生产的成品用于显示器生产（符合免税产业政策）。但由于当事人 A 公司设备使用率不高，生产经营资金压力大，在为 C 公司生产的同时，还为其他厂家剪切加工冷扎板（不符合免税产业政策）。

经查，当事人擅自将 CNC 钢卷自动裁剪机移作他用，进行剪切加工冷扎板合计 105 天，擅自将 1350 幅分条裁剪生产线移作他用进行剪切加工冷扎板合计 159 天。经计核，上述两台免税设备货值人民币 13479379 元，移作他用期间涉及的税款为人民币 227467 元。

海关认为：当事人 A 公司未经海关许可，擅自将特定减免税设备用作加工不符合优惠产业政策的商品，已构成《海关行政处罚实施条例》第十八条（一）项规定的移作他用违规行为，应予以行政处罚。鉴于设备移作他用时间累计不足六个月，符合减轻处罚的条件，拟对当事人罚款人民币 40 万元（约占货值的 3%）；

案件处理： 海关总署案件审理委员会讨论认为，本案当事人 A 公司将减免税设备在自己使用的同时，又为他人提供加工，且为他人提供加工的产品不符合国家减免税优惠政策，构成移作他用违规，应当予以处罚，同意海关的处理意见。

结论： 1. 处罚问题。企业使用减免税设备符合特定主体和特定用途的，即为合法使用；减免税设备的使用单位自已按规定使用的同时

又为他人加工生产，或者专门为他人加工生产，只要使用主体是进口设备的减免税申请人，生产加工的用途符合国家减免税优惠政策，就不能认定当事人的行为构成移作他用的违规行为，不应当对当事人予以行政处罚；否则，使用主体和特定用途只要任何一方发生了改变，都构成移作他用的违规行为，应当依法予以处罚。

2. 补税问题。当事人按照国家的规定使用减免税设备，不构成移作他用，不存在漏缴税款的问题，也就不存在责令补税的问题；如果使用主体或者用途发生了改变，构成移作他用的违规行为，海关则可以责令当事人补缴所漏税款。

第二节　减免税设备融资租赁违规案的法律分析

减免税设备是指企业根据国家相关进出口税收优惠政策的规定，经政府主管部门审批确认并向海关办理相关手续，以减征或者免征关税、进口环节税的形式向海关申报进口的国外先进机器设备等生产设施，如商品生产线、工程机械、精密检测仪器和印刷设备等。以国家税收优惠政策进口的减免税设备，根据《海关法》第五十七条的规定，可以免征或者减征关税，部分货物可以免征或减征进口环节税，但只能用于特定地区、特定企业或者特定用途，未经海关核准并补缴关税，不得移作他用。

减免税设备申报进口后，海关对进口货物持续进行监管，生产用的机器设备海关后续监管期限一般为三年。在海关监管期限内，减免税设备只能由减免税设备申请人用于特定用途。如果企业在海关监管期内擅自将减免税设备转让、出租、出借给他人使用，擅自改变其特定用途，或者擅自将减免税设备用于抵押、质押、融资租赁的，海关将视情节轻重，根据《海关法》和《海关行政处罚实施条例》的相关规定予以行政处罚。

本节对近年来比较常见的减免税设备融资租赁的相关问题，以案例形式分析如下。

案例 7：某公司减免税进口设备融资租赁违规案

一、简要案情

案情 1：2013 年 4 月 11 日，当事人某机械制造有限公司向 A 海关申报免税进口数控五轴镗铣加工中心（MATEC-30-HVC）一台；2013 年 6 月 13 日当事人向 A 海关申报免税进口数控五轴龙门加工中心（MATEC-40PB）一台。上述两台设备价值共计 1515 万元人民币。2014 年 7 月 18 日，A 海关稽查处对当事人实施稽查，发现该公司分别于 2013 年 4 月 12 日、8 月 7 日与上海 B 租赁公司签订融资租赁合同，擅自将上述两台设备用于融资租赁。根据合同约定，上海 B 租赁公司一次性支付货款给当事人，同时，当事人将减免税设备的所有权转让给上海 B 租赁公司，受让方将设备返租给当事人使用，当事人以设备租金形式分期支付租金给上海 B 租赁公司。

经海关调查，上述两台设备进口后，由当事人按照“国家鼓励发展的内外资项目确认书”确认的内容使用，设备的使用主体、用途和地点均未改变。2015 年 1 月 20 日，当事人在提前支付完全部租金后，办理了所有权转回证明书，将两台设备所有权转移至当事人公司的固定资产账。

案情2：2013年5月，C海关稽查发现，当事人D柴油机重工有限公司于2009年9月与上海E租赁公司签订融资租赁协议。当事人将准备进口的一台价值298万欧元的EDA牌三坐标测量机以融资租赁的方式转让给上海E租赁公司，2010年4月办理了减免税设备的项目确认书和海关免税证明表，同年5月报关进口。2010年6月，当事人与F财务租赁公司签订融资租赁协议，同年7月，办理了两台数控镗铣加工中心和一台数控龙门加工中心的免税进口设备手续，申报价值共计450万欧元。案件查发后，当事人返还了EDA牌三坐标测量机的余款，解除了融资租赁协议，但其中两台加工中心无法办理解除手续。

案情3：2012年3月，G海关稽查发现，2009年11月，当事人H造船公司与I财务公司签订融资租赁协议。当事人将免税进口的造船装备所有权转让给I财务公司，并返租使用，I财务公司向当事人支付货款3800万元人民币，当事人每月向其支付租金100万元人民币。2011年2月，当事人造船公司因全行业不景气而被迫停产，同年3月，当地人民法院因当事人与I财务公司的债务纠纷查封了该公司，同年7月，法院公开拍卖了涉案免税设备用于偿还当事人债务。

二、案件处理

在案情1中，A海关认为，当事人未经海关许可，擅自将减免税设备融资租赁的行为，违反了《海关法》第三十七条第一款的规定，构成了《海关法》第八十六条第一款（十）项规定的违反海关监管规定的行为，对当事人的行为定性为擅自处置海关监管货物的违规行为。在处罚幅度上，考虑到当事人已经收回上述两台设备的所有权，恢复了海关监管，消除了危害后果。当事人在融资租赁期间仍是减免税设备的实际使用人，并按规定的用途使用，属于程序性违规，应当对当事人减轻处罚。所以，海关对当事人将减免税设备融资租赁的行为，根据《海关行政处罚实施条例》第十八条第一款（一）项的规定，对当事人科处罚款人民币15万元（约占货物价值的1%）。

在案情2中，C海关认为，当事人擅自将减免税设备融资租赁的行为，违反了《海关法》第三十七条第一款的规定，构成了《海关法》第八十六条（十）项、《海关行政处罚实施条例》第十八条第一款（一）项规定的违反海关监管规定的行为，对当事人行为定性为擅自处置海关监管货物的违规行为。在处罚幅度上，考虑到当事人已经收回了DEA牌三坐标测量机的所有权，恢复了海关监管，消除了危害后果；其余两台减免税设备虽然尚未回收其所有权，但根据融资租赁的安排，当事人仍是减免税设备的实际使用人，且设备仍在海关核准的地点按照规定用途使用，对当事人从轻处罚，科处罚款人民币380万元（约为货物价值的5.03%），对当事人融资租赁期间的税款不予补缴。

在案情3中，G海关认为当事人行为构成擅自处置海关监管货物的违规行为，而且导致漏缴税款的后果，影响了海关税款征收，根据《海关行政处罚实施条例》第五条、第十八条（一）项的规定，对当事人处600万元人民币的罚款（约占案值的7%），并责令其补缴税款。

三、法律分析

（一）融资租赁时间节点对案件定性的影响

上述两个案件当事人与租赁机构签订融资租赁协议，案情1在设备进口之后，案情2在设备进口之前。减免税设备在申报进口之后，当事人未经海关同意，与租赁机构签订融资租赁协议，将海关监管货物的所有权转移给租赁机构，构成擅自处置海关监管货物的行为，比较好理解；但是，减免税设备在申报进口之前与租赁机构签订融资租赁协议的，是否构成擅自处置海关监管货物的违规行为，存在两种不同观点：

1. 一种观点认为，不构成违规。因为设备进口之前，设备尚未进入海关监管程序，签订租赁合同纯属当事人的民商事行为，尚未与海关形成行政法律关系，不构成违规行为；而且，当签订融资租赁协议的减免税设备进口时，海关法律法规并没有规定设备的租赁情况应当向海关申报，设备进口时当事人未向海关申报进口货物的租赁情况不构成违规。所以，进口之前签订设备租赁协议的，不构成违规。

2. 另一种观点认为，构成违规。因为在减免税设备进口之前签订的协议在设备进口之后依然有效，融资租赁行为处于一种继续存在的状态，海关监管货物在进口之后依然处于融资租赁状态。这种状态是由于当事人实施了融资租赁行为而存在的，融资租赁协议虽然在设备进口前签订，但融资租赁的行为却在设备进口后持续存在，使海关监管的减免税货物处于脱离监管的风险状态（所有权已转移），已经构成了擅自处置海关监管货物的违规行为。

笔者认同上述第二种观点，无论是进口之前还是进口之后签订融资租赁协议，都不影响违规构成，均构成擅自处置海关监管货物的违规行为。

（二）融资租赁违规行为的法律适用

根据海关相关法律法规的规定，擅自融资租赁行为究竟是什么性质的违规行为，货物所有权转移是否构成擅自转让行为？它与减免税设备的擅自抵押行为有何区别？

融资租赁行为既不是擅自转让行为，也不是抵押行为，应当是擅自处置海关监管货物的行为。原因如下：从融资租赁形式上看，当事人将设备的所有权转移到出资方，但是，作为特定减免税货物的使用主体仍然是当事人，设备的用途没有改变，使用地点也没有改变，这与民法意义上所有权转移的转让行为（占有、使用、收益和处分权完全转移）有本质区别；另外，海关对特定减免税设备的监管重点也是在用途和使用主体上面，既然用途和使用主体均未改变，就不能机械地认定其擅自融资租赁行为构成海关监管货物的转让。

特定减免税设备擅自抵押，是《海关法》、行政法规明确规定的违规行为，而海关法律法规并未明确规定擅自融资租赁行为的法律性质。虽然融资租赁与抵押一样具有融资的功能，但融资租赁条件下设备的所有权发生转移，而抵押条件下设备的所有权并未转移，只是在减免税货物上设置了一种担保物权，所以，融资租赁不是民法意义上的抵押，擅自融资租赁行为不能认定为擅自抵押。从海关监管目的和结果上看，擅自融资租赁与擅自抵押的性质是相当类似的，如果当事人不能偿还出资方的资金，出资方可能变卖处置减免税设备，以实现债权。所以，当事人的上述行为使海关面临漏征或者少征税款的风险。

综上，融资租赁行为的法律性质认定为擅自处置海关监管货物，根据《海关行政处罚实施条例》第十八条（一）项的规定处理较妥。

（三）融资租赁违规行为的处罚幅度

融资租赁违规行为构成影响海关税款征收的潜在风险，但只有在一定条件下才能构成影响税款征收，如当事人不能支付租金时，出资人收回货物所有权并变卖，造成海关税款流失（如上述案情3），才构成影响税款征收，但在当事人正常支付租金的条件下，这种税款流失的情形并不会出现（如上述案情1、案情2）。所以，擅自融资租赁行为，能够恢复海关监管的条件下，均为程序性违规，应当减轻处罚，比照擅自抵押行为，一般处货物价值1%的罚款；只有当出现海关监管货物无法恢复监管的情形时，才考虑在减轻处罚以上的幅度进行处理，所以，本案C海关对暂时无法恢复海关监管的情形处货物价值5%的罚款，案情3对当事人处货物价值7%的罚款。

第六章

行邮物品进出境的违规认定与处罚

"吃瓜群众"对海关法律的认识是从物品开始的，而不是货物。你出境旅游回国带点自用的东西，或者国外亲戚朋友寄点东西给你，要不要向海关申报？怎么申报？不报会有什么后果？这是海关对进出境物品的监管问题，它和海关对普通货物进出口的监管有很大不同。

传统的货物与物品的本质区别在于货物通过贸易渠道进出境，而物品通过携带、邮寄等非贸易渠道进出境。但在跨境电子交易方式迅速崛起的今天，消费品的货物贸易日渐呈现碎片化的趋势，导致货物与物品的海关法律边界日渐模糊。在现行的海关法律框架下，无论是货物、物品的海关监管，还是货物、物品的进出境违规处罚，仍然遵循货物和物品的不同监管、处罚规则。

货物进出境是企业的事情，货物进出境违反海关监管规定，海关对企业予以行政处罚；物品进出境是个人的事情，物品进出境违反海关监管规定，海关一般情况下对个人予以行政处罚。

物品进出境的主要方式有三种：旅客携带进出境、邮寄进出境和快件运输进出境。旅客随身携带进出境的物品主要是日常消费品和货币现钞，海关对进出境物品的监管规定不够具体清晰，导致海关对旅客携带物品进出境违规案件的定性和处罚幅度引起的争议较多；而邮寄和快件物品进出境违规案件，主要争议焦点集中于违规责任的法律主体。

第一节　旅客携带超过合理数量的物品进境未向海关申报应当如何处理

据中华人民共和国文化和旅游部官网公布的数据，2016 年中国出入境游客突破 2.5 亿人次，其中出境游客超 1.22 亿人次。出境游客回国时或多或少都会带一些赠送亲友或者自用的物品，如果旅客入境时携带超量物品未向海关申报被查获，海关究竟将如何处理呢？涉案旅客的经历，可能各不相同：有的海关对旅客处以罚款，对物品补税放行或者责令退运；有的海关对旅客处以罚款，对物品强制补税放行，不予退运；而有的海关对旅客不予处罚，对物品则直接补税放行或者责令退运。同样是携带物品进境未向海关申报，海关的处理为何差距这么大呢？我们先来看三个案例，再为你解读海关的处理规则，你可能就会明白问题出在哪里了。

一、携带物品进境未申报的几个案例

案例 1：携带超过合理数量的自用物品未申报案

简要案情：2015 年 10 月 8 日，福建秦某某与单位同事去欧洲旅游回国，在香港滞留一天并从某陆路口岸入境，走海关绿色无申报通道进境时海关抽查其随身携带行李，发现行李箱中有秦某某在法国购买的价值 6200 欧元的 OMEGA（欧米茄）手表一只，LV 女式手提包两款，HERMES（爱马仕）男士皮质腰带一条，全部物品价值折合总价约 78000 元人民币，核定涉及税款人民币 33201 元。经海关查证，秦某某没有入境购物被查的记录。

案件处理：海关根据《海关行政处罚实施条例》第十九条第一款（二）项的规定对秦某某处罚款人民币 7100 元，并责令将上述物品退运出境（暂时寄存某口岸）。

案例 2：携带手表入境未申报强制征税案

简要案情： 2017 年 2 月 3 日，唐某某和聂某一起出国旅游，回程从某国际机场海关入境，机场海关工作人员例行检查发现聂某行李箱中有 PATEK PHILIPPE(百达翡丽)手表包装盒一个并附购物发票显示价格为 10.8 万欧元，海关工作人员询问聂某包装盒中的手表去向时，聂某说手表在唐某某身上并已过关入境，自己只是帮助唐某某携带表盒而已。随后，聂某电话请唐某某返回海关监管通道，海关遂扣留了该物品并交缉私部门立案处理。

案件处理： 海关拟对唐某某处罚款 8 万元人民币，并责令补缴税款人民币 47.88 万元，发还被扣留的涉案手表，但唐某某不愿意缴税，提出将手表退运出境的要求，海关答复只能补税不能退运。唐某某表示不服海关的上述强行补税的处理决定，向海关提出行政复议。

案例 3：携带手提琴入境未申报的补税案

简要案情： 2013 年 6 月 4 日，某机场海关在旅客入境通关现场检查发现，某公司驻外工作人员回国时携带的一个手提琴在入境时未向海关申报，该旅客向海关出示了购物刷卡小票和短信消费提示，单笔刷卡消费 2.86 万元人民币。

案件处理：该海关工作人员认为，旅客携带的小提琴虽属自用物品，但价格超过 5000 元人民币，应当缴纳关税进境，遂责令该旅客补缴税款，并通关放行。

二、旅客携带物品进境应当知道的三件事

对旅客携带物品入境的海关监管，根据不同时期的形势变化，以及国内居民旅客、非居民旅客和其他特殊旅客等不同对象，其监管政策复杂多变，但海关对旅客携带物品监管的一些核心问题，什么是合理数量？什么是自用物品？什么情况下将“物品”视为“货物”？上述问题一直没有得到明确，导致海关对旅客携带物品入境的监管和案件处理标准可能存在不统一的情况，进出境旅客常常为此感到困惑和不解，笔者也常常觉得云里雾里。不过，如果你是出境回国的居民旅客，其他情况你都可以忽略，以下三项，务必记住：

（一）违禁物品不能带

海关总署令第 43 号公布了禁止进境物品表，该表包含常见的枪支弹药、假币、毒品和反宣品等，另外属于《濒危野生动植物种国际贸易公约》附录Ⅰ、Ⅱ列名的动植物制品，如象牙、犀牛角、虎骨皮、穿山甲鳞片、红豆杉等，统统都不许携带入境。如果你不小心携带了，在通关过程中应当主动向海关报明，否则被海关查获了轻则没收、罚款，重则构成走私犯罪。

（二）自用物品限量带

自用物品主要是指旅客携带进境自己生活使用或者馈赠亲友生活使用的物品。例如：服装、箱包鞋帽、首饰、珠宝、手表、小型家用电器、照相机、手机、化妆品、食品、饮料等，上述物品可以携带入境，但有数量限制和价

值限制，数量限制标准为“合理数量”，价值限制标准为5000元人民币。

上述价值限制标准为5000元人民币比较好理解，携带物品超过5000元人民币的，应当向海关申报并纳税。那么数量限制“合理数量”应当如何理解呢？ 这个问题真的很难回答，长期困扰海关执法和旅客出入境监管，海关没有明确规定，只能由执法人员根据具体情况自由裁量。笔者认为，海关总署对“合理数量”最有价值的解释是“海关总署关于实施《中华人民共和国海关对中国籍旅客行李物品的管理规定》（署监〔1996〕648号）的通知”第四条的内容：旅客携带物品超出规定免税限量的，经海关审核准予征税放行，但对超出部分的征税数量，不得超过规定准予免税的限量。

按照上述规定的意思，“合理数量”应该是免税限量的两倍，即5000元人民币的两倍10000元人民币。说明“合理数量”可以用价值来衡量，它不是指携带物品的件数，因为件数真的很难衡量。但这是1996年的规定，22年过去了，居民收入提高了不止五倍，这个“合理数量”10000元人民币是不是太低了，提高到30000元人民币或者50000元人民币，可能更合理一点。

（三）商用物品谨慎带

什么是商用物品？法律上没有这个概念。在物品入境领域引进“商用物品”这个概念很有必要，它是指旅客携带进境并用于商业交易或者生产用途的物品，区别于生活用品或者自用物品。这类物品应当从贸易渠道入境，不应当从旅检渠道入境，如果旅客将商用物品从旅检渠道入境，海关可能对其有所惩戒。

如果海关认为你携带的物品为商用物品，但价值5000元人民币以下，从便民的角度，入境时不用向海关申报，并免征税款放行；商用物品价值超过5000元人民币，但在合理数量以下，从便民的角度，可以按物品征税放行；但如果商用物品超过合理数量入境不申报的，国家为防止税往低处流的风险，将其视为货物对待，予以处罚，并按货物征税放行或者责令退运，海关对货物违规入境的罚款数额比物品违规入境的罚款数额高。

三、旅客携带物品案件值得关注的五个问题

（一）携带物品入境未申报是否可能构成走私

完全可能构成走私。如携带违禁品入境未申报，并采取了藏匿、伪装等措施被海关查获的，海关将根据《海关行政处罚实施条例》第七条、第九条的规定定性走私行为，予以没收走私货物，可以并处罚款，情节严重的，可能构成走私犯罪。携带普通自用物品或者商用物品进境未申报，并采取藏匿或者伪装的方式，故意逃避海关监管，导致偷逃国家税款的，也可能构成走私行为，根据上述规定进行行政处罚；情节较重，如偷逃税款 10 万人民币以上的，可能构成走私犯罪，追究刑事责任。上述案例 2 中当事人携带的一块手表漏缴税款超过 10 万元人民币，但没有定性为走私，是因为当事人未采取藏匿或者伪装等逃避海关监管的措施。

（二）海关对旅客罚款或者不予罚款的依据和标准是什么

对前述案例 1、案例 2 的当事人予以罚款，对案例 3 的当事人不予罚款，其标准何在？笔者认为，对当事人处罚的基本法律依据是《海关法》第八十五条和《海关行政处罚实施条例》第十九条第一款（二）项的规定。根据上述法律规定，构成违规的基本条件是携带物品超过“合理数量”，并且“未向海关申报”，两个条件缺一不可。如果旅客携带物品没有超过“合理数量”，即便未向海关申报，也不构成违规，不能给予处罚。上述案例 1 中物品的价值约为 7.8 万元人民币，案例 2 中物品的价值约为 80 万元人民币，海关认为其已超过合理数量未申报，依法构成违规；案例 3 中物品的价值为 2.86 万元人民币，海关认为其属于合理数量范畴内，对其处罚无法律依据，所以，对当事人直接补税放行。

综上，处罚与不处罚的关键问题是“合理数量”，海关尚未对其有明确规定。建议“合理数量”统一以物品价值作为标准，根据目前国家的经济水平，确定为 3 万人民币元较为合理。

（三）“合理数量”与5000元人民币限量免税数额的关系是什么

首先，应当将“合理数量”用价值来衡量，如果用“件数”衡量，则永远搞不清楚什么是“合理数量”，下面假设将“合理数量”确定为3万元人民币；其次，旅客携带物品价值5000元人民币以下的免税免报（见海关总署公告2010年第54号），5000元人民币应当理解为法律规定的免税额度，3万元人民币为“合理数量”可理解为3万元是可按物品征税进口的额度。物品价值5000元人民币以上、3万元人民币以下的，应当申报缴税，未向海关申报被发现的，海关责令补税后放行，不予罚款；价值超过3万元人民币的，超过“合理数量”，向海关如实申报的，按物品征税放行，未向海关申报的，根据《海关行政处罚实施条例》第十九条的规定予以罚款，并责令补税。所以，可以概括理解为：5000元人民币是法定的免税数额，3万元人民币是合理数量。5000元人民币以下的随便带；5000元以上、3万元以下人民币的，不申报被查的需要补税；超过3万元人民币不申报被查的，将被罚款并补税。

（四）如何理解“超过自用、合理数量的，视为货物”的法律规定

《海关行政处罚实施条例》和《进出口关税条例》均规定了“超过自用、合理数量的，视为货物”，由于海关法律体系中，货物和物品在征税水平、监管方式和处罚依据等方面都不相同，所以，海关认定在什么条件下将“物品“视为“货物”非常重要。

综合考虑国家经济发展水平、民众的生活需求、海关的执法效率，从旅检渠道进境的物品，尽可能按照“物品”来对待，不按照“货物”对待为妥。所以，“超过自用、合理数量的”，应当理解为“非自用”和“超合理”两个条件同时具备，即只有超过合理数量的非自用物品（超过合理数量的商用物品），海关才能将其作为货物监管和处理。如果旅客携带自用物品但超出合理数量的，或者旅客携带非自用物品（商用物品）但在合理数量内的，仍以物品对待比较合理，需要补税的，按照物品征税；应当处罚的，根据

《海关行政处罚实施条例》第十九条的规定处理。

（五）补税放行或者退运出境能否自由选择

上述案例 2 中，海关对当事人携带超过合理数量物品入境未向海关申报的行为，根据《海关行政处罚实施条例》第十九条（二）项规定予以罚款，并强行责令当事人补税，当事人在处罚后要求将物品退运出境，海关不予办理退运手续。海关上述做法的法律依据是什么？上述做法是否合理正确？

海关强行补税，不许退运的法律依据是《海关法》第八十五条的规定："个人携带、邮寄超过合理数量的自用物品进出境，未依法向海关申报的，责令补缴关税，可以处以罚款。"笔者认为，海关对上述条款的理解值得商榷。上述规定中"责令补缴关税"的前提条件是物品进境了，即进入国内流通或者消费，如果物品没有进入国内流通或者消费，则海关不存在征收进口关税的基础；如果物品进境了，则应当责令当事人补缴关税，这应该是上述法律条文的本意。而物品是否进境，货物是否进口，任何企业或者个人都有判断和选择的权利，可以选择进口，也可以选择不进口，任何行政机关都没有强行迫使企业或者个人进口货物或者物品的权力，强制性进口没有任何法律依据。

所以，案例 2 适用《海关法》第八十五条规定对当事人强行补税，拒绝当事人要求将涉案物品退运出境的处理方式值得商榷，应当尊重当事人在补税进境和退运出境之间作出自主选择的权利。

第二节　旅客携带货币现钞进出境需要知道的事

境内旅客出境旅游、经商、探亲、上学或多或少都会随身携带一些货币现钞出境，境外旅客（或居民出境回国）也常会随身携带一些货币现钞入境。那么，旅客携带货币现钞进出境，国家如何管制？旅客如何申报？未申报或者申报不实，海关发现了将如何处置？这里，笔者说说携带货币现钞进出境应当知道的那些事。

一、货币现钞可以携带多少进出境

外币现钞出境：1. 出境旅客携带的外币现钞一般情况下不能超过 5000 美元（其他外国货币折合 5000 美元）；2. 短期多次往返旅客（15 天内）第二次携带不能超过 1000 美元，当天多次往返旅客（中国港澳地区）第二次携带不能超过 500 美元。但是，如果旅客有最近一次入境携带外币记录的，可以凭入境申报记录全部携带出境。

人民币现钞出境：出境旅客携带人民币现钞出境，最多不能超过人民币 20000 元。

其他货币出境：上述进出境外币限额是指“中国境内银行对外挂牌收兑的可自由兑换货币”，如美元、欧元、英镑、日元、加拿大元、澳元等，我国银行当天没有挂牌收兑的其他货币，携带进出境数量没有限制。

有价证券及支付凭证出境：出境人员携带汇票、旅行支票、信用卡、银行存款凭证等外币支付凭证以及债券、股票等外币有价证券出入境，海关暂不予以管制。

货币现钞入境：旅客携带外币现钞入境，目前尚无数额限制，也就是说携带多少外币现钞都可以入境。

携带人民币现钞入境，限额与出境相同，均为人民币 20000 元，超额携带入境的，海关不予放行。

二、超额外币现钞出境如何办理“携带证”

旅客携带外币现钞出境超过 5000 美元的，应当向存款银行或者购汇银行申领“携带外汇出境许可证”（以下简称“携带证”），并加盖银行携带外汇出境专用章；超过 10000 美元的，应当向存款银行或者购汇银行所在地的国家外汇管理局分支机构（以下简称“外汇局”）申领“携带证”，并加盖外汇局携带外汇出境专用章。

短期旅客和多次往返旅客第二次出境，最高限额分别为 1000 美元和 500 美元，旅客携带人民币出境最高限额为人民币 20000 元，超额携带出境的，海关一律不予放行。

旅客向银行申领“携带证”，应当携带外汇存款证明，或者购汇凭证，持护照、通行证等身份证件向存款银行或者购汇银行申请。

旅客向外汇局申领“携带证”的，应当持书面申请、护照或通行证、银行存款证明、确需携带超过等值 10000 美元外币现钞出境的证明材料，向存款或购汇银行所在地外汇局申请。

“携带证”样本如图 6-1 所示。

<table>
<tr><td colspan="3">携带外汇出境许可证　　NO
Permit for Taking Foreign Currency out of the Customs Territory</td></tr>
<tr><td>携带人姓名及护照号码
Name of the Holder and Passport Number</td><td></td><td rowspan="3">左列准予携带出境，请查验放行。
此致
签发银行
年　月　日</td></tr>
<tr><td>国籍
Nationality</td><td></td></tr>
<tr><td>前往目的地
Destination</td><td></td></tr>
<tr><td>携带币种及数额（大写）
Description and Amount (amount to be given in wards)</td><td></td><td rowspan="2">外汇局签章</td></tr>
<tr><td>有效期限
Available Period</td><td>截止 年　月　日</td></tr>
</table>

图 6-1 “携带证”样本

三、货币现钞进出境如何向海关申报

（一）出境申报

1. 旅客携带等值 5000 美元以下（含 5000 美元）外币现钞出境，不需要向海关申报；携带人民币现钞 20000 元以下出境，不需要向海关申报；携带支付凭证及有价证券进出境不需要向海关申报。

2. 旅客携带等值 5000 美元以上外币现钞出境，应当向海关申报，填写“海关进 / 出境旅客行李物品申报单”（以下简称“申报单”），如实申报携带外币现钞数额，海关凭“携带证”放行。如果旅客如实申报携带出境的外币现钞，但没有“携带证”，或者超过“携带证”允许出境数额的，海关将不予放行或者超出部分不予放行，但未申报或者未如实申报的，海关将依法处置。

短期旅客或者多次往返旅客，第二次携带超额外币现钞出境的，如实申报的海关不予放行，但未申报或者未如实申报的，海关将依法处置。

3. 超额携带人民币出境的，也应当如实向海关申报，如实申报的，超额部分不予放行；未申报或者未如实申报的，海关将依法处置。

（二）入境申报

1. 携带外币现钞入境，目前尚无数额限制，但超过等值 5000 美元的，应当依法向海关如实申报，填写“申报单”，但如果没有向海关申报携带超额外币现钞入境，海关将依法处置。

2. 旅客携带人民币现钞超过 20000 元的，也应当向海关如实申报，超额携带不予放行，未申报或者未如实申报的，海关将依法处置。[《中华人民共和国国家货币出入境管理办法》（国务院令第 108 号）]

四、超额未报海关将如何处置

（一）出境处置

1. 走私行为。旅客明知货币现钞出境限额的规定，携带现钞超过规定数额，未向海关如实申报，并采取藏匿、伪装等方式携带出境的，构成走私行为，根据《海关行政处罚实施条例》第七条、第九条的规定，没收携带的货币现钞。

案例 4：携带美元现钞出境走私案

简要案情：赵某从某国际机场出境，随身携带拖杆行李箱一个，选择无申报通道出境，海关工作人员在行李过机检查时发现行李箱中有 10 个罐状物体，开箱检查时发现 10 个茶叶罐中装满锡箔包装的美元现钞，经清点共计 50 万美元现钞，海关予以扣留。经调查认定，当事人赵某携带美元现金出境购房，为逃避过机检查，将现钞用锡箔包裹并装入茶叶罐中。

案件处理：海关认定当事人赵某携带外币现钞出境未向海关申报，并采取伪装、藏匿的方式逃避海关监管，构成走私行为，根据《海关行政处罚实施条例》第七条、第九条的规定，没收现钞 50 万美元。当事人赵某不服，依法向上级海关提出复议，复议机关撤销了海关行政处罚决定，责令重新作出行政处罚，海关重新作出行政处罚决定发还 5000 美元，没收 49.5 万美元现钞。当事人不服上述行政处罚，向当地中级人民法院起诉，要求撤销海关第二次行政处罚决定，但法院判决维持海关的行政处罚决定，没收当事人赵某的 49.5 万元美元现钞。

2. 违规行为。旅客出境携带超过规定数额的外币现钞，未向海关申报或者申报不实，但没有采取藏匿、伪装等逃避海关监管的，构成违反海关监管规定的行为，根据《海关行政处罚实施条例》第十九条（三）项的规定予以处理，处以超额部分 20% 以下的罚款，超额部分不予放行。数额越大，情节越重，处罚幅度也越高，10 万美元以上处 20% 的罚款，5 万美元以上 10 万美元以下处 15% 的罚款，5 万美元以下处 10% 的罚款。但 5 万美元以下，有初次出国、留学、看病等特殊情节的，可以酌情从轻处罚。

携带超额人民币现钞出境的，根据《海关行政处罚实施条例》第十九条（二）、（四）项的规定，处人民币现钞 20% 以下的罚款。

案例 5：超额携带外币现钞出境违规案

简要案情：孙某从国内某机场出境，选择无申报通道经过海关时，工作人员对其进行了随机查验，发现其行李箱中有 10 万美元现钞，海关当场发还 5000 美元后，对其他现钞予以扣留。经海关调查认定，当事人对外币出境限制规定不甚了解，携带现钞出境是给小孩出国留学的学费和生活费。

案件处理：海关对当事人孙某的携带外币现钞出境未申报的行为，定性为违规，根据《海关行政处罚实施条例》第十九条（三）项的规定，处以超额部分 15% 的罚款。

（二）入境处置

旅客携带外币现钞入境，目前没有数额限制，无论携带多少金额，均可以申报入境。但是，超过 5000 美元未申报或者申报不实的，海关可以根据《海关行政处罚实施条例》第十九条（二）、（四）项的规定予以处理。

由于外币现钞入境无数额限制，当事人携带入境未申报不涉及海关税收、许可证管理等，所以，无论携带多少入境未申报均不构成走私行为。目前，从法律性质上看，国家对外币现钞入境的申报规定，仅仅是一种办理海关手续的程序性要求，入境未申报行为，危害后果不明显（不涉及税款征收、许可证管理）。所以，海关在违规处理上，也是比较轻的，一般情况下，处违规未申报外币金额 5% 的罚款。

但携带超额人民币入境，由于存在 20000 元限额问题，未申报或者申报不实的，与违规出境的处理一致。

案例 6：超额携带外币入境违规案

简要案情： 当事人郭某搭乘香港飞往太原的航班，从太原武宿机场进境，郭某在通关时选择了无申报通道，现场关员对其携带的行李开箱查验，发现箱内装有港币 1100 万元，经委托银行鉴定，郭某携带的港币全部为真钞。海关对物品做好检查记录、查问笔录，并收取许某 100 万元人民币保证金后，对其所携带港币予以放行，并将该线索移送海关缉私科立案调查，当事人称其所带的港币为澳门博彩所得。

案件处理： 海关根据《海关行政处罚实施条例》第十九条（四）项的规定，对当事人科处罚款 50 万元人民币（约为案值的 5%）。

五、外币现钞出入境管制存在的三个问题

（一）管制目标问题

目前，我国对货币现钞进出境管制目标主要是针对国家金融秩序。出境管制主要是基于“资本管制、防止资本外逃”的考虑，对货币现钞入境监管则主要基于“防范热钱、维护金融稳定”的考虑。但现阶段，很多发达国家对个人携带货币现钞进出境管制的出发点已经产生了根本性变化。如：美国货币现钞进出境管制的主要目的是“打击犯罪组织、恐怖组织洗钱活动”，因为大额现金异常流动，存在犯罪嫌疑。“9·11”事件以后，美国十分重视反洗钱活动，颁布了相关的法案促使美国各个执法部门之间的资源进行整合共享，共同打击洗钱活动。根据国际权威机构的分析，目前货币现钞的流动对大国金融秩序影响有限，而大批“热钱”更可能通过国际货物贸易途径流动，影响国家的金融秩序。所以，我国的外币现钞进出境监管政策，是不是也应当随形势的变化，研究制定以“反洗钱”为目的的监管措施，而不是停留在20年前出台《国家外汇管理局　海关总署关于印发〈携带外币现钞出入境管理暂行办法〉的通知》（汇发〔2003〕102号）的金融管制政策之上。以“反洗钱”为主要目标的外币现钞进出境监管政策，应当淡化进出境外币现钞数量上的监管，强化外币现钞正当来源和用途的监管，防止资金流入违法犯罪领域。

（二）外币现钞入境的限额管理问题

目前，外币现钞入境尚无限额管理，此项政策规定自1997年沿用至今。但我国外汇储备形势已经从1997年的严重短缺期过渡到充分盈余期。1997年，我国外汇储备为1398亿美元，2016年，我国外汇储备为30105亿美元，增加了二十多倍。根据目前国家的外汇形势，外币现钞入境应当与出境一样实行限额管理，具体限制金额应当结合正常旅客消费平均需求而定，多了可能失控，少了影响消费。

（三）联网监管和跟踪调查机制尚未建立

近年来，海关一直对入境外币依法进行监管，并接受旅客申报。但一方面，由于申报系统不够完善，没有在全国各口岸海关之间联网，难以取得完整的外币申报入境的数据；另一方面，即便海关掌握了外币入境申报的完整数据，由于与外汇管理部门、金融部门、公安部门没有建立数据联网，对外币入境后的流向也根本无法进行有效的后续监管，国家对这些流入境内的外币现钞在国内市场的流向还是无法监控。所以，建议尽快建立海关、公安与金融监管部门对外币现钞的联网监管和跟踪调查机制，使国家对外币现钞的流动真正起到实际监管的作用。

第三节　快件、邮件与跨境电商的违规责任主体

一、背景综述

二十年来，我国跨境物品寄递模式经历了三种形态的变革，从传统单一的国际邮件，到跨境快件异军突起，再到近年跨境电子商务贸易的爆发式增长，新型跨境贸易形态和物流模式已成为国际贸易的一种新常态。传统的国际邮件主要用于非贸易性的信函、文件票据、旅客分离行李、亲友馈赠物品和国家外交邮包等的寄递；跨境快件主要用于文件票据、货样广告品和低值货物等的运送；而跨境电子商务贸易是指交易主体以数据电文形式，通过互联网电子商务平台，开展跨越关境交易的一种国际商业活动，跨境电子商务贸易的货物、物品的运送方式，主要也是通过邮件或者快件的方式完成的。

邮件、快件或者跨境电商的运营过程中，海关监管重点是货物、物品进出境的申报风险，尤其是进境涉税货物、物品的申报风险，当海关监管发现邮件、快件以及跨境电商物流向海关伪报、少报或者漏报时，应当追究谁的法律责任呢？这里我们要讨论的话题，也是长时间困扰消费者、企

业和海关的一个法律问题。下面将邮件、快件和跨境电商企业的申报责任问题，分别予以阐述。

二、邮件进出境的申报责任

邮件进出境是海关监管的传统业务，根据《万国邮政联盟公约》的规定，邮件的申报义务人为邮件的寄件人，而进境邮件的寄件人在境外，中国海关无法对境外的寄件人进行有效的监管。但如果发现邮寄进境物品为毒品、武器或者濒危野生动植物及其制品等禁止进境物品，根据邮寄物品的数量、性质等具体情况，可以根据国际公约的规定，通过国际司法协助的途径进行管辖，也可以根据我国《海关法》及《刑法》的相关规定，追究国内收件人的法律责任，有主观故意并且数量达到起刑点（毒品不受此限），构成走私犯罪的，可以依法追究刑事责任，数量较少构成走私行为的，依法予以没收走私货物，当事人无法查清的依法予以收缴；如果发现邮寄进境物品为涉税普通物品，存在伪报、瞒报等逃避海关监管，导致偷逃税款的，构成走私，也可以依法追究相关主体的法律责任。

但是，邮件物品的海关申报现在面临的主要问题，更多的不是走私，而是申报不实的违规。根据海关总署公告 2010 年第 43 号，邮递物品税款 50 元以下免征税款，但邮递进境物品每次限值人民币 1000 元以下（港元、澳元、新台币为 800 元），如果实际物品价值超过人民币 1000 元的，寄件人申报为人民币 1000 元或者低于 1000 元，非免征物品申报为免征物品的，一般情况下，属于违规行为，海关能否追究境内收件人的责任呢？

笔者认为，由于进境邮件的申报义务人为寄件人，邮件申报单由寄件人在寄件时填报，申报不实责任从法理上应由寄件人承担，但进境邮件的寄件人在境外，追究境外寄件人的行政责任无法实施。海关在执法实践中，进境邮件根据收件人是否签收邮件作为判断标准，如果收件人签收邮件，则视为收件人申报的邮件，申报不实责任由收件人承担，以收件人作为行政处罚的当事人进行处理；如果收件人不予签收邮件，则海关不能将收件人作为申报不实行政处罚的当事人，但海关会将邮件责令退运出境，如果逾期没有退运出境的，海关可以比照《海关法》第三十条的规定，按无主物品处理。

案例 7：收件人作为当事人的行政处罚案

简要案情：2016 年 8 月，段某接到海关驻邮局办事处的电话通知，请到海关签收境外邮件并办理海关手续。段某到邮局查收邮件时发现，英国朋友邮寄一件单体全封闭飞行训练服，邮单上填报价格为 100 英镑。海关经查阅相关价格资料，该特种服装在英国的市场价格为 2000 英镑，并经海关查证属实，寄件人对邮寄物品价格申报不实，导致漏缴税款 2500 元人民币。海关让收件人段某做出以下选择：签收邮件，接受海关处理；或者将邮件退运出境。段某表示签收邮件，接受处罚。

案件处理：海关根据《海关行政处罚实施条例》第十九条（四）项的规定，对段某处罚款人民币 2000 元，并责令补缴税款。

三、快件进出境的申报责任

进出境快件是指快件运营人以向客户承诺的快速商业运作方式承揽、承运的进出境货物、物品。根据海关总署公告 2016 年第 19 号，进出境快件分为三大类：文件类、个人物品类和低值货物类。

文件类（A 类）是指寄递内容为无商业价值的文件、单证、票据及资料，此类快件的海关监管手续比较便捷，无需征税即可放行。

个人物品类（B 类）是指境内收寄件人（自然人）收取或者交寄的个人自用物品。包括免征税款的货样和广告品，货值在 1000 元人民币以下的亲友间相互馈赠的物品和其他个人物品，海关比照行邮物品予以监管和征税。

货物类（C 类）是指除上述 A 类、B 类之外，海关按照货物进出口予以监管的低值货物。

那么，海关在上述进出境快件监管过程中发现违法情事，应当追究谁的责任呢？

首先，如果违法情事属于走私，通过伪报、瞒报的方式走私进境违禁品或者普通物品偷逃税款的，应当按照《刑法》《海关法》的相关规定，对违法行为的实施者及直接牟利者予以处罚，不论是快件运营人、报关企业、收件人，还是其他关系人，均可依法追究法律责任，当事人无法查清的，依法对涉案物品予以收缴。

其次，如果违法情事属于申报不实等违反海关监管规定，快件货物、物品的名称、数量、价格等涉税要素申报不实影响税款征收的，根据《海关法》第四十七条、《海关行政处罚实施条例》第十九条的规定，国内收件人是纳税义务人、申报义务人，以国内收件人作为行政处罚案件的当事人。但是，如果快件运营人（报关企业）没有尽到合理的查审义务，报关企业应当根据《海关行政处罚实施条例》第十七条的规定承担法律责任。

如此，大家可能会问：海关总署公告 2010 年第 33 号、第 41 号规定的快件经营单位（收发货人）的法律地位如何确定？笔者认为，上述经营单位（收发货人）在实践中并未参加快件进出口申报的任何活动，对货物、物品的进出口情况毫不知情，仅以本企业的名义出具委托手续，这类经营单位形同虚设，无法实际承担相关法律责任。

案例 8：寄递快件部分物品未向海关申报案

简要案情：2013 年 7 月，龚某从“淘宝”网上购买围巾一条、旧式二手名表一块，并通过联邦快递（Fedex）寄运入境。但快件通关申报时，向海关以 KJ2 方式（B 类）申报了一条围巾，二手名表未向海关申报，过机时海关发现包裹内有金属物品，拆包发现一块手表，经查证龚某以 7200 美元在网上购得，海关以申报不实违规对龚某立案处理。

案件处理：海关认定当事人进境快件申报行为构成违规，根据《海关行政处罚实施条例》第十九条（四）项的规定，处罚款人民币 2 万元，并责令退运或者补税。

四、跨境电子商务企业的申报责任

“跨境电子商务企业”（以下简称“跨境电商企业”）是指通过自建或者利用第三方电子商务交易平台开展跨境贸易电子商务业务的境内企业。以“海外代购”（消费品）为例，跨境电商企业在互联网电子商务交易平台上展示物品信息，境内消费者与跨境电商企业在网上达成交易订单，消费者通过第三方金融机构支付货款，物品通过邮件、快件等渠道运入国内交付给消费者，完成交易流程，即所谓的“海外代购”。那么，通过跨境电商交易的货物、物品向海关申报的法律责任由谁承担呢？与上述邮件、快件（未通过跨境电子商务零售进口的个人物品）申报进境的情况一样，海关对逃避海关监管并牟取非法利益的跨境电商走私的责任主体，依法追究法律责任，在此不再赘述。

跨境网络货物、物品交易分为B2B、C2C和B2C三种，B2B属于货物贸易，海关监管政策与传统货物贸易监管无异，C2C交易与跨境电商关联度不大，下面重点分析B2C模式的进口申报违规的法律责任。

（一）跨境电商企业

通过跨境电子商务零售进口的个人物品，个人在网络交易平台上提交订单，将网购物品的数量、型号、价格、付款方式、交货地址等交易信息通过网络平台告知跨境电商企业，得到跨境电商企业的承诺后即达成交易。消费者的主要义务就是全额支付交易价款，其他的事情，如物品如何向海关清关申报，如何运送入境等事项，消费者形式上在订单中委托跨境电商企业代理，实际并未参与其中。根据海关总署公告2018年第194号《关于跨境电子商务零售进出口商品有关监管事宜的公告》第三条（八）项的规定："跨境电子商务零售商品进口时，跨境电子商务企业境内代理人或其委托的报关企业应提交《中华人民共和国海关跨境电子商务零售进出口商品申报清单》（以下简称《申报清单》），采取"清单核放"方式办理报关手续。

"跨境电子商务零售商品出口时，跨境电子商务企业或其代理人应提交《申报清单》，采取"清单核放、汇总申报"方式办理报关手续；跨境电子商务综合试验区内符合条件的跨境电子商务零售商品出口，可采取"清单核放、汇总统计"方式办理报关手续。《申报清单》与《中华人民共和国海关进（出）口货物报关单》具有同等法律效力。"

从上述规定可以看出，境内电子商务企业的法律地位相当于进口货物的经营单位或者收货人，海关要求其如实申报进口货物的真实情况，如果进口货物申报不实，海关可能责令其补税，根据《海关行政处罚实施条例》第十五条的规定，对作为主要责任人的跨境电商企业予以行政处罚。

（二）报关企业（物流企业）

跨境电商企业代购的货物、物品运送进境，大多也是通过邮件、快件渠道进行。这些邮件、快件企业同时也是报关企业，接受跨境电商企业的直接委托，负责向海关申报代购物品，其申报责任与传统邮件、快件（未通过跨境电子商务零售进口的个人物品）的申报责任相同，承担未合理审查的义务和责任。但是，与传统邮件、快件（未通过跨境电子商务零售进口的个人物品）不同的是，它接受跨境电商企业的直接委托向海关申报，而传统邮件、快件（未通过跨境电子商务零售进口的个人物品）是接受收件人的委托向海关申报。

（三）国内消费者

国内消费者指通过网络跨境购物的境内消费者，他们在亚马逊、Ebay等跨境电商交易平台购物，下订单，支付货款，在门口收货，即完成交易。至于交易中间的物流和报关环节，可能由收件人委托跨境电商企业、物流企业或者报关企业实施，但实际上通过跨境电商企业进行“海外代购”的收货人并未具体参与以上物流和报关的任何过程，如果责令国内消费者承担物品进境申报不实的责任，不但没有合理性，也没有法律依据。

第七章

海关行政处罚的主体、时效与管辖

淘宝和支付宝是阿里巴巴旗下的购物和金融平台，但阿里巴巴旗下还有一个出口平台，即外贸综合服务企业，却鲜为人知。外贸综合服务企业专营货物出口代理业务，帮助国内生产企业的出口业务清关、收汇和退税，每年处理上百万票出口货物。平台大了，责任也就重了，有这么一件清关中的违规事情，大家看看应当谁来承担海关法律责任比较公平合理：A 公司有一批布料需要出口中东，找 B 公司代办出口海关手续，代收货款和办理出口退税，B 公司答应签约后上门验货装箱确认无误，A 公司将货物交由货代通知报关行申报出口，结果海关查验发现单货不符，实际出口货柜中没有申报的货物（海关调查发现该批货物还在 B 公司的仓库之中），本案构成申报不实违规，海关应当处罚 A 公司（货主企业）？还是应当处罚 B 公司（外贸综合服务企业）？这就是海关行政处罚的责任主体问题。

货运渠道和物品寄递渠道的申报不实违规案，常见法律责任主体争议。海关行政法律关系相对人包括进出口货物的收发货人（经营单位）、实际收发货人（进口的消费使用单位和出口的生产销售单位）和报关企业，上述三种主体均与海关存在行政法律关系，任何一方实施违规行为，海关均可将其作为行政处罚的责任主体。但是，《海关行政处罚实施条例》第十五条规定的货物进出口申报不实违规行为，并未明确规定申报不实由谁承担法律责任，因此，海关行政处罚常见申报不实责任主体争议，特别是在“经营单位”与“实际收发货人”之间。由谁承担申报不实的法律责任，这个问题常见于海关行政处罚的复议、诉讼案件之中。

笔者认为，“过错责任原则”是认定申报不实法律责任主体的基本依据，“谁过错，处罚谁”“无过错，无责任”。

一个人犯了错误，是不是永远都要受到谴责？显然不是。一个企业实施了违规行为，是不是永远都要受到追究？显然也不是。犯了错误两年之内海关没有发现的，就可以既往不咎，这是基本原则。但具体要不要追究责任，还要看细节，《行政处罚法》第二十九条第二款，规定了违法行为有连续或者继续状态的，违法行为发生之日从行为终了之日起计算。所以，如何认定违法行为存在连续或者继续状态，显得非常重要，在一定程度上，违法行为的连续或者继续状态是否存在，决定违法行为是否受到法律追究。

海关行政处罚由发现违法行为的海关管辖，也可以由违法行为发生地海关管辖。也就是说海关查验、审核、稽查或者调查发现企业实施违法行为的，发现地海关可以立案调查，申报地海关（企业注册地海关）也可以立案调查。全国通关一体化改革后，上述立案管辖权原则上并未因此发生改变，“发现地海关管辖为主，发生地海关管辖为辅”，是海关行政处罚案件立案管辖的基本原则。

第一节　申报不实违规案件法律责任主体分析

一、问题综述

在进出口贸易中，与海关打交道的常见国内企业有三种类型：一是实际收发货人（即报关单上的消费使用单位和生产销售单位），二是收发货人（即旧版报关单上的经营单位），三是报关企业。上述三种主体都是海关行政法律关系的相对人，各种主体向海关申报进出口货物或者在经营海关监管货物的过程中，分别履行各自相应的法律义务，承担相应的法律责任，在海关法律体系中基本上能够做到对号入座、各负其责。但企业在进出口贸易渠道向海关申报进出口货物时，如果海关发现申报不实情事，则应当追究哪方的法律责任呢？

例如：B 外贸代理公司受 A 生产企业的委托，出口 LED 灯具一批，B

外贸代理公司将此笔业务委托C报关公司向海关申报出口，海关审单发现出口商品编号8539项下（出口退税率为17%）为错误申报，正确的商品编号应当申报为9405项下（出口退税率为13%），企业申报行为影响国家出口退税管理，应当根据《海关行政处罚实施条例》第十五条（五）项的规定予以行政处罚。上述税则号列申报不实影响出口退税的违规案件，应当追究A、B、C哪一主体的法律责任呢？目前，各方（海关、法院、中介服务机构和企业）对这个问题争议较大，法院和法律服务机构比较中立，企业和海关更多从自身的角度出发看待和分析这个问题，缺乏深度的理性分析。

我们系统分析此类案件之后，发现双方其实存在共同的法律及利益平衡点，可以先从个案入手有效解决此类分歧，再从立法层面修改相关法律依据。但解决这个问题的关键前提是认可海关行政处罚的“过错责任原则”，这是申报不实违规案件责任主体争议的基本法律及利益平衡点。

二、不同主体各负其责

（一）收发货人的法律义务和责任

根据《海关法》第二十四条的规定，进口货物的收货人、出口货物的发货人（收发货人指旧版报关单上的经营单位），应当向海关如实申报。同时，该法第五十四条规定：进口货物的收货人、出口货物的发货人是关税的纳税义务人。从上述法律规定可以看出，进出口货物的收发货人是进出口申报的义务人，收发货人应当如实向海关申报进出口货物的实际情况。如果没有如实申报导致影响海关统计、海关监管秩序、国家税款征收、进出口许可证管理或者出口退税管理的，应当对收发货人依法予以行政处罚。所以，在海关传统执法实践中，只要是申报不实违规案件，海关首先将收发货人（经营单位）作为当事人，即作为申报不实违规案件的处罚对象，或者作为海关行政处罚的责任主体。

案例 1：进口货物优惠原产地申报不实案

简要案情： 2014 年 2 月 25 日，当事人 B 公司（收发货人），委托 C 外轮代理公司（报关企业）以一般贸易方式向海关申报进口两票原产地为马来西亚的焦油沥青混合物 73498 吨，并提交两份马来西亚原产地证书，货物的实际收货人（消费使用单位）为 A 公司。经核查，上述两份原产地证书不是马来西亚法定授权机构签发的证书，海关认定两份原产地证书为虚假证书，进口货物依法不能享受协定优惠税率，B 公司因此少缴进口税款约 2400 万元人民币。

案件处理： 海关认定此案为原产地申报不实违规案，根据《海关行政处罚实施条例》第十五条（四）项的规定，对当事人 B 公司处罚款 2100 万元人民币。

本案收货人为 B 公司，实际收货人（消费使用单位）为 A 公司，报关企业为 C 公司。根据《海关法》第二十四条、第五十四条的规定，B 公司有如实申报和缴纳进口关税的义务，海关发现收货人申报不实，将其作为当事人是否天经地义？如果收货人（经营单位）没有过错，并有证据证明申报错误的主要原因是实际收货人（委托人）或者报关企业造成的，海关还要不要客观归“罪”，坚持处罚收货人（经营单位）呢？

法律分析： 如果实际收货人、报关企业在申报过程中具有明显的过错，如实际收货人提供申报数据材料错误，或者报关企业未根据收货人（经营单位）提供的申报数据材料申报，根据行政处罚的过错责任原则，可以追究有明显过错主体的法律责任。

（二）报关企业的法律义务和责任

《海关法》第十条第二款规定，报关企业接受进出口货物收发货人的委托，以自己的名义办理报关手续的，应当承担与收发货人相同的法律责任。《海关行政处罚实施条例》第十七条规定，报关企业对委托人所提供情况的真实性未进行合理审查，或者因工作疏忽致使发生申报不实情形的，对报关企业处涉案货物价值 10% 以下的罚款。

报关企业未如实填报进出口报关单，应当承担相应的法律责任，但其过错情况不同，相应的法律责任也不同：收发货人向报关企业提交的报关数据材料无误，但报关企业填报错误，主要过错在报关企业，报关企业应当承担主要责任；收发货人未向报关企业如实提供进口货物的真实情况，报关企业也未进行合理审查而填报错误的，属于未合理审查或者疏忽大意的责任，对收发货人根据《海关行政处罚实施条例》第十五条的规定追究主要法律责任，同时可以根据《海关行政处罚实施条例》第十七条的规定对报关企业追究次要责任，从合理性和过罚相当的角度，在这种情况下，对报关企业的处罚应当予以减轻。

案例 2：进口货物价格申报不实违规案

简要案情：2010 年 9 月 29 日，A 公司（经营单位）委托当事人 B 报关企业向海关申报进口框架式支架搬运机，申报每台单价为 54.4 万美元，进口货物实际成交价格为 60.4 万美元，涉嫌漏缴税款 112 万元人民币。经调查，进口合同价格为 60.4 万美元，合同约定进口方先付 90%，货到后再付 10%，A 公司提供的单据标明合同单价为 60.4

万美元，发票单价为54.4万美元，并将全部税款1116万元人民币汇入了专门的付税账户。但报关企业的工作人员未对合同进行认真核对，误认发票金额54.4万美元为全部货款向海关进行申报，造成申报不实违法行为的发生，影响国家税款征收112万元人民币，报关企业应当承担主要责任。

案件处理：此案仅追究B报关企业的责任，因A公司在货物进口申报过程中无过错，海关对其予以免责。

（三）生产销售单位或者消费使用单位的义务和责任

虽然法律未明确规定生产销售单位或者消费使用单位（以下简称“实际收发货单位”或“货主”）对申报错误应当承担法律责任，但是，实际收发货单位作为实际承担关税及进出口环节税的主体，是申报错误、漏缴税款的最终受益者，也是进出口贸易的参与者。如果实际收发货单位在申报过程提供虚假数据，存在主观过错，但海关对其错误行为不予惩戒，而仅对未尽合理审核义务的收发货人（经营单位）予以惩戒，显然不符合过罚相当的行政处罚原则，也缺乏法律上的公平和正义。同时，《海关行政处罚实施条例》第十五条没有明确规定申报不实案件的责任主体必须是收发货人（经营单位）。

所以，笔者认为，根据行政处罚的过错责任原则，可以对有明显过错的实际收发货人予以行政处罚。正如走私行为行政处罚案件、走私犯罪案件应当追究真正走私获利的当事人，而不是追究未参与共同走私的收发货人（经营单位）的法律责任一样。

案例 3：实际收货人提供虚假价格数据申报不实违规案

简要案情：2007 年 4 月至 2009 年 2 月间，B 公司受 A 公司的委托，在深圳蛇口、大鹏申报进口石灰石荒料、大理石石块共 16 票，申报总价 86.4 万美元，实际总价 862.9 万元人民币，漏缴税款 40.3 万元人民币。B 公司作为经营单位签订合同、开立信用证和付汇，A 公司负责联系货源，提供货款，并按照海关限价提供货物的申报价格。海关调查认为，B 公司经营单位根据 A 公司实际收货人提供的数据进行申报，但没有尽合理审查义务，导致价格申报不实、漏缴税款，应当承担次要责任；A 公司虽不是经营单位，但提供虚假的价格，又是主要获利者，同时也是在海关备案的实际收货单位，应当承担主要责任。

案件处理：海关根据《海关行政处罚实施条例》第十五条第二款（四）项的规定，对实际收货单位 A 公司处罚款 23.6 万元人民币，对经营单位 B 公司处罚款 7.8 万元人民币。

三、解决方案

海关与企业，在申报不实违规案件法律责任主体认定问题上，两者利益的法律平衡点在哪里？如何有效解决法律责任主体上海关与企业之间的分歧？我们认为应当重新思考以下三个问题：

（一）传统观念是否合理

以往，海关行政处罚有个执法理念，即无条件地将收发货人（经营单位）作为行政处罚的责任主体。形成这种传统观念的深层原因有三点：

1.《海关法》规定了有如实申报义务和纳税义务的主体是收发货人（经营单位）；

2. 海关认为只有收发货人（经营单位）才是海关行政法律关系相对人；

3. 将收发货人作为当事人对海关执法最为便利和高效。

但是，这种传统执法理念，可能蕴含了诸多不合理因素，忽略了对无过错收发货人（经营单位）合理利益的考量，忽略了海关对有过错主体不惩戒带来的不良示范效应和导向，忽略了一些新型贸易业态，如外贸综合服务企业等贸易方式发展所面临的新情况。对于以上问题，建议各界都应当客观理智地面对与思考，回避不是最好的选择，在改革的大潮中所有不合理因素迟早都会回归理性，只是时间问题。

（二）责任主体是否明确

《海关行政处罚实施条例》第十五条规定了各种类型申报不实违规案件的违法构成和处罚幅度，但没有明确各种违规案件的责任主体。这也是违规责任主体认定方面产生争议的一个主要原因。根据《海关法》第二十四条规定，有如实申报义务的明确为收发货人（经营单位），是不是从逻辑上必然得出收发货人（经营单位）是唯一的责任主体呢？答案显然是否定的。《海关法》第十条第二款和《海关行政处罚实施条例》第十七条就明确规定了报关企业在货物进出口申报过程中的法律责任，而且，《海关行政处罚实施条例》第十六条也规定了“收发货人未按照规定向报关企业提供所委托报关事项的真实情况”应当承担申报不实法律责任，言下之意，如果收发货人（经营单位）向报关企业提供了报关事项的真实情况，即便申报不实，收发货人（经营单位）因为无过错也可以免责。所以，现行海关法律体系中，对申报不实违规案件的法律责任主体的规定是不明确的。

（三）举证责任应该是谁的

对相对人作出行政处罚时，行政机关应当举证，证明相对人存在违法事实。但在进出口贸易活动中，海关不仅面对进出口货物的收发货人（经营单位），还面对报关企业，以及在申报柜台背后的实际货主。当全国通关一体化制度全面实施之后，相当一部分企业实现了网络上的自报自缴，最终不再需要面对海关申报柜台，各申报主体都变成了隐形相对人。

对海关来说，每一票报关单的行政相对人均分布于全国各地，如果要求海关对每一个申报不实违规案件，先确认是谁的过错，然后再立案调查处理，在执法实践中海关可能做不到。所以，有必要先做有错推定，即推定收发货人（经营单位）为当事人，收发货人（经营单位）如能证明自己没有过错，造成申报不实的过错是第三方造成的，海关可以将第三方作为当事人，追究第三方的法律责任，但收发货人（经营单位）负有证明自己无过错的举证责任。

综上，申报不实违规案件法律责任主体争议的解决，建议分步实施。第一步，个案解决，根据过错责任原则，谁有过错谁承担责任。具体操作上，可先将收发货人（经营单位）推定为当事人，但如有证据证明申报不实是报关企业或者货主造成的，海关可以追究报关企业或者货主的法律责任。第二步，完善现行法律规定，在《中华人民共和国进出口关税法》（以下简称《关税法》）起草、《海关法》及相关法规修订时，明确申报不实违规行为的法律责任主体，统一全国海关行政执法。

第二节　违法行为连续性相关海关法律问题辨析

一、问题综述

众所周知，一个自然人或者一个企业法人，实施了违法行为被执法机关发现后应当依法给予行政处罚。但行政处罚具有时效性，违法行为实施之后的一定合理时间内没有被行政机关发现的，不再予以行政处罚，《行政处罚法》规定这个合理时间为两年。所以，两年就是我们常说的行政处罚时效，即超过两年未被发现的行政违法行为，依法不再追究法律责任。

似乎问题已经明确了，如此简单的问题有何辨析之必要呢？问题的关键不在于两年时效合理或者不合理，而在于两年时效如何计算。时效计算中的违法行为连续性和继续状态，是本节分析的重点所在。

《行政处罚法》第二十九条第二款规定，两年的行政处罚时效从违法行为发生之日起算，那么什么是违法行为发生之日呢？单个独立的违法行为发生之日很容易理解，但多个独立的违法行为多次反复地发生，或者一个违法行为呈持续不断的状态存在，违法行为发生之日从哪一天开始计算呢？这问题争议较大，一直困扰海关行政执法，也困扰着海关与相对人之间的争议解决。

二、违法行为的连续性与违法行为的继续状态

《行政处罚法》第二十九条第二款规定，两年处罚时效从违法行为发生之日起计算，违法行为有连续或者继续状态的，从行为终了之日起计算。

1. 违法行为的连续性，是指在一定时间段内，当事人基于同一违法故意，连续实施数个独立的性质相同的行政违法行为。行为的主要特征是时间上呈间断性，空间上呈“点状”的非延续性，以及主观意识上的违法故意性。

例如：当事人于 2012 年 ~ 2015 年，连续 100 次向海关申报进口汽车空调散热器芯，申报税号为 84159090（属于空调散热装置，暂定进口关税税率为 6%），海关均予审单放行。但于 2016 年 2 月 5 日，海关稽查并审核认定当事人应当申报税号为 87082990（属于汽车零部件，进口关税税率为 10%），并认定当事人税号申报错误行为构成申报不实违规，依法应当予以行政处罚。在本案中，如果认为当事人税号申报不实行为具有连续性，违规处罚时效就应当从 2015 年的最后一次违规申报之日起算，则当事人申报行为未超过两年时效，100 次违规全部应当予以处罚；但如果认为当事人税

则号列申报不实行为不具有连续性，那么2014年2月6日之前的税则号列申报不实行为，已经超过两年的行政处罚时效，依法不能再被追究法律责任。

2. 违法行为的继续状态，是指违法行为从着手实施到行为终了，违法行为与状态在一定时间内处于不间断的持续过程中。行为的主要特征是时间上呈不间断性和持续性，空间上呈“线状”的延续性。

例如：企业把处于海关监管状态下的减免税进口设备擅自抵押给银行，并取得银行贷款，当事人上述擅自抵押的行为属于违规行为。抵押行为从民事法律角度看，要经过签订抵押合同，并办理抵押登记手续等形式要件才能成立。抵押行为一旦成立之后，就处于一种持续不间断的状态，正是由于这样的抵押状态，使海关监管货物在抵押期间持续处于漏税的风险之中（如果当事人无力偿还借款，银行可能向法院请求行使抵押物权，拍卖抵押物抵偿债权）。所以，擅自抵押行为是一种继续状态，其处罚时效的起算日应当是抵押合同解除之日，即抵押行为结束之日，从抵押合同解除之日起两年之内海关发现的，均可处罚，两年内未被海关发现的不予处罚。

另外，企业擅自将海关减免税进口设备用于融资租赁或者移作他用等，其违规行为性质与擅自抵押相同，均属于不间断持续（继续）状态，处罚时效的起算点与擅自抵押相同，从融资租赁或者移作他用行为终了之日开始起算。

综上，继续状态，比较好理解，但连续状态，构成要件比较复杂，认定标准不统一，在海关行政处罚实践中争议也比较大，不同海关对相同或类似违规行为是否具有连续性可能存在认定结果不一致的情况，期待主管部门进一步明确。

三、违法行为具有连续性应当同时符合三个条件

如何确认违法行为具有连续性的问题，在我国行政法律领域，尚无明确界定，目前最具权威和效力的解释是国务院法制办公室于2005年10月对湖北省人民政府法制办公室的批复文件（国法函〔2005〕442号），批复

原文如下："你办《关于如何确认违法行为连续或继续状态的请示》（鄂法制文〔2005〕8号）收悉。经研究并商全国人大常委会法工委行政法室，现函复如下：《中华人民共和国行政处罚法》第二十九条中规定的违法行为的连续状态，是指当事人基于同一个违法故意，连续实施数个独立的行政违法行为，并触犯同一个行政处罚规定的情形。"根据国务院法制办公室的上述批复精神，行为连续性认定应当同时具备三个要素，分别是违法故意，违反同一规定和数个独立行为。

（一）违法故意

我国行政处罚遵循过错责任原则，无过错则无责任，过错包括故意和过失。走私行为案件构成的主观要件是故意，但违反海关监管规定的案件，以过失为主，也不排除故意。根据上述批复文件的规定，判断海关行政处罚案件的违法行为是否具有连续性，首先应当考虑违法行为是否具有主观故意（走私行为均具有主观故意，暂不在此讨论），如果行为主观上不具有主观故意，即便当事人实施的数个独立的违规行为性质完全相同，如：在三年之内连续实施数个税则号列申报不实（因归类技术差错）的行为，也不能对三年的违规行为全部进行处罚，只能处罚后两年的违规行为。可能有人会问，照这么说，违规行为如果没有主观故意，就一概不能认定违法行为的连续性，仅处罚两年就可以了？笔者认为，答案是肯定的，没有违法故意，就不能认定连续性。

但如何判断违规行为是否具有主观故意，具有一定的技术难度。海关在执法实践中可能比较有争议的一个问题是：违规行为的故意与走私行为的故意是一样的吗？笔者认为这两种故意有所不同，走私故意具有较明显的追求偷逃税款、赚取非法利润的目的性，而违规故意则仅强调当事人对违规行为的认知程度是"明知"，不强调偷逃漏税的目的性，就明明知道其行为是违反海关监管规定的，还要连续多次地反复实施，就构成违法故意，不需要证明当事人具有积极追求偷漏税款的目的。下面，再看两个案例，说明无故意不连续、有故意才连续。

案例 4：出口货物税则号列申报不实违规案

简要案情：广东某公司于 2011 年 3 月 18 日至 2014 年 3 月 18 日，向海关申报出口空调机冷却管、冰箱压缩机管共计 335 票，申报税则号列为 84159010、84141900（空调零件，出口退税率为 15%），经海关总署归类分中心认定，该商品的税则号列应当是 73063011（钢铁管或金属异型材，出口退税率为 13%），申报价格合计人民币 6245 万元，涉及可多退税款人民币 124.9 万元。海关于 2014 年 3 月 18 日发现当事人上述税则号列申报错误的行为。

调查过程中当事人申辩称，出口货物虽属钢铁管类，但专门用于空调或者冰箱压箱机的生产，应当按成品的零件或者用途归类，其与海关归类分中心按照出口货物的材质或者性状归类的角度不同。海关认为，当事人归类申报错误属于归类认知上的过错，没有证据证明当事人具有骗取出口退税的故意，或者有意多退税款的故意。所以，海关认为当事人的申报不实违规行为不具有连续性，2012 年 3 月 17 日之前的行为已经超过两年行政处罚时效，不再予以处罚。

案件处理：经核定，在处罚时效之内的申报错误票数 232 票，申报价格为人民币 3984 万元，涉及多退税款人民币 79.6 万元。鉴于违规行为多次发生海关均未发现，海关应当对当事人从轻处罚，根据《海关行政处罚实施条例》第十五条（五）项的规定，处罚款人民币 47.8 万元。

案例5：进口货物优惠原产地申报不实违规案

简要案情：某公司于2011年2月5日至2014年5月9日间，先后9次以一般贸易方式向海关申报进口焦油沥青混合物共计18万吨，涉及关税约人民币5500万元，当事人申报原产地为马来西亚。2015年8月10日，经海关原产地办公室查证，当事人提交的原产地证书不是马来西亚法定签证机构签发的，进口货物不能享受中国－东盟自由贸易协定零关税的优惠税率待遇。海关认定当事人构成原产地申报不实行为，主观上具有违法故意，行为具有连续性，时效起算日为2014年5月9日。

案件处理：2015年8月10日，海关发现申报不实，上述违法行为均未超过两年处罚时效，对当事人根据《海关行政处罚实施条例》第十五条（四）项的规定，处以罚款人民币4000万元，并责令补税。

（二）违反同一规定

国务院法制办公室批复规定，连续性的另一构成要件是“触犯同一个行政处罚规定”。如果同一当事人一次实施价格申报不实，一次实施归类申报不实，两者都影响国家税款征收，都根据《海关行政处罚实施条例》第十五条（四）项的规定予以处罚，是否属于“触犯同一个行政处罚规定”，构成申报不实行为的连续性呢？笔者认为不构成。构成连续性的两个行为应当是行为性质完全相同的，如都是“外发加工”，都是“擅自调换保税料件”，都是“税则号列申报不实”，都是“价格申报不实”等。如果一次是税则号列申报错误，一次是价格申报不实或者原产地申报不实，虽然申报不实行为均影响税款征收，但违法性质不尽相同，两个不同性质的违法行为，谈何连续呢？所以，上述行为相互之间不构成违反同一行政处罚规定。

（三）数个独立行为

这个条件比较容易满足，主要是作为连续状态区别于继续状态的条件。但是，数个独立行为是否受到时间间隔的限制呢？国务院法制办公室的批复没有要求数个独立行为的时间应当具有一定间隔。那么，是否意味着两个行为之间无论间隔时间多长，都可以认定为连续行为呢？笔者认为不是，如果时间间隔太长的两个违法行为（如间隔三年）认定具有连续性，就失去行为“连续”的基本要义。那么间隔多长时间比较合适？根据海关总署的相关文件规定，海关行政处罚连续性的时间间隔为六个月以内。

上面讲了很多处罚时效原理，但法律规定仍不明确，执法应当如何裁量？这就涉及执法者的价值判断。《行政处罚法》规定，原则上处罚时效是两年，没有规定例外，仅规定违法行为继续或者连续状态的起算日，这是时效计算的方法问题，不是两年处罚时效的特殊例外。这种立法设计体现了《行政处罚法》的价值取向：行政处罚的违法惩戒功能以维护社会秩序稳定为第一要义，一个违法行为正在发生或者刚刚发生，法律对其处罚的意义既有对恶的惩戒作用，也有对善的公平保护功能。但对很久以前发生的，并且并未对社会公共利益产生现实影响的违法行为，如果再重新翻出旧账予以调查处罚，惩恶的作用明显减少，扬善的效果也很难体现，最明显的作用仅是国家多收一笔罚款而已，但已恢复稳定的社会秩序却因重新调查处罚而增加了不稳定因素，利弊相权，弊大于利。所以，笔者认为，法律总是站在善的一边，《行政处罚法》规定的时效精神，也应当“照”进海关的执法现实，原则上违规行为处罚时效是两年，超过两年的不处罚，除非有证据证明当事人的违法行为具有明显的违法故意。

第三节　海关追征与补征税款时效的界定与计核

一、追征与补征税款时效争议的由来

海关通关审核发现企业少缴或者漏缴税款的，对企业追征三年税款还是补征一年税款？海关稽查发现对企业少征或者漏征税款的，对企业追征三年税款，还是补征一年税款？海关行政处罚对当事人处以罚款的同时，发现企业少缴或者漏缴税款的，对当事人追征三年所漏税款，还是补征一年少缴的税款？这些是海关和企业经常遇到的追征与补征税款时效问题。

《海关法》第六十二条规定："进出口货物、进出境物品放行后，海关发现少征或者漏征税款，应当自缴纳税款或者货物、物品放行之日起一年内，向纳税义务人补征。因纳税义务人违反规定而造成的少征或者漏征，海关在三年以内可以追征。"

《进出口关税条例》第五十一条规定："进出口货物放行后，海关发现少征或者漏征税款的，应当自缴纳税款或者货物放行之日起1年内，向纳税义务人补征税款。但因纳税义务人违反规定造成少征或者漏征税款的，海关可以自缴纳税款或者货物放行之日起3年内追征税款，并从缴纳税款或者货物放行之日起按日加收少征或者漏征税款万分之五的滞纳金。""海关发现海关监管货物因纳税义务人违反规定造成少征或者漏征税款的，应当自纳税义务人应缴纳税款之日起3年内追征税款，并从应缴纳税款之日起按日加收少征或者漏征税款万分之五的滞纳金。"

上述法律规定了海关可以在三年之内追征税款，一年之内补征税款，并从应缴税款之日起加收滞纳金。那么，问题来了，什么情况下三年内追征税款？什么情况下一年内补征税款？什么情况下加收滞纳金？争议从这里开始。

二、追征或者补征税款的时效界定

海关应当在三年之内对企业追征所漏税款，还是在一年之内对企业补征少缴税款？关键看是否存在“纳税义务人违反规定”。如果企业的申报行为违反海关规定，海关可以对企业追征三年税款；如果企业没有违反规定，但海关少征税款了，海关只能在一年之内补征税款。海关三年追征或者一年补征的关键点是：企业的申报行为是否违反海关规定。

那么，什么是“违反规定”，它与“违反海关监管规定”有何区别？笔者认为，对企业而言，“违反规定”与“违反海关监管规定”并无异同，海关以法律、行政法规、规章、决定或者公告等形式对外作出的与货物进出口贸易相关的规定，均可理解为海关监管规定。那么“违反规定”，就可以理解为“违反海关监管规定”。根据《海关法》第八十六条和《海关行政处罚实施条例》第十二条的规定，企业实施“违反海关监管规定”的行为，海关可以将其作为“违规案件”立案处理，但对案值很小、情节显著轻微，没有达到海关立案基准的，可以不予立案处理。

综上，构成“违反海关监管规定”被海关立案处理的，包括海关立案并作出不予处罚决定的，均可理解为“违反规定”，追征三年税款。没有被海关作为违规案件立案处理的追征与补征税款情事，分为两种情况：一种是申报行为构成“违反海关监管规定”，但因案值小、情节显著轻微没有达到海关立案基准的（如漏税款人民币2000元以下），海关可以追征三年税款；一种是申报行为不构成“违反海关监管规定”的，只能补征一年税款。

三、追税时效期间如何计算

（一）时效期间计核

海关决定对纳税义务人追征三年税款的，三年征税时效期间的起算点从海关作出征税决定之日开始（即开具“海关税款缴款书”，以下简称开具“税单”)，往前追征三年，超过三年的不再追征，如：海关 2017 年 7 月 20 日开具税单的，往前追至 2014 年 7 月 21 日，之前的漏缴税款不再追征。从另一角度看，从企业应当缴纳税款或者货物放行之日开始起算，海关应当在三年之内作出征税决定（开具税单），超过三年时间没有作出征税决定（开具税单）的，不能再对企业追征税款。如：2013 年 1 月 1 日货物放行或者征税，海关发现漏缴税款需要追征税款的，应当在 2015 年 12 月 31 日前开具税单，在此之后开具税单属于超过期限或者时效，依法不能再予追征。这里，应当关注的重要时间节点是“开具税单”，而不是“海关发现”，即时效计核的终止时间节点是海关开具税单之日，如果海关开具税单时超过三年，就算超过追税时效，不能再追征税款了。

（二）期间扣除

如果违法案件被海关立案侦查、调查或者稽查的，海关侦查、调查或者稽查的期间应当从上述三年追税时效期间中予以扣除。侦查、调查的期间计算从立案之日始，至作出处理决定之日止；稽查期间从海关稽查通知送达之日始，至作出稽查结论之日止。但税收核查(包括保税、减免税、价格、归类、原产地核查等)期间不在追征与补征税款期限扣除之列。

案例 6：某公司申报不实违规追征税款案

简要案情：2013 年 7 月 15 日，A 公司向 B 海关申报进口一票商用安全报警装置，B 海关征税放行。2015 年 8 月 6 日，B 海关下达稽查通知，稽查发现 A 公司申报税号错误并移交缉私立案调查，2015

年9月10日，缉私部门立案调查，并于2016年12月10日作出行政处罚决定，罚款人民币21万元。B海关于2017年4月1日开具税单，责令A公司补缴税款人民币35万元。

法律分析：

1. 当事人2013年7月15日申报进口，当日海关征税放行，海关于2017年4月1日开具税单责令补税，表面上看，超过三年追税时效。

2. 如果扣除办案期间一年零126天，即海关稽查、调查期间为2015年8月6日至2016年12月10日，则没有超过三年追税时效，可以追征税款。

3. 假设海关没有及时开具税单责令当事人补税，于2017年12月10日才开具税单，则从应缴税款之日至开具税单之日超过三年（即便扣除办案期间）追税时效，海关依法不能再责令补缴税款。

一年补税时效期间的计核方法参照上述三年追税时效期间予以确定。

四、稽查三年与追税三年的关系

根据《中华人民共和国海关稽查条例》（以下简称《海关稽查条例》）第二条的规定，海关自进出口货物放行之日起三年内或者在保税货物、减免税进口货物的海关监管期限内及其后的三年内，对与进出口货物直接有关的企业可以进行稽查。根据《海关法》第六十二条的规定，追征三年税款的前提条件是企业违反规定，即违反海关监管规定。大家知道，海关稽查补税，都是针对不需要移交缉私的非违规行为作出的补税决定，这种情况根据《海关法》第六十二条的规定，海关仅在一年内补征税款，而不是三年内追征税款，那么，为什么海关要稽查三年呢？主要原因如下：

1. 稽查是对企业进出口活动的合法性和真实性进行的核查和监督，发现违法案件可以移交缉私处理，海关对这类违规案件可以追征三年税款。

2. 海关对企业稽查三年的进出口活动，发现疑似违规情事，但证据不确凿、充分的，海关稽查部门常常与企业进行磋商：不移交缉私处理，但追征三年税款，直接作为稽查补税结案。

3. 虽然稽查三年，但企业确实没有违反海关监管规定，海关发现少征或者漏征税款的，只能在一年内补征税款。

案例 7：某公司进口货物未申报质量保证金补征 1 年税款案

简要案情：2015 年 9 月至 2016 年 11 月，A 海关对 B 企业整车进口的保修费用申报情况的真实性和合法性开展稽查，并作出“稽查结论”，认定 B 企业于 2012 年 9 月至 2015 年 9 月，共计提进口整车的质量保证金（保修费）人民币 4.69 亿元，稽查认为上述质量保证金应计入整车进口的完税价格，A 海关根据《进出口关税条例》第五十一条及有关规定，对申请人未申报的质量保证金追征进口关税、增值税、消费税、反倾销税及相关滞纳金共计人民币 3.13 亿元。

B 公司不服 A 海关的上述征税决定，向海关总署提出行政复议。复议决定：本案有关事实有待进一步核实认定，决定撤销 A 海关的“稽查结论”及其“海关专用缴款书”，并责令 A 海关重新作出具体行政行为。

法律分析：

1. 不违反规定。本案当事人根据用于保修的汽车零部件计提的质量保证金（保修费）能否计入整车进口的完税价格，其本身就是一个具有诸多争议的问题，这部分进口价格是否需要向海关申报属于不明确事项，当事人未申报质量保证金不构成进口价格申报不实的违规行为，所以，本案不属于违反海关规定的情事。

2. 补征一年税款。根据《海关法》第六十二条和《进出口关税条例》第五十一条的规定，进出口货物放行后，海关发现少征或者漏征税款的，应当自缴纳税款或者货物放行之日起一年内，向纳税义务人补征税款。但因纳税义务人违反规定造成少征或者漏征税款的，海关可以自缴纳税款或者货物放行之日起三年内追征税款。

因为本案当事人没有违反海关监管规定，即未违反海关规定，海关发现少征税款的，只能在一年内对当事人补征所漏税款，而不能对当事人追征三年税款。

五、加收滞纳金的问题

根据《进出口关税条例》第五十一条的规定，企业违反海关规定被追征三年税款的，从缴纳税款或者货物放行之日起按日加收少征或者漏征税款万分之五的滞纳金。加收滞纳金只针对违反海关监管规定的行为，企业没有违反海关监管规定的，补征税款时依法不需要加收滞纳金，如，本节案例 7 的情形不需要加收滞纳金。

同时，《进出口关税条例》的上述规定与《海关法》第六十条的滞纳金的相关规定存在一定的冲突。《海关法》第六十条规定加收滞纳金的前提条件是海关开出税单后的十五日内企业没有依法缴税的，海关可以加收滞纳金，除此情形之外，《海关法》没有规定可以对其他情形加收滞纳金。而《进出口关税条例》第五十一条规定了违反海关规定少缴税款的，海关可以从应税之日起加收滞纳金，海关行政法规对法律作了扩大解释。笔者期待正在起草的《关税法》对这个问题能够予以明确和统一。

第四节　稽查三年的意义

《海关稽查条例》第二条明确规定：进出口货物放行之日起三年内或者在保税货物、减免税进口货物的海关监管期限内及其后的三年内，海关可以监督、核查其进出口活动的真实性和合法性。这就是我们平常所称“海关稽查三年”的法律依据。海关稽查三年，发现企业漏税，就必须责令其补缴三年的税款吗？不是的。那么海关稽查三年的意义何在？今天，我们再来说说这个大家经常关注的问题。

案例 8：某公司进口货物税号申报错误稽查补税案

简要案情：海关对某公司专项稽查时发现，该公司连续五年以一般贸易方式向海关多次申报进口塑身机，申报税号均为 95069119（其他健身及康复器械），享受协定税率零关税优惠，经海关审核，该产品应当归入税号 90191010（按摩器具），进口关税税率为 15%，涉嫌商品编号申报错误且少缴税款。

案件处理：海关稽查结论认为，该公司进口货物商品编号申报错误，应予以纠正，同时责令当事人在稽查通知之前的一年期限内补缴相应税款。

法律分析：

1. 稽查监管。海关稽查，作为特殊的监管方式，实施于货物进口之后，用于化解海关口岸监管的压力，监督企业合规申报，引导企业合规运营。海关对常规事项实施常规稽查，对涉税风险事项实施专项稽查，根据稽查结果，出具书面稽查结论，并向企业反馈。

2. 稽查结论。海关稽查结论，无非有三种：一是稽查未发现异常，或者发现企业账册、单证管理上存在程序性问题，海关通知整改；二是发现企业因商品归类、价格或者原产地等事项申报错误，责令企业补缴所漏税款；三是发现商品归类、价格或者原产地的申报违规违法，或者加工贸易、减免税货物在监管期内违规违法，将案件移交海关缉私，予以调查处理。

3. 稽查补税。稽查补税，是从稽查发现漏税之日起，往前追溯一年，补缴一年的税款？还是往前追溯三年，补缴三年的税款？对于这个问题，经常争议不断，根据《海关法》第六十二条的规定，违反海关规定导致少征税款的，海关应当在三年之内追征，企业没有违反海关规定而少缴税款的，应当在一年之内补缴。本案当事人没有违规，属于补缴一年税款的情形。

那么，很多人会问，既然依法只能补缴一年税款，为什么《海关稽查条例》规定稽查三年呢？其实理由很简单，稽查的目的不仅是补税，还要核查企业是否违规违法，发现涉嫌违规违法的，直接移交海关缉私处理，三年内追征漏缴税款，并依法在两年内追究行政法律责任（但行为存在连续或者继续状态的，不限于两年）。

所以，海关稽查三年并无过错，如果稽查发现当事人申报不实违规，则移交海关缉私部门立案调查。

案例 9：某公司进口货物成交价格申报不实违规案

简要案情：某公司连续三年进口货物，申报 CIF 成交价格，经海关稽查，进口货物实际成交价格为 FOB 价格，公司另行对外支付空运费用和保险费用，未向海关申报，影响海关税款征收。

案件处理：海关稽查结论认定该公司进口货物申报行为涉嫌价格申报不实违规，稽查部门将案件移交缉私部门立案处理，缉私部门调查终结后，海关做出行政处罚决定，对公司处以罚款，并责令公司补缴三年税款。

法律分析：

1. 移交缉私部门。如果海关稽查结论认为货物进出口时，或者其他海关监管货物存在违规违法的情形，应当交给缉私部门处理，稽查部门不能“以税代罚”，擅自补税结案。

2. 补税罚款。移交缉私部门的案件，缉私部门审核出其具有基本违法事实和法律依据的，应当立案处理，并对违法行为做出行政处罚，同时，可以责令企业补缴三年的漏缴税款。

3. 交与不交。交不交给缉私部门？企业有没有违法？先由稽查部门判断，再由缉私部门审核。如果不符合立案条件，没有基本违法事实，或者处罚无法律依据的，则缉私部门不予受理或者不予立案处理，案件程序结束；如果缉私部门审核判断构成违法，则立案调查，最终依法做出处理决定。

这里，关键问题是稽查部门、缉私部门如何判断企业行为有没有构成违法。稽查部门凭什么判断案件交不交给缉私部门？

笔者认为，判断的基本标准为：一是案件线索有没有基本的违法事实？二是有没有法律依据？例如，海关稽查部门认为某公司进口货物商品归类申报错误，但涉案商品如何归类没有明确的规定，既不是税则条文、品目注释列名的，也不是海关做过归类决定的，归类技术难度较大，而且经过海关多次化验均未发现申报错误，在这种情况下，公司的行为就不具有违法性，缺乏基本的违法事实，不宜移交缉私部门。

再如，某海关稽查发现，某公司进口货物的专有技术费用未向海关申报，该行为构成低报价格违规的法律依据不足，不构成违法违规，不符合立案条件，一般情况下，稽查部门不能移交缉私部门处理。但是，如果稽查部门把不该移交的移交了，缉私部门将会如何处理呢？

缉私部门是判断企业行为是否构成违法的专业机构，对上述行为，正确的选择是对其不做立案处理，但是实际上绝大多数稽查移交的案件，缉私部门均予以立案，事先未做充分的违法性判断，这是导致缉私行政案件撤案率较高的主要原因。

所以，海关在案件是否移交缉私部门的问题上，目前约束性不够，随意性较大，应当慎重对待，有基本违法事实和法律依据的应当移交，否则不应当移交，如果以不移交缉私部门作为交换条件，让企业补缴三年税款，这种做法缺乏法律依据。

案例 10：某公司进口货物特许权使用费稽查补税案

简要案情：某公司是国内汽车零部件生产企业，从国外进口汽车零部件的生产材料，制造成品部件在国内外销售。海关专项稽查发现，该公司进口零件材料对外支付合同货款的同时，连续三年从非贸易项下对外支付特许权使用费，且未向海关申报，海关稽查结论认定：该公司对外支付的特许权使用费应当分摊计入完税价格，责令企业补缴三年内所漏缴的税款。

案件处理：海关稽查过程中，企业反复强调，责令补缴三年税款没有法律依据，请求海关对其补缴一年税款；但海关认为：稽查三年是海关法律规定的权限，既然法律规定可以稽查三年，也就可以责令补缴三年的税款，如果企业不同意补缴三年税款，海关就要将案件移交缉私处理。所以，企业担心移交缉私可能导致其被行政处罚，只好妥协认可，接受补缴三年税款结案的结果。

法律分析：

1. 企业妥协的利与弊。本案企业妥协并认可补缴三年税款，一方面埋怨海关多征了税款、没有法律依据；一方面庆幸没有移交缉私部门，也减少了合规风险。

事后，企业常问，如果坚持不同意补缴三年税款，只认可补缴一年税款，海关稽查部门真的会移交缉私部门吗？移交缉私部门会不会被行政处罚？企业面临补缴三年税款和移交缉私部门的两难选择时，应当如何处理呢？

笔者认为，这个问题要进行具体分析，如果企业行为本身构成违规，同时海关允许以三年补税换取不移交缉私，企业当然选择前者；但如果企业行为本身不构成违规，从经营成本考虑，就应当坚持补缴一年税款，妥协是一个不明智的选择。

所以，关键问题是如何判断企业行为是否构成违规。这是一个专业技术问题，需要取得专业人员的支持。

本案特许权使用费未申报，在分摊不明确和未进行否定性申报的前提下，其实不存在违规的问题，企业坚持补缴一年税款，其实是更明智的选择。

2. 稽查补缴三年税款的对与错。根据以上分析，从法律上看，稽查部门发现企业违规，应当移交缉私部门；不构成违规，但涉及漏税的，根据《海关法》第六十二条的规定，应当责令补税，但依法只能补征一年税款，如果补征三年税款，则没有法律依据。

但从实践中看，稽查仅根据账册和贸易单证判断企业行为构成违规或者不构成违规，确实存在困难，所以，用补缴三年税款的折中处理方法，解决违法性质不明情况下的海关和企业争议，其中的“对”与“错”，不好一概而论。如果企业认可，补缴三年税款算是和解的结果，且节约行政资源，未必不是好事；如果企业不认可，则稽查的执法风险，将在开出税单之后显现。

第五节　通关一体化条件下的海关行政案件管辖与处理

一、通关一体化改革的背景

（一）一个核心

近年来，海关实施了一系列的改革措施，其核心是全国通关一体化改革。通关一体化改革作为海关监管体制改革的一项重大措施，是国家行政管理体制改革的一个重要组成部分。笔者理解的通关一体化改革的主要目标是实现企业便利申报、海关执法统一和通关高效快捷。

（二）三大目标

1. 所谓便利申报就是指在全国任何一个关区的企业，能够将进境货物或者将位于国内任何地区的出境货物从任何口岸一次性申报进出境，如：一家在北京的企业，可以轻易地将位于石家庄的货物申报从天津港出口。

2. 所谓海关执法统一，就是指海关对企业进出境货物各申报要素的审核标准全国统一，如商品归类事项，除税则及其注释明确列名、海关作出归类决定或者行政裁定的之外。之前各海关对同一商品的审核标准，常常不太一致，如某企业的一种商品，在 A 海关被认定为 C 税号，而在 B 海关却被认定为 D 税号；对进口商品的价格审定或者价格磋商、价格调整标准，也同样存在全国海关标准不一致的问题，全国通关一体化之后，海关上述事项都有望实现执法统一。

3. 所谓通关高效快捷，是指口岸通关环节弱化海关验核，企业实施自报自缴，通关手续实施“前推后移”，从而使企业节省通关时间和通关成本。“前推”主要指逐步实施归类预裁定、预审价和原产地预确定制度，“后移”主要指加大通关后报关单批量复核和海关稽查的力度，把更多的海关审核事务放在通关之后的执法监督。海关上述措施实施后，企业实现快速通关的同时，海关也能够做到严密监管，降低执法风险。

（三）五项措施

全国通关一体化的具体措施是建立“两个中心”和“三项制度”，两个中心是“海关风险防控中心”和“海关总署税收征管中心”，三项制度是“一次申报、分步处置”制度、“企业自报、自缴税款”制度和“隶属海关功能化建设”制度。

那么，在上述通关制度重大改革的背景之下，通关环节查获的行政案件管辖标准、立案标准和处理标准是否受到通关制度改革的影响呢？笔者结合执法实践简要分析如下。

二、新制度对案件管辖的影响

（一）审单案件以申报行为发生地海关管辖为主

根据《海关行政处罚实施条例》第三条的规定，海关行政处罚案件以发现地管辖为主、发生地管辖为辅为原则。以往的通关体制之下，企业一般是向属地海关申报，或者直接向口岸海关申报进出口，海关对企业报关单审核或者货物查验时发现违规情事，直接由发现地海关将违规线索移交本辖区海关缉私部门处理，若违规情事属于“两简案件”，由发现地的现场海关直接办理。但是，全国通关一体化条件下，这种监管模式将发生重大变化，企业向海关申报之后，报关单数据全部传输到海关总署设在上海、广州和北京的三个税收征管中心进行验核，申报地海关不再审核报关单数据。如果税管中心验核发现企业申报存在问题，由税管中心自己具体处置违规线索的难度太大，违规违法线索将转到申报地海关进行处置（所谓“申报地海关”就是企业向海关递交报关单证的海关，也就是企业申报错误行为发生地的海关）。所以，在一体化通关条件下，海关审单发现行政案件的管辖原则，将以申报行为发生地海关管辖为主。

（二）查验案件以发现地管辖为主

在通关一体化条件下，口岸海关将根据海关风险防控中心和税管中心的指令，对进出境货物进行查验或者化验，口岸海关查验、化验发现企业在申报环节存在违规违法情事的，可以由查验地海关自身管辖（发现地管辖原则）；或者，发现地海关可以结合案件情况，以及降低行政办案成本和方便当事人等原则，认为应当移交违法行为发生地海关办理的，由发现地和发生地直属海关共同协商确定管辖。所以，查验发现的企业申报违法违规情事，由查验口岸地海关管辖为主，即以发现地海关管辖为主。

（三）其他案件以申报地海关管辖为主

除审单和查验发现违法违规情事之外，由企业主动披露违规情事或者他人举报发现企业存在违法违规情事的，一般直接由企业申报地海关管辖，如果申报地和企业所在地不一致的，也可以由企业所在地海关管辖。

综上，通关一体化改革对企业行政案件管辖权的影响并不严重，与改革前的主要变化是税收征管中心集中审单发现的案件线索应当统一交由申报地海关管辖处理。

三、“通关一体化”与“统一立案标准”

全国通关一体化改革后，全国海关的立案标准是不是应当完全、彻底统一了（即搞“一刀切”）？我们通过实证分析后认为，答案是否定的。

（一）立案标准没有“一刀切”

对企业的申报不实行为，什么情况下直接作删单重报处理？什么情况下应移交缉私部门立案处理？海关总署规定了立案标准。但鉴于全国各地的关区业务情况差异，海关总署给各直属海关一定幅度地自主调整立案标准的权限。有些业务量较大的海关的立案标准也普遍较高，即涉案案值或者漏缴税款较高的才移交缉私立案处理；而有些海关业务量较小，其立案标准也普遍较低，涉案案值或者漏缴税款较低也要移交缉私立案处理，上述规定有一定的合理性。

（二）差异性标准将继续存在

全国通关一体化改革实施之后，这种立案标准高低不统一的情况还能不能继续存在？有些海关和企业认为，一体化通关改革后，应当实施全国统一的立案标准。笔者认为，继续保留目前差异化的立案标准更加合理，不需强制性要求全国统一立案标准。理由如下：

1. 案件数量不会大幅波动。全国通关一体化之后，最大的变化是报关单将集中审核，违规申报的情事可能更多地被税收征管中心发现，如果根据发现地海关实施案件管辖权的原则，各关案件数量将大幅波动。但是，通关一体化之后，案件管辖权将转变为审单案件行为发生地管辖为主，查验发现和其他类型案件的管辖权基本不变。所以，企业违规案件的管辖权仍旧绝大部分由申报地海关和查验地海关管辖，不会因通关一体化改革而发生大幅波动。

2.“一刀切”的标准并不具合理性。以上海海关为例，该关区的进出口贸易量约占全国进出口贸易总量的四分之一，相应地，进出口贸易不合规或者海关与企业的争议数量也会呈正比例地发生，但上海关区的海关监管或者缉私执法力量并未与业务量完全呈正比。所以，在以往的执法实践中，上海关区的立案标准比其他关区会高一些，是符合实际情况的。但是，如果在通关一体化改革之后，违规案件的立案标准全国“一刀切”，上海关区的立案标准大幅下降，必然导致案件数量，特别是影响海关统计等程序性违规案件的数量大幅上升，在原有执法力量的条件下，海关根本是无法应对的。与之相反的是，一些进出口业务量较小的西部关区，在通关一体化改革后，进出口业务量也不会明显随之上升，如果立案标准要求一刀切，那么这些关区的立案标准明显上升，案件数量将会明显下降，执法标准波动将会增大。所以，考虑各地区的进出口业务情况差异性较大，海关违规立案采取“一刀切”的统一标准，并不是最合理的选择。

3.差异性标准不影响执法统一。有人担心，不采取统一的立法标准，将会产生“水往低处流”的现象，大家都去立案标准较高的关区申报进出口。其实，这种现象是不大可能发生的，首先，大部分企业是守法的企业，选择申报关区主要取决于企业的经营便利性和经营成本等因素，企业一般不会因为立案标准较高而去该关区申报；其次，大部分影响海关统计的案件处罚较轻，企业不会为了避免一个1000元人民币的罚款，而选择可能多花10000元人民币运输成本的关区申报。

所以，执法统一性更多地体现在处罚标准上，而不是体现在立案标准上，海关立案标准允许各关区存在小幅差异，立案标准的差异性并不会影响执法统一性。

四、“通关一体化”与“统一处罚标准”

海关行政处罚的执法统一性，主要表现为罚款幅度的统一性。无论是在通关一体化改革之前，还是在通关一体化改革之后，海关行政处罚罚款幅度都是全国统一的，各海关没有因为进出口货物监管业务量的大小影响其对违规案件的处罚幅度。从法律规定上看，《海关行政处罚实施条例》也规定了统一的海关罚款幅度，没有因为海关业务数量的大小规定不同的罚款幅度；《海关办理行政处罚案件程序规定》规定了统一的海关办理行政处罚案件程序，也没有因为海关业务数量的大小规定不同的办案程序。

所以，在时间上，通关一体化改革前后，海关罚款幅度是全国统一标准的；在空间上，不论业务量大小，各海关关区的罚款幅度也是全国统一标准的。海关行政处罚的罚款幅度标准，不会因为海关通关一体化改革而发生改变。

第八章

海关行政处罚的其他几个问题

听说过烤全牛吗？你花了1万元人民币从澳大利亚买了1头牛（当然不是活的），为了少缴点税，给海关说只花了9000元人民币，运气不好，被海关查了，偷逃税款290元人民币，海关说故意少报是走私，没收整头牛。你肯定想不通吧，就少了那么点税，整头牛都没收了，这下好了，烤全牛也吃不成了。

罚款和没收是行政处罚最常用的两种处罚方式，海关的行政处罚也是如此。进出口贸易违规案件基本上采取罚款的方式对违规行为予以处罚，但对走私行为的行政处罚，主要采取没收走私货物的方式。由于贸易渠道的涉税走私行为大部分是偷逃部分应缴税款，而不是全部应缴税款，但法律规定不管偷逃税款的比例多少，一律没收全部走私货物，导致对涉税走私案件的处理常常出现“过罚不相当”的现象。

违规案件的罚款数额和比例如何确定，是涉及违规案件处罚合理性的问题。申报不实的实体性违规案件处漏缴税款一定比例的罚款，其他实体性违规行为，处涉案货物价值一定比例的罚款。但对不涉税不涉证的程序性违规行为，可以在法定处罚幅度之下减轻处罚或者给予定额罚。所以，如何区分程序性违规和实体性违规，是决定违规案件处罚幅度的关键因素。

涉证违法也是一种比较常见的进出口贸易违法方式，涉证申报不实与涉证走私如何区分，自动进口许可证违规案件如何处理，“无证到货”违规案件的处罚幅度是否合理，利用他人进口许可证进口货物应当如何定性处理，是涉证违法的几个主要的海关法律问题。

没收违法所得是海关法律规定的一种重要行政处罚种类，但海关没收违法所得的行政处罚案件并不常见。偷漏税款能否作为违法所得予以没收，海关监管货物擅自出租所得的租金能否作为违法所得没收，买卖海关单证的费用是不是违法所得，这些海关行政处罚案件经常出现的关企争议问题，后文均有详细分析。

第一节　涉税走私处罚方式

一、走私的两种形态

大家对走私的关注，可能始于走私犯罪，走私犯罪常见于新闻报道，如：某某海关查获一批走私入境毒品，某某走私象牙入境被海关查获，某某公司涉嫌低报价格走私普通罪等；而大家对走私的另一种形态——走私行为的认知可能比较有限。

所谓走私，是故意逃避海关监管，将涉税货物或者禁限管制货物（如毒品、象牙等），伪报或者偷运进出境，导致偷逃税款或者逃避国家禁限管制的行为。根据走私对象和走私途径的不同，走私类型可分为涉税走私和非涉税走私[①]、伪报走私和绕关走私等。涉税走私偷逃税款个人10万元人民币以上、单位20万元人民币以上的，非涉税走私超过规定数量[见两高《关于办理走私刑事案件适用法律若干问题》（法释〔2014〕10号）]的，构成走私犯罪，由海关缉私局立案侦查，并移送检察机关审查起诉，人民法院最终作出刑事判决，追究刑事法律责任。

但对走私情节较轻，偷逃税款或者走私货物、物品在规定限值以下，没有超过起刑点的，或者虽超过起刑点，但按刑事证据标准不构成走私犯罪的，不追究刑事责任，可以由海关直接根据《海关法》第八十二条、《海关行政处罚实施条例》第七条、第九条的规定予以行政处罚，定性走私行为，没收走私货物，可以并处罚款。

---

① 偷逃税款的走私行为，俗称“涉税走私”；逃避禁限管制的走私行为，俗称“非涉税走私”。

上述两种走私形态：走私犯罪和走私行为，在案件处理依据上，前者受《刑法》和《刑事诉讼法》规制，后者受海关相关法律法规的规制。本节探讨后者，重点是涉税走私的行政处罚。

二、涉税走私行为如何处罚

无论是涉税走私还是非涉税走私，主要处罚方式都是没收走私货物，可以并处罚款。但各种不同类型的涉税走私，没收的走私货物的认定范围却各不相同。结合实证案例，说明如下：

（一）低瞒报价格走私

低瞒报价格走私指当事人通过贸易渠道进出口货物，向海关申报的价格低于实际成交价格，并且使用故意隐瞒部分价格、采取虚假的价格单证等方式逃避海关监管，构成低瞒报价格的走私行为。根据法律规定，这种走私行为的主要处罚方式是没收走私货物，那么，海关如何认定没收的走私货物范围呢？

案例 1：低瞒报价格走私案

简要案情： 当事人以一般贸易方式向海关申报进口石油沥青 800 吨（规格：85/100），申报总价为 240000 美元。当事人按申报价格纳税 502118.72 元人民币，货物通关放行后，销售给了国内第三方。

经查实，当事人与境外供货方的真实成交价格是每吨石油沥青 408 美元，总价为 326400 美元，贸易方式为 CFR 广东湛江港，当事人以信用证付款方式对外付款 326400 美元。

当事人的法定代表人在明知低报价格向海关申报进口将导致少缴纳税款的情况下，为了降低成本，伪造了一套合同、发票、装箱清单，并安排公司员工用伪造的合同、发票、装箱清单向海关申报。在伪造的合同、发票中，石油沥青价格被修改为每吨 300 美元，总价为 240000 美元。

经海关关税部门计核，当事人偷逃税款人民币 180603.74 元，涉案货物价值 3272716.61 元人民币。

案件处理： 海关调查认定，当事人以偷逃税款为目的，伪造合同、发票等向海关瞒报部分进口价格，构成走私行为，根据《海关行政处罚实施条例》第七条、第九条的规定，没收走私货物。但鉴于当事人仅瞒报部分价格，根据过罚相当的原则，海关没收偷逃税款占应纳税款的比例相对应的走私货物，由于走私货物已经在国内市场销售，无法没收，海关根据《海关行政处罚实施条例》第五十六条的规定，追缴走私货物等值价款人民币 86.5 万元。

综上，低瞒报价格走私行为案件，海关没收偷逃税款占应纳税款的比例相对应的货物，上述相对应的货物为走私货物。

（二）瞒报数量走私

通过贸易渠道，当事人向海关申报货物进出口，应当如实申报货物的数量（包含重量和件数），如果故意隐瞒部分货物数量未向海关申报，并采取相应瞒骗措施逃避海关监管，导致偷逃税款的，则构成走私行为，应当依法没收走私货物。上述“走私货物”的认定范围为瞒报部分的货物，而不是全部涉案货物。

案例 2：瞒报数量走私案

简要案情：当事人以一般贸易方式多次向海关申报出口金属硅共计 240 吨，申报价格为 2000 美元 / 吨。经海关稽查发现当事人实际出口金属硅 320 吨，涉嫌违法，稽查移交海关缉私部门调查。海关缉私经调查证实当事人故意隐瞒出口金属硅的重量，并制作相关虚假申报单证材料，导致偷漏税款，涉嫌走私。缉私部门按涉嫌走私普通货物罪立案侦查，侦查终结后移送检察机关审查起诉，但检察机关经审查认为当事人走私情节轻微，作出不予起诉决定，并建议由海关做出行政处罚。

案件处理：海关调查认定当事人申报行为构成走私行为，根据《海关行政处罚实施条例》第七条、第九条和第五十六条的规定，没收走私货物金属硅 80 吨（属于瞒报部分的重量，而不是实际出口金属硅 320 吨的重量），因走私货物已经销售，无法没收，追缴走私货物等值价款。

（三）伪报品名走私

当事人伪报进出口货物名称，将高税率的货物申报为低税率的货物名称，达到偷逃税款牟利的目的，构成伪报品名的走私行为。此类走私案件的处理，一般情况下为没收全部的涉案走私货物（伪报名称的货物），但在实践中，个别案例考虑过罚相当的原则，也有仅没收偷逃税款占应纳税款的比例相对应的货物的处理情况。

案例 3：伪报品名走私案

简要案情：当事人 A 公司代理 B 公司向海关申报进口 3000 吨十二烷基苯，申报商品编号为 29029030，关税税率为 2%。经海关取样鉴定，实际进口货物为混合烷基苯，商品编号为 38170000，关税税率为 4%。经海关查明，当事人为达到偷逃税款牟取非法利益的目的，将 B 公司的预付税款（B 公司按混合烷基苯、税率 4%，支付 600 万元人民币）的部分截留，故意以伪造报关单证方式，将进口货物品名伪报为十二烷基苯。经核定，当事人上述走私行为偷逃应缴税款 50 万元人民币，涉案货物价值 2600 万元人民币。

案件处理：海关根据《海关行政处罚实施条例》第七条（二）项、第九条（三）项的规定，决定没收涉案走私货物。因涉案走私货物无法没收，根据《海关行政处罚实施条例》第五十六条的规定，决定向当事人追缴走私货物等值价款人民币 280 万元（偷逃税款占应纳税款的比例相对应的走私货物价款）。

本案应纳税款 500 多万元人民币，偷逃税款仅 50 万元人民币（不足 10%），而全案货物价值为 2600 万元人民币，如因伪报品名将全案货物均认定为走私货物予以没收，似乎过罚不当。因此，经海关多次研究并最终认定：以偷逃税款占应纳税款的比例相对应的货物作为走私货物予以没收，体现海关行政处罚的过罚相当。但是，此案属于个案，其处理是否符合现行海关法律规定，有待讨论，在此暂且不表。

（四）非设关地涉税走私

上述通过贸易渠道走私，采取瞒骗的方法向海关申报，导致偷逃税款的行为，其他国家也称之为“贸易瞒骗”。另外一种走私方式，比较“简单”“粗暴”，直接将应税普通货物从没有海关监管的地点运输或者携带入境，海关称之为非设关地走私或者绕关走私，老百姓平常印象中的走私可能主要指的是这类走私，我国这类走私还占较高比例，主要发生在沿海沿边地区，如广西、云南、广东和福建等地。

非设关地走私，不存在申报缴纳部分税款、隐瞒不报部分税款的问题，涉案货物的全部税款均被偷逃，作为走私行为的行政处罚案件，这类案件应当没收全部涉案货物。而且，其行为直接挑战海关进出口监管底线，现场查发的此类案件，只要超过起刑点的，一般均构成走私犯罪。

三、按比例没收的法律问题

上述按比例没收走私货物的行政处罚案件，其合理性不容置疑，但其合法性经常引发诸多争议：有人认为海关法律法规并没有规定没收部分走私货物，按比例没收或者追缴部分涉案货物的等值价款缺乏法律依据，甚至人民法院对按比例没收的处罚方式也曾有否定性的判决［辽宁省高级人民法院（2009）辽行终字第5号行政判决书］，撤销了海关按比例没收的行政处罚决定，并对没收部分走私货物的法律依据提出质疑。笔者认为，按比例没收确实存在如下法律问题：

（一）货物不可分割难以没收

对于低报价格或者伪报品名的走私行为案件，如果货物是一个不可分割的整体，如某当事人进口一条啤酒用铝罐生产线，低报价格构成走私行为，没收处理时容易陷入尴尬局面：没收整条生产线设备显得不合理，按比例没收又无法分割，按比例追缴等值价款的法律条件又不具备（无法律条款或者不便没收）。

（二）处罚畸轻畸重不平衡

同样是偷漏部分税款，瞒报价格和瞒报数量的走私行为，按偷漏税款占应纳税款的比例相对应的货物予以没收处理，而伪报商品名称的走私行为一般情况下没收全部涉案货物，这样的处理似乎畸轻畸重。执法不统一、不平衡的现象，势必存在。

（三）法律依据的执法风险

按比例没收走私货物，现行法律对其没有明确规定。根据《海关法》第八十二条和《海关行政处罚实施条例》第九条的规定，构成走私行为的，没收走私货物。“走私货物”一般理解为走私行为所指向的对象，如在低报价格走私案中，如果一票报关单项下的全部货物均低报价格，那么，将“走私货物”理解为这票报关单项下的“全部货物”更直观，更符合逻辑，理解为“按偷漏税款占应纳税款的比例计核的部分货物”，显得太抽象而无法理解。所以，按比例没收的做法，是否符合上述法律规定，有待商榷，存在一定的执法风险。

四、用“罚款”代替“没收”

综上，按比例没收可能“不合法”，不按比例没收显然“不合理”，那么，海关对涉税走私行为的处罚方式，还有没有第三种既合法又合理的呢？笔者认为，解决涉税走私行为的处罚方式存在的上述困难，应当以“罚”代“没”，即废除对涉税走私行为进行没收走私货物处罚的法律制度，用“罚款”代替“没收”，能对各类涉税走私行为实施有效的处罚和惩戒。理由如下：

（一）以罚治税，体现过罚相当

涉税走私违法，侵害的客体是国家税收秩序，主要危害是偷漏税款，不管是低报价格、瞒报数量，还是伪报品名的走私行为，其后果都是偷漏税款，以偷漏税款为基础对涉税走私行为进行罚款处理，无论是行政处罚的惩戒目的，还是补偿目的，均能实现。而且，以偷漏税款作为基数处以罚款（如税款的三至五倍），偷税越多，罚款越大，这样比较公平合理，体现过罚相当。

（二）以罚治税，与税法一致

《中华人民共和国税收征收管理法》第六十三条规定，纳税义务人进行虚假的纳税申报，造成偷税的，由税务机关追缴其不缴或者少缴的税款，并处不缴或者少缴的税款百分之五十以上五倍以下的罚款，并未触及涉税货物。而涉税走私行为的本质也是偷漏税款，由海关按偷漏税款的比例予以罚款，可以实现涉税违法处罚原则的一致性。

（三）没收合法所有人的货物，不符合《中华人民共和国物权法》的基本精神

海关惩戒走私的主要对象是走私行为的实施者，而在实践中，走私行为的实施者多数并不是货物所有权人，作为货物所有权人的第三方并未参与实施走私行为（如上述案例3的B公司），将合法所有权人的货物予以没收有失公允，与《中华人民共和国物权法》规定的物权保护基本精神相违背。

（四）货物本身并不违法，没收法理欠缺

其他法律规定没收的货物、物品，不是赃款赃物，就是具有社会危害性的货物、物品。而走私货物本身不具有危害性，具有危害性的是走私行为。没收进出口货物的法理不足，对走私行为实施者予以罚款更具针对性。

综上，笔者建议：修订《海关法》和《海关行政处罚实施条例》时，对涉税走私行为的处罚方式，用“罚款”代替“没收”，对涉税走私行为处偷漏税款三至五倍的罚款，对走私货物不予没收。但是，对非设关地走私和非涉税走私行为除外。

第二节　实体性违规与程序性违规

一、背景综述

截至2018年初，中国海关已经公布实施了236部规章，对企业的进出口贸易活动，分别从事前、事中和事后的不同层面进行了规范，这些“规范”，我们称之为海关的正面监管规定。企业应依法按照海关的正面监管规定实施进出口贸易活动，否则，轻者构成违反海关监管规定的行为（简称“违规”），重者构成走私行为或者走私犯罪（简称“走私”），依法应当受行政或者刑事处罚。

那么，海关对企业的违规行为应如何进行合理适当的惩戒，既能确保海关正面监管规定的有效实施，又能保护企业的合法权益不受侵害，做到“过罚相当”呢？这是长期以来海关和企业共同关心的课题。

笔者认为：在海关行政处罚法律体系中引入“实体性”违规和“程序性”违规的概念，可让海关处罚更好地做到“过罚相当”。

企业的违规行为可分为两类：一类是实体性违规行为，违规行为导致影响税款征收、贸易管制或者出口退税管理，违规行为的危害后果较大；一类是程序性违规行为，违规行为没有导致影响税款征收、贸易管制或者出口退税管理，违规行为的危害后果较小。对实体性违规，可以根据漏缴税款和涉案货物价值处以相应比例的罚款；对程序性违规，由于违规行为与涉案货物价值大小没有关联性，仅对程序性违规行为处以一定数额的罚款（定额罚）即可。所谓的“大错大罚，小错小罚”，这就是“过罚相当”行政处罚原则的本质。

但是，海关现行法律法规之中，不但没有在实体性违规和程序性违规概念上的区分，而且在《海关行政处罚实施条例》相关法律条文中对涉税与不涉税违规行为的处罚规定，海关和企业常存在不同的理解，导致进出口贸易执法实践中的关企争议频发。本节重点对实体性违规行为和程序性违规行为进行区分，并梳理相应的海关行政处罚原则，概述如下。

二、申报不实的实体性违规与程序性违规

《海关行政处罚实施条例》第十五条关于申报不实的处罚规定，充分体现了上述“过罚相当”的基本精神：企业申报不实违规行为导致影响税款征收的，按照漏缴税款的比例予以罚款（漏税与罚款成正比例关系），申报不实违规行为导致影响出口退税管理的，按出口申报价格的比例予以罚款，申报不实影响进出口许可证管理的，按照涉案货物价值的比例予以罚款；但企业申报不实没有影响税款征收、进出口许可证管理或者出口退税管理，仅影响海关统计或者海关监管秩序的，对申报不实行为仅处以人民币一万元以下或者三万元以下的定额罚款，罚款幅度仅与企业实施的“行为”有关，与涉案“货物价值”大小无直接关联性。

案例 4：影响海关税款征收的实体性申报不实案件

简要案情：2014 年 4 月 11 日，A 公司委托 B 货运代理有限公司以一般贸易方式向海关申报进口一票“填饲机”，数量为 7 台，成交方式为 CIF，总价为 93100 欧元，申报税号为 84368000，进口关税税率为 5%。经查验，进口实际货物税号应为 84362900 项下，进口关税税率为 10%，涉嫌申报不实，影响国家税款征收。

案件处理：经海关计核，A 公司因税号申报不实导致漏缴税款人民币 4.99 万元，根据《海关行政处罚实施条例》第十五条（四）项

的规定，对A公司处以罚款人民币4万元。

法律分析：本案当事人向海关申报进口货物时，申报税则号列与实际的税则号列不符，构成税则号列申报不实的违规行为，并且申报不实影响税款征收，导致少缴或者漏缴税款人民币4.99万元。本案当事人的申报不实行为属于实体性违规行为，依法应当按照漏缴税款的数额比例处以罚款，漏税越多，罚款也应当越多，符合“过罚相当”的行政处罚原则。

案例5：影响海关监管秩序的程序性申报不实案件

简要案情：A公司向海关申报一批价值35万美元的电子元器件进境，以备案清单的方式进入综合保税区，海关核查发现A公司实际进境的货物价值为55万美元。经海关调查认定，当事人的申报行为构成申报不实的违规行为。

案件处理：由于涉案货物属于保税货物，申报不实行为不影响进口税款征收，仅影响海关监管秩序，海关根据《海关行政处罚实施条例》第十五条（二）项的规定，对当事人申报不实行为处人民币2.8万元的罚款。

法律分析：本案当事人向海关申报货物进境，虽然实际成交价格与申报价格不符，但货物申报进入海关特殊监管区域，属于保税进境，不需要向海关缴纳税款，当事人价格申报不实不影响国家税款征收。但是，货物入境按照海关监管规定应当向海关如实申报价格要素，没有如实申报，将可能影响货物内销进口时的价格申报（《中华人民共和国海关审定内销保税货物完税价格办法》第八条，海关总署令第211号），构成影响海关监管秩序的违规行为。本案当事人的申报不实行为属于程序性违规行为，对申报不实的行为本身予以定额罚款，也符合“过罚相当”的行政处罚原则。

三、《海关行政处罚实施条例》第十八条规定的实体性违规与程序性违规

《海关行政处罚实施条例》第十八条规定诸多违规行为，是海关行政处罚最常用的罚则之一。未经海关许可，擅自将海关监管货物提取、调换、抵押、转让、移作他用或者进行其他处置的，处货物价值5%以上30%以下罚款。上述规定并没有区分擅自提取、调换、抵押、移作他用等行为是否影响海关税款征收，是否影响许可证管理，一律处以货物价值一定比例的罚款。但是，海关在执法实践中，事实上对影响税款征收的擅自提取、调换、抵押、移作他用或者其他处置等行为，在法定处罚幅度范围内处以较重的罚款，对不影响税款征收的擅自提取、调换、抵押、移作他用或者其他处置等行为，处以较轻的罚款。由此，可以理解为，海关在应用《海关行政处罚实施条例》第十八条时，如果企业擅自提取、调换、抵押、移作他用或者其他处置海关监管货物，并导致影响海关税款征收的，属于实体性违规，应当处涉案货物价值5%～30%的罚款；如果企业擅自提取、调换、抵押、移作他用或者其他处置海关监管货物，没有导致影响海关税款征收的，属于程序性违规，海关对此程序性违规行为如果也机械性地按照上述规定处以涉案货物价值5%～30%的罚款，则与《海关行政处罚实施条

例》第十五条中实体性申报不实与程序性申报不实区别对待的规定不相一致，存在矛盾和冲突。而且，对导致漏税的违规行为与没有漏税的违规行为，予以同样水平的惩戒，明显不符合“过罚相当”的行政处罚原则。

因此，笔者建议：海关在修改《海关行政处罚实施条例》时，对第十八条规定的各种违规行为，进行实体性违规和程序性违规的区分归类，对实体性违规按涉案货物价值的比例予以处罚，对程序性违规按照一定数额处定额罚款，不与涉案货物价值关联，从而更好体现海关行政处罚的“过罚相当”。

案例 6：擅自移作他用的实体性违规案

简要案情：当事人 A 公司以研发新型抗癌药物以及新型心血管药物向某省发改委申领了《国家鼓励发展的内外资项目确认书》，并向海关申报进口两台液相 – 质谱联用仪，申报总价为 350200 美元。设备进口后，当事人未经海关许可并未办理有关海关手续，就将该两台免税设备交由 B 公司研发抗精神分裂症的依潘立酮原料及制剂。经查实，B 公司尚未取得享受同等减免税优惠政策的资格证明。

经海关关税部门计核，上述两台液相 – 质谱联用仪完税价格为人民币 2493810 元，货物价值人民币 2917758 元，漏缴税款共计人民币 21.29 万元。

案件处理：当事人 A 公司在未经海关许可的情况下，擅自将海关监管的减免税设备交由他人使用，并将主管部门批准用于研发抗癌药物及心血管药物的免税设备移作研发抗精神分裂症药物的行为，违反了《海关法》第五十七条规定，构成擅自将海关监管货物移作他用的违规行为，海关根据《海关行政处罚实施条例》第十八条第一款（一）项的规定，对当事人科处货物价值 9% 的罚款人民币 26.26 万元，并责令当事人纠正违法行为，将该免税设备收回按规定使用，并补缴相应税款。

案例 7：擅自抵押的程序性违规案

简要案情： 2014 年 5 月，当事人 A 公司免税进口了一套四辊压延机设备。2014 年 11 月，A 公司因资金需要，未经海关同意，擅自将上述设备作为抵押物，向浦发银行借款人民币 500 万元。海关对该企业进行稽查发现后，当事人解除了抵押合同，海关立案调查。

案件处理： 海关认为，当事人未经海关许可，擅自将免税设备抵押的行为，违反了《海关法》第三十七条第一款的规定，鉴于当事人及时消除危害后果，解除抵押合同，没有造成漏缴税款，根据《行政处罚法》第二十七条、《海关行政处罚实施条例》第十八条第一款（一）项的规定，对当事人 A 公司予以减轻处罚，处以罚款人民币 17 万元（货物价值 1%），并对当事人擅自抵押期间不予补缴。

四、其他实体性违规和程序性违规

综上所述，实体性违规是指当事人实施的违反海关监管规定行为，导致影响国家税款征收、进出口许可证件管理或者禁止性贸易管制、出口退税管理等，应当按照漏缴税款的比例或者涉案货物价值的比例予以处罚的行为；程序性违规是指当事人实施的违反海关监管规定行为，没有导致上述后果，应当对当事人处以定额罚款的行为。根据海关统计数据，海关历年办理的违规案件，根据《海关行政处罚实施条例》第十五条规定的申报不实案件和第十八条规定的擅自提取、调换、抵押、移作他用或者其他处置海关监管货物等违规案件，占绝大多数。除此之外，海关行政处罚案件还有以下三类：

一是旅客携带或者邮寄物品进出境案件。由于物品进境大部分应当征收物品税，物品进境未申报或者申报不实，大多数均属实体性违规，应当依法按照涉案物品价值的比例予以处罚；

二是进出境运输工具违规案件。进出境运输工具没有按照海关规定的停留、驶离、装卸货物、上下旅客、传输舱单数据等行为，属于程序性违规，应当依法处以定额罚款；

三是报关企业或者报关人员的违规案件。报关企业或者报关人员的违规行为，其行为性质比较特殊，很难用实体性违规或者程序性违规来判断，在《海关行政处罚实施条例》中引入了资格罚，但在海关执法实践中并没有得到充分实施，在海关修改《海关行政处罚实施条例》时，建议予以关注并作相应修改。

第三节　海关行政处罚案件的“违法所得”

一、“违法所得”背景综述

我们先看看“百度”对违法所得的认知，“违法所得”相关百度词条高达 1310 万条，相关学术论文 1300 多篇。百度百科对“违法所得”的定义，是指行政相对人从事违反国家法律法规规定的活动，即实施了国家法律法规禁止的行为，或未履行法定义务所获得的利益。而百度百科对“没收违法所得”的定义，是指行政机关或司法机关依法将违法行为人取得的违法所得财物，运用国家法律法规赋予的强制措施，对其违法所得财物的所有权予以强制性剥夺的处罚方式。虽然上述两个定义针对不同的概念（“违法所得”和“没收违法所得”），但是明显可以看出百度百科对“违法所得”的认知是模糊不清的，前者认为“违法所得”仅限于行政违法，后者认为“违法所得”不但存在于行政违法过程中，还存在于刑事违法过程中，界限模糊不清。

在执法实践中，刑事违法中的“违法所得”没收程序，最高人民法院和最高人民检察院于2017年对其作出最新的司法解释《关于适用犯罪嫌疑人、被告人逃匿、死亡案件违法所得没收程序若干问题的规定》（法释〔2017〕1号）；行政违法中的“违法所得”认定和计核标准，目前最全面完整的依据是《工商行政管理机关行政处罚案件违法所得认定办法》（国家工商行政管理总局令第37号，2008年）。上述两个规范性文件对“违法所得”的认定，从案件范围到计核标准，均有极大的反差，无法找到对违法所得进行认定的共同标准。

可见，“违法所得”无论在理论上还是执法实践上，至今均未形成统一的、成熟的概念和执法标准。

1996年，《行政处罚法》第八条（三）项将“违法所得”作为行政处罚的一个种类之后，其他行政法律法规相继将“违法所得”写入相关行政处罚的法律责任条款。《海关法》《海关行政处罚实施条例》共计21个条文规定了“有违法所得的，没收违法所得”，但是，什么是“海关行政处罚案件的违法所得”，如何认定和计核违法所得，海关一直困扰至今，当事人一直期待至今，笔者也一直疑惑至今。

二、海关行政处罚案件的“违法所得”

“没收违法所得”作为海关行政执法的一个重要处罚种类，在海关行政处罚法律条文中出现的频次仅次于“罚款”，主要原因可能是：1. 海关行政违法当事人经常获取“违法所得”；2. 海关执法实践中经常没收“违法所得”。但是，海关执法的实际情况并不是这样子的，“违法所得”的海关界定尚不明晰，海关对相对人处“没收违法所得”的案件也并不多见。

2016 年，全国海关做出行政处罚案件 7.9 万宗，其中，没收违法所得的案件仅仅 5 宗。近 3 年，全国海关做出行政处罚案件 26.3 万宗，其中，海关对“单位”当事人“没收违法所得”的案件仅为 22 宗，对“自然人”没收违法所得的案件为 208 宗（均为帮助走私人携带走私物品而收取的带工费案件）。

海关“没收违法所得”案件少的原因可能是：海关行政处罚案件中很少存在“违法所得”，或者“违法所得”很难认定。具体分析如下：

（一）海关案件“违法所得”分为四种主要类型

1. 偷漏税款型。主要指走私行为案件的当事人偷逃税款，或者违反海关监管规定案件的当事人少缴、漏缴税款。上述少缴、漏缴或者偷逃的税款能否作为“违法所得”予以认定？

2. 买卖单证型。主要指当事人买卖海关单证、通关单证或者其他资格证明而收取的出让或者出借单证的金钱收益，上述收益能否作为违法所得予以认定？

3. 收取租金型。主要指当事人将海关监管货物如减免税设备等出租给他人使用而收取租金，或者将海关监管仓库为非海关监管货物或者走私货物提供仓储业务而收取租金，上述当事人收取的租金能否作为“违法所得”予以认定？

4. 服务费用型。主要指当事人为走私、违规者提供便利、帮助等服务而收取的服务费用，能否作为违法所得予以认定？

（二）“违法所得”的认定与计核

1.“偷漏税款”不能认定为违法所得。《海关法》第八十二条、第八十六条，《海关行政处罚实施条例》第九条、第十五条、第十八条等规定了没收违法所得，同时违法后果均有偷漏税款，那么，这里的偷漏税款，是不是违法所得呢？显然不是。海关对走私行为的处理是没收走私货物 + 罚款 + 没收违法所得，走私货物被海关没收，当事人没有实际获得偷逃的税款，当然不存在单独没收偷逃税款的问题，况且，海关可以对偷逃税款同时处以 3 倍以下的罚款，如果对偷逃税款进行罚款的同时又没收偷逃税款，属于双重处理。另外，作为违规案件的漏缴税款，《海关行政处罚实施条例》第五条规定了责令当事人补税的义务，既然已经对当事人补缴了所漏税款，就不能再次没收这部分的税款，否则属于双重处理。所以，偷漏税款不属于违法所得。

2. 买卖单证费用不能作为违法所得。《海关行政处罚实施条例》第十条、第二十四条等规定的买卖海关单证，可以没收违法所得。这里买卖海关单证的费用海关是不是可以没收？首先，买卖海关单证的情事在实践中几乎是不存在的，海关单证除了报关单之外还有什么呢？而且在实践中谁去买卖“报关单”呢？其次，大部分的通关证件都是其他行政主管机关颁发的许可证、配额证、批准证书和通关单等，企业或者个人非法买卖上述证件不属于海关管辖的范畴，在法律上应当属于非法经营的范畴。买卖海关监管的通关单证而收取的费用，海关将其作为违法所得予以没收，显然缺乏法律依据。

案例 8：A 公司进口废塑料案

简要案情：2012 年 5 月 12 日，A 公司作为经营单位向 B 海关申报进口废塑料 120 吨。经查实，该批废塑料为个体经营户 C 在中国香港地区购买，因C没有进口废塑料的资质和进口固体废物所需要的许可证件，故借用台山市D公司（报关单上的收货单位）的限制类可用作原料的固体废物进口许可证，并以D公司作为收货单位申报进口，C向D公司支付借用许可证费用8万元人民币。该批废塑料由A公司向海关申报进口时被海关查获，海关将A公司和D公司作为共同违法当事人。

案件处理：B海关根据《中华人民共和国固体废物污染环境防治法》第七十八条的规定，对A当事人处罚款人民币50万元，并对D当事人处罚款人民币30万元。本案海关未没收当事人D出借许可证而收取的费用8万元人民币。

3. 租金难以核定“违法所得”。《海关法》第八十六条（十）项、《海关行政处罚实施条例》第十八条第一款规定了没收违法所得。擅自将减免税设备等海关监管货物移作他用、融资租赁而收取的租金，当事人将海关监管仓库为非海关监管货物或者走私货物提供仓储业务而收取的租金，上述租金是不是违法所得？减免税设备融资租赁的租金，本质上属于设备价款的另一种支付形式，不是租金，当然不是违法所得；减免税设备移作他用的租金，能否作为违法所得，争议较大。笔者认为，这种租金不能全部作为违法所得，应当予以扣减，扣减金额应当相当于减免税设备成交价格部分的对应租金，相当于税款部分设备价值的对应租金可以作为违法所得。仓储租金作为违法所得同样也存在计核上的合理性问题，收取的租金应当扣减当期仓储运营成本，剩余部分的租金作为违法所得比较合理。

案例9：擅自出租减免税设备案

简要案情： 2012年6月5日—2012年7月25日，南京A公司以技改项目名义向B海关申领6份“进口货物征免税申请表”，先后从上海等口岸进口了交叉铺网机等28台减免税设备，并于2013年7月1日，将上述设备出租给其全资子公司C公司使用，每年收取C公司支付的租金人民币810万元，直至案发。本案涉案货物价值人民币6504万元，漏缴税款人民币583万元。

案件处理： 海关在调查过程中，C公司向主管机关办理了技改项目确认书，享受同等减免税优惠待遇，依法可以减轻处罚，B海关根据《海关行政处罚实施条例》第十八条第一款（一）项的规定，对当事人处罚款人民币95万元（货物价值1.49%）。海关未对当事人没收出租减免税设备的租金。

4. 非法服务费用可以作为违法所得。旅客为他人违法携带物品进境而收取带工费，如果构成共同走私或者协助走私，携带者实施违法行为而收取的报酬，可以作为违法所得予以没收；违规行为的当事人或者共同当事人，实施违规行为而收取的服务费用也可以作为违法所得予以没收。

案例 10：违法携带物品进境收取带工费案

简要案情：当事人 A 为出境旅行团的导游，于 2011 年 4 月 10 日—2011 年 6 月 10 日，通过随团旅客帮助走私分子 B 从中国台湾地区携带洋酒共计 55 瓶入境，每瓶收取带工费人民币 100 元，共计收取人民币 5500 元。B 因走私犯罪被 C 海关刑事立案处理，C 海关对当事人 A 行政立案。

案件处理：C 海关根据《海关行政处罚实施条例》第十条的规定，对当事人 A 定性协助走私，并处没收违法所得人民币 5500 元。

（三）没收违法所得处罚措施的实施情况

根据以上内容可知，尽管海关法律法规共有 21 个条款规定了没收违法所得，但执法实践中极少实施没收违法所得。在这极少实施的没收违法所得案件中，90% 以上的案件又是收取走私物品带工费的案件。所以，除上述为走私分子违法携带物品入境而收取的带工费外，其他类型行政处罚案件的“违法所得”，即便不予实施没收，也不会影响海关执法。主要理由如下：

1. 大部分法律条文无法实施。与“偷漏税款”相关的没收违法所得的法律规定，因“偷漏税款”不是“违法所得”，相应的没收违法所得的规定也无法实施；买卖海关单证的情况在实践中不可能产生，买卖相关通关单证的事情不属于海关管辖的范畴，所以，上述规定的相关法律条文，如《海关法》第八十二条，《海关行政处罚实施条例》第九条、第十五条、第十八条、第二十一条、第二十二条、第二十四条的规定基本上无法实施。

2.其他处罚措施可以有效替代。对于当事人实施违法行为而收取的租金，从法律性质上看属于违法所得，但从合理性角度看应当予以减扣。如何减扣有一定的技术难度，很容易引起关企争议，也易引起司法审查，建议海关在执法实践中不予实施为妥。但从执法的公平合理性考虑，可以将违法收取租金作为一种违法情节予以考量，对当事人处以罚款时从处罚幅度上一并予以权衡。

三、制度完善的建议

海关现行法律法规共有21个主要处罚条款规定了没收违法所得的内容，但是海关运用“没收违法所得”规定的案件不足0.1%，说明这些规定已经有些多余了，规定多余了有时候将会产生负面影响，在某些情况下容易被误解被滥用，从而产生执法风险，从一定程度上侵害行政相对人的合法利益。

海关在重启修改《海关法》及《海关行政处罚实施条例》时，有必要认真研究“没收违法所得”规定的合理性和必要性，重新认识“没收违法所得”的制度价值，在某些条款确实需要保留或者增加时，也要对什么是“违法所得”，在相应的法律条文里予以直接明确，以免众多学者用1300多篇学术论文都说不清的一个法律概念，在海关执法实践中继续长期存在。

第四节　涉证货物进出口的通关法律风险

一、背景综述

货物进出口通关，海关重点关注三件事：一是税款征收，二是国家安全，三是贸易管制。世界各国海关对货物进出口监管总体大同小异，但侧重点有所不同。税款征收是我国中央财政收入的主要来源之一，所以，涉税监管是中国海关监管的核心任务，海关对进口货物的归类、价格和原产地等涉税要素进行重点监管，但在欧美国家关税已经不是财政收入的重要来源，海关对进出口货物的监管重点不是涉税要素，而是国家和社会的安全要素，如武器、毒品、产品安全、疫病传播及涉嫌知识产权保护的货物等，是海关重点监管的对象。

但无论是欧美，还是中国，进出口贸易管制现象都普遍存在。我国对进出口货物的贸易管制是对某类产品进出口进行的数量限制，用进出口许可证、批准证或者配额证等形式，对特定产品的进出口数量实施行政管理的一种贸易管制方式，是国家非关税壁垒的一种常见手段。如消耗臭氧层物质进出口许可证、固体废物进口许可证、黄金及其制品进出口准许证和农产品进口关税配额证等。

企业进出口国家贸易管制的货物，应当向商务部或者其他主管部门申领进出口许可证件，海关凭商务部或者主管部门颁发的进出口许可证件对进出口货物进行监管。企业向海关申报进出口涉证货物时，如果不能提交货物进出口许可证件的，海关将分别根据下列不同情况，依法予以处理。

二、逃证走私和申报不实违规

（一）逃证走私

企业进出口涉证货物，如果明知货物需要进出口许可证件，但将涉证货物伪报为非涉证货物，欺骗海关，进行无证通关，被海关查获时，构成逃证走私，轻则没收走私货物并处罚款，重则构成走私犯罪。

案例 11：逃证走私案

简要案情： 2010 年 6 月 12 日，A 公司以一般贸易方式向 B 海关申报出口两票氧化镁，申报总数量为 300 吨，申报商品编号为 25199099（出口税率为 5%，无需出口许可证），经海关查验并鉴定，该两票货物实际上均为烧结镁氧矿（重烧镁），应归入商品编号 25199020（出口税率为 10%，需要出口许可证）。经海关调查证实，A 公司明知出口货物的商品编号为 25199020，商品名称为重烧镁，需要申领出口许可证，但为了逃避该商品的出口许可证管理并少缴税款，将其申报为商品编号 25199099，并将商品名称伪报为氧化镁。

案件处理： 当事人 A 公司明知出口货物伪报商品名称和商品编号，逃避出口许可证管理，根据《海关法》第二十四条第一款、第八十二条第一款（一）项的规定，构成走私行为，根据《海关行政处罚实施条例》第七条第二项、第九条的规定，没收上述烧结镁氧矿 300 吨，并处罚款人民币 35000 元。

（二）申报不实违规

企业进出口涉证货物的商品名称、规格、型号或者商品编号等申报与实际情况不符，影响国家许可证管理，即将属于许可证管理的货物申报为非许可证管理的货物，但没有主观故意，或者没有采取伪报等措施的，构成申报不实违规行为。

案例 12：申报不实违规案

简要案情： 2015 年 12 月 20 日，A 公司向 B 海关以一般贸易方式申报出口两项压缩式垃圾车和推板式自装卸环卫车十辆，其申报税则号列为 87059099，属于无出口监管条件、不需要出口许可证的特种车辆；经海关审核及归类，涉案商品的税则号列应为 87042240，属于有出口监管条件，需要提交出口许可证的货车。经查实，A 公司出口申报错误属于工作人员缺乏商品归类知识导致的，无逃避出口许可证管理的主观故意。经海关核定，该案影响国家许可证管理的货物价值人民币 280 万元。

案件处理： A 公司出口货物税则号列（商品编号）申报不实，导致影响出口许可证管理，违反了《海关法》第二十四条第一款的规定，根据《海关法》第八十六条（三）项、《海关行政处罚实施条例》第十五条第一款（三）项的规定，处罚款人民币 14 万元。

三、自动进口许可证违规

自动进口许可证（Automatic Import Licensing）是商务部及其授权机构颁发的非数量限制的进口许可证件。国家对实行自动许可管理的货物实施非数量限制，凡列入自动许可证项下的商品清单中的货物，进口商只要申请就可以进口，国家管理的主要目的是为进出口贸易提供统计数据。目前我国适用自动进口许可证管理的商品主要是机电类商品、农副产品及矿产品等。

海关对自动进口商品的监管措施，与非自动进口许可证相似，均要求企业申报进口时向海关提交进口许可证件，否则不予放行。因申请自动进口许可证没有对进口商品数量的限制，企业申请进口多少，国家就批准多少，自动进口许可证的法律性质属于非限制进口许可证件。

所以，海关对涉及自动进口许可证的伪报、申报不实和无证到货等违法行为的处理方式，与进出口许可证的涉证违法的处理方式也不相同：

1. 以伪报等方式逃避自动许可证管理的行为，由于自动进口许可证的法律性质属于非限制进口许可证件，定性走私缺乏法律依据，只能按违规行为处理；

2. 因商品的税则号列、规格、型号、数量等申报不实影响自动进口许可证管理的违规行为，不属于实体性违规，仅属于程序性违规，可以比照《海关行政处罚实施条例》第十五条（三）项的规定减轻处罚；

3. 企业申报进口货物时对各申报要素均如实申报，只是不能提交自动进口许可证，根据《海关行政处罚实施条例》第十四条第二款的规定，不构成“无证到货”的违规行为，不需要立案处理，仅对进口货物不予放行即可。

四、“无证到货”的违规

所谓“无证到货”，是指企业向海关如实申报涉证进出口货物的各项要素，但不能向海关提交进出口货物许可证件的行为。根据《海关行政处罚实施条例》第十四条第一款的规定，对“无证到货”行为应当处货物价值30% 以下罚款。

海关和企业对上述规定的适当性和合理性一直争议不休，一种观点认为，当事人向海关申报货物进出口时，对商品的名称、规格、数量、商品编码等各项申报要素均如实申报，主观上没有过错，不构成违法，当事人不能向海关提交进口许可证，海关对货物不予放行即可，《海关行政处罚实施条例》第十四条第一款规定对“无证到货”行为处货物价值30%以下的罚款，不具有合理性；另一种观点认为，当事人虽然向海关如实申报，但不能提交许可证，具有欺骗海关之嫌，海关如果没有发现进口货物应当提交许可证，那么当事人就能蒙混过关，具有较大的逃证风险，所以，当事人应当提交但没有提交许可证的，构成违法行为，应当根据《海关行政处罚实施条例》第十四条的规定予以处罚。上面两种观点，各显其理。

笔者认为：如果企业对进出口货物的申报要素均无不实申报，仅仅无证到货，虽然构成《海关行政处罚实施条例》第十四条的违规行为，但鉴于其危害性较轻，并且可以纠正，应当予以减轻或者从轻处罚，罚款幅度原则上不应超过货物价值的5%。

案例13：无证到货违规案

简要案情： 2015年1月12日，当事人A公司以一般贸易方式向B海关申报进口旧全电脑毛织编制机80台，申报商品编号为84472020，货物价值人民币13407447元，经查实，上述进口货物为国家限制进口货物，当事人向海关申报时无法提交进口许可证。根据《海关法》第二十四条、《海关行政处罚实施条例》第十四条的规定，当事人的行为已经构成违规。

案件处理： 鉴于当事人未提交进口许可证属于认知不足，并在获悉其进口货物需要提交进口许可证后，立即办理了许可证申领手续，并于立案前提交海关，消原则除了危害后果；当事人在调查终结前已足额缴纳保证金，积极配合海关调查；同时考虑到当事人如实申报了品名、税号等申报要素，当事人的主观过错较小，根据《行政处罚法》第二十七条第一款第一项的规定，应当予以从轻或者减轻处罚，B海关对当事人科处罚款人民币13.5万元，约为货物价值的1%。

法律分析：对进出口企业来说，申报行为尚未终了，企业在申报过程中还有补充申报的机会，如果仅因没有提交许可证就对当事人重罚，不给企业重新提交的机会，根据过罚相当的行政处罚原则，该处理有失公平公正。因此，即便《海关行政处罚实施条例》第十四条明确规定了处货物价值30%以下的罚款，但在实践中，应当处较小幅度的罚款为妥，本案对当事人处货物价值1%的罚款，比较合法合理。

《海关行政处罚实施条例》第十四条规定对“无证到货”行为，处货物价格30%以下的罚款，并没有规定处罚下限，可能是立法者已考虑了合理性因素，给海关较大的自由裁量空间。与其如此，不如在修订《海关行政处罚实施条例》时，对“无证到货”行为的定性与处罚幅度予以重新考虑，明确作为程序性违规予以定性处理更为妥当。

五、利用他人许可证

货物进出口许可证的使用原则是“谁申领，谁使用”，如果企业将自己依法申领的进出口许可证，以出让、租赁或者借用的方式供他人使用，将存在一定的法律风险。根据《货物进口许可证管理办法》第八条的规定，“进口许可证不得买卖、转让、涂改、伪造和变造”。

海关对涉证进出口货物的监管，一般情况下审核“单证相符”即可，即报关单的收发货人（经营单位）与许可证的“进口商”一致，进口报关单的消费使用单位（收货单位）与许可证的“利用商”一致，许可证件上的其他要素与实际进出口货物一致即可。

但是，在实践中经常出现这样的情况：A 公司为进口货物的实际收货人，但其没有货物进口许可证，遂向 B 公司购买、租赁或者借用进口许可证，并以 B 公司的名义向海关申报进口。从海关监管规定看，形式上完全符合“单证相符”的监管规定，但实际上 A 公司却利用了 B 公司的进口许可证，违反了《货物进口许可证管理办法》第八条的规定。海关在监管中如果发现了这种情况，能否作为违法行为移交缉私处理呢？

笔者认为：企业的上述行为确实存在违规操作，违背了国家许可证管理的部分目的（特定主体使用），但是并没有违反海关的监管规定。海关作为行政执法机关，主要执行《海关法》的相关规定，以及其他法律明确授权海关管理的一些法律规定，除此之外，并无其他法定的执法权限。海关在执法中发现企业存在的其他违法情事，应当将相应的违法线索移交或者通报其他主管部门依法处理。

所以，对利用他人许可证进口货物的行为，海关直接立案调查处理，该行为存在较大的法律风险，但是，相关法律明确授权海关处理的除外。如，《中华人民共和国固体废物污染环境防治法》第一百一十五条规定，“违反本法规定，将中华人民共和国境外的固体废物输入境内的，由海关责令退运该固体废物，处五十万元以上五百万元以下的罚款。”海关可以根据上述授权处理相关案件。

案例 14：利用他人许可证进口固体废物案

简要案情：2014 年 5 月 27 日，海关对 A 公司的废塑料进口及加工利用情况的真实性和合法性开展专项稽查，发现 A 公司在稽查时间范围内代理 B 公司进口废塑料 3267 吨，货值约 180 万美元，A 公司向海关申报时提交的进口固体废物许可证上的进口商为 A 公司，利用商为 B 公司，与报关单上的经营单位和收货人一致。但经海关稽查发现，A 公司并没有将上述进口废塑料运至收货单位（B 公司），而是直接转售给第三方（具有加工废塑料的资质），涉嫌构成利用他人的进口固体废物许可证擅自进口废塑料进境的违法行为，稽查部门将案件线索移交给缉私部门。

案件处理：经海关缉私部门调查核实并认定，A 公司利用他人的进口固体废物许可证进口固体废物的行为，属于未经许可擅自进口限制进口的固体废物的行为，应当根据《中华人民共和国固体废物污染环境防治法》第七十八条的规定，责令退运该固体废物，并处罚款人民币 100 万元。

第五节　涉外“定牌加工”知识产权边境保护的若干问题

国际贸易链的生产端中的“贴牌生产”或者“定牌加工”一直都是我国制造业的重头戏，从国际知名奢侈品 LV、GUCCI、PRADA，到手机电器苹果、三星、LG 等，大多数的代工厂都在中国。

涉外定牌加工知识产权边境保护中各方的是非曲直，一直以来都是海关执法及法院司法争议的焦点。作为境外的商标权人、境内的商标权人和国内代工厂，各方均各有不同的利益诉求。以下，我们从知识产权和海关法律的双重视角，透过涉外定牌加工的起因，一起来了解一下各方争议的焦点究竟是什么，以及企业应如何正确应对定牌加工的知识产权侵权纠纷。

一、境外合法商标权利人委托加工的产品，出口时为何被海关扣货

经常会有从事加工贸易的企业来咨询：境外的合法商标权利人和国内代工厂签订正式委托加工合同，相当于出具了合法的授权手续，货物加工完成后正常申报出口，海关为何扣留？

这种情况下海关扣货的主要原因是商标权的地域性。和其他知识产权一样，商标权具有严格的地域性，在某单个国家取得的商标权只能在该国获得保护，其他国家并不一定承认其权利。

举个例子，“ABCD”商标的权利人在美国拥有合法使用权，如果该权利人未在中国注册该商标，而该商标在中国被别人注册，则可能会出现美国的“ABCD”牌摩托车和中国的“ABCD”牌摩托车。一般情况下，美国的“ABCD”牌摩托车不会对中国的消费者造成混淆，而美国的消费者可能也不会知道中国的“ABCD”牌摩托车，两者相安无事，直到美国“ABCD”牌摩托车的权利人授权中国的加工厂生产“ABCD”牌摩托车并全部出口回美国。这时中国的“ABCD”商标权利人向海关申请扣留货物，就会出现境外合法商标权人美国“ABCD”商标权利人委托加工的产品，从中国出口时被海关扣货的情况。

再用美国耐克和西班牙耐克的例子来说明定牌加工可能引发的法律风险。大家都知道，著名的NIKE（耐克）品牌，公司总部1978年成立于美国。但早在1932年，耐克商标在西班牙就开始被使用，其商标权被一家西

班牙 CIDESPORT 公司合法享有。所以，当委托人拿着这家西班牙公司的授权委托书，委托中国境内的代工厂生产耐克品牌的滑雪服并准备出口到西班牙时，被中国海关依美国耐克国际有限公司的申请扣留了该批出口货物。国内代工厂、出口经营单位以及西班牙耐克的授权方，均被质疑涉嫌构成商标侵权行为。这是一起典型的涉外定牌加工知识产权边境保护案件。一审法院判决原告方美国耐克国际有限公司胜诉，包括西班牙 CIDESPORT 公司、中国浙江某进出口公司和浙江某制衣厂在内的三家被告必须立即停止侵权行为，并且赔偿侵权损失 30 万元人民币。

从这起典型案例中我们可以看出，在涉外定牌加工的商务活动中，代工厂需要在签订合同之前尽到合理审查义务，当拿到比较大的订单的时候，要对方出示商标授权的同时，也需要做相关的商业调查，查清楚在中国有没有权利人在同一类别中注册了同样或类似的商标。

二、涉外定牌加工案件，海关如何行使知识产权边境执法保护权

海关暂扣货物分为两种：依职权和依申请。涉外定牌加工的商标权争议，一类是国内注册商标权利人发现出口货物有侵犯其注册商标权的嫌疑，在发现货物出口时，向海关提出扣留申请。另一类是海关依职权主动对非备案商标权利人出口的货物进行扣留，行使知识产权边境保护的执法权。

海关的执法流程如图 8-1 所示。

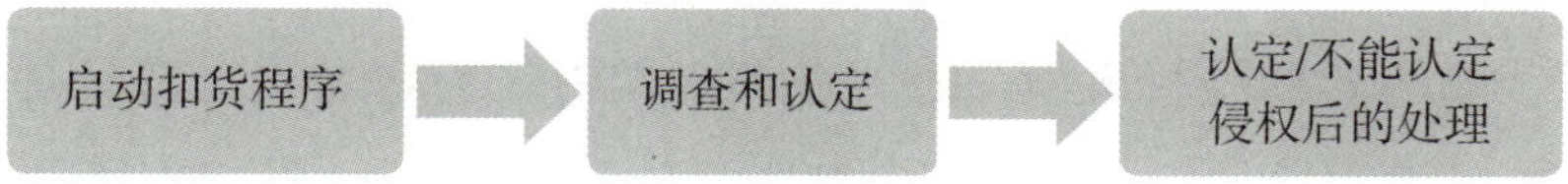

图 8-1　海关的执法流程

1. 启动扣货程序。依职权调查处理是指在海关的执法实践中，在出口申报环节，海关发现出口货物有侵犯备案知识产权嫌疑的，通知知识产权

权利人，权利人提出申请并提供担保的，海关应当扣留侵权嫌疑货物。依申请扣货则是由境内权利人或者权利人委托的律师发起，向海关提出扣留侵权货物申请并提供货物等值担保。

2. 调查和认定。依职权调查处理的案件中，海关发现进出口货物有侵犯备案知识产权嫌疑并通知权利人后，权利人请求海关扣留侵权嫌疑货物的，海关应当自扣留之日起 30 个工作日内对被扣留的侵权嫌疑货物是否侵犯知识产权进行调查和认定，海关在 30 个工作日内不能认定的，会将调查结果书面通知权利人。依申请扣货的案件海关不对侵权与否进行调查处理，申请人应尽快向法院起诉，如海关未在 20 个工作日内收到协助扣货的通知，则海关应当放行扣留货物。

3. 认定侵权或不能认定侵权后的处理。只有海关依职权处理的案件，才会进入海关调查处理及认定流程。海关对于侵权案件的处理，需经过海关调查并认定被扣商品构成侵权，才转入行政处罚程序。如果海关不能认定构成侵权，权利人应当向人民法院申请采取责令停止侵权行为，或者申请财产保全措施。

三、涉外定牌加工案件，海关执法和法院审查如何衔接

涉外定牌加工的问题，海关作为行政执法部门行使知识产权边境保护的行政权力，负责扣留涉嫌侵权货物，并且有权调查认定是否构成侵权，认定构成侵权的，依法予以行政处罚。海关审查的主要依据是出口行为人是不是知识产权的权利人，或者是否获得了权利人的授权。

对一般的商标侵权事项，海关在调查期内较为容易判定商品是否侵权。而涉外定牌加工的商品，海关很难在调查期作出侵权与否的判定。所以对于涉外定牌加工的商品，海关在扣留货物以后 30 个工作日的调查期内，通常不会作出构成侵权认定，但权利人还可以通过司法的渠道来救济。

涉外定牌加工的案件中，在行政机关不能作出侵权与否的判定时，法院通过当事人提起的确认侵权之诉或者确认不构成侵权之诉来做具体判定。如果权利人认为涉外定牌加工的产品构成侵权，应尽快向法院提起侵权之诉，并要求侵权人赔偿经济损失。

四、企业应如何应对侵权之诉

如果权利人和涉嫌侵权人双方争议不能通过和解解决，一旦进入诉讼程序，长达数年的一审、二审诉讼，将会对企业的正常生产、经营造成严重的间接影响。同时货物被海关扣留，无法按时发货导致违约、工厂停工等一系列的不利后果，会对企业造成比较严重的直接负面影响。

通过对具有代表性的各级人民法院几十宗涉外定牌加工案件的梳理，分析法院的裁判理由及其论证思路，我们对境外权利人、境内代工企业或者经营单位的建议是，应对侵权之诉，关键问题是证明涉外定牌加工的行为，不是《商标法》意义上的使用商标权，加工生产行为不会让境内的消费者产生混淆或者误认，不会对境内权利人造成实际损害等。

五、涉外定牌加工企业如何预防法律风险

涉外定牌加工是整个国际贸易链条中的一环，分析定牌加工是否构成侵权，需要从签订加工合同、采购加工物料、贴牌加工生产、返销申报出口等各个环节来综合研究，结合境内外两个不同法域的法律规定和司法惯例，作出分析判定。

根据目前的海关执法和法院司法实践，一般倾向于不将严格意义上的涉外定牌加工定性为侵权，但涉外定牌加工企业，仍需在上述各个环节尽到合理的注意义务，并进行合规审查，避免侵权纠纷的产生。

境内代工厂与境外委托方签订加工合同时，需要对境外委托方是否有品牌授权进行合理审查，尽到注意义务。另外，在委托加工合同中，双方

还应当约定如果出现货物被海关查扣，如何承担相应法律责任的条款。

同时，面对境内商标恶意抢注企业的侵权之诉，境内代工企业应当调整战略，易攻为守，主动提起确认不构成侵权之诉，并主张扣留货物造成的经济损失，可以大大增强侵权之诉中的主动地位。

第九章

主动披露、预裁定和税政调研等海关法律制度

我们经常教育小孩：“一个人不怕犯错误，怕就怕犯了错误不敢说出来”。我们不禁要问，为什么小孩犯了错误不敢说出来？原因很简单，说出来了，就要接受大人的批评与责罚。如果大人对小孩犯的错误能予以最大程度的包容，小孩肯定愿意主动说出来。但是，问题来了，犯错误不进行批评，是不是有怂恿错误的倾向呢？

企业申报错误后向海关主动披露错误情况，海关要不要再对企业予以处罚？如果照常处罚，没有人会披露；如果披露了就不处罚，那么，大家是不是都要犯点错误呢？万一没被发现不就“赚”了吗？实在不行，到时候主动披露就没事了。主动披露条件下的违规处罚尺度，到底掌握什么样的度比较合适？这就是海关主动披露制度要解决的法律问题。

主动披露法律制度确立于海关稽查业务，实施于海关行政处罚违规案件。企业在海关发现其违规行为之前，主动向海关披露其违规情事的，均可认定为企业主动披露。企业主动披露违规情事，海关可以对企业的违规行为予以从轻、减轻处罚，情节轻微并及时纠正，没有造成危害后果的，可以不予处罚。2019 年，海关总署发布了第 161 号公告，对涉税违规行为主动披露的，一律不予行政处罚，为企业主动披露法律制度的实施，奠定了坚实基础。

《中华人民共和国海关行政裁定管理暂行办法》，海关总署于 2001 年以总署令第 92 号的形式对社会公布，但实施效果不好，15 年间很少作出归类行政裁定，海关预归类制度也很少实施。根据《贸易便利化协定》第三条的要求，成员国海关应当以合理方式在规定时间内向申请人作出预裁定，包括商品归类预裁定。

因此，2017 年 12 月，海关总署公布了《中华人民共和国海关预裁定管理暂行办法》（总署令第236号），对不明确的商品归类事项，企业在货物进出口前，可以向企业注册地直属海关申请归类预裁定，海关受理申请后应当在两个月内作出归类预裁定决定并通知申请人，海关对特定企业作出的归类预裁定在全国范围内三年内有效，企业对归类不明确的进出口商品，多了一条明确商品归类的通道。

2000年，全国进口货物平均关税约为15%，2020年，平均关税降至约7.5%，国家每年对进口商品税率进行一次调整，哪些进口商品的税率要降低，哪些进口商品的税率要提高，哪些出口商品的退税率要进行调整，是依据税政调研后作出决定的，那么，企业在税政调研中可以充当怎样的角色呢？

第一节　企业主动披露违规情事的法律后果

一、背景综述

2015年9月23日，中国政府正式接受了世界贸易组织《贸易便利化协定》。该协定第六条3.6规定："如一当事人在一成员海关发现其违法行为前自愿向海关披露其违反海关法律、法规或程序性要求的行为，则鼓励该成员在确定对其的处罚时，适当考虑将此事实作为可能的减轻因素。"

2016年6月，国务院修订并颁布了《海关稽查条例》，确立了企业主动披露制度。作为《海关稽查条例》的重要修改内容，该条例第二十六条第二款规定："与进出口货物直接有关的企业、单位主动向海关报告其违反海关监管规定的行为，并接受海关处理的，应当从轻或者减轻行政处罚。"2016年9月，海关总署根据修订后的《海关稽查条例》，规定并公布了《〈中华人民共和国海关稽查条例〉实施办法》（以下简称《海关稽查条例实施办法》，海关总署令第230号），该办法第四章专门对主动披露制度做了具体规定，对企业主动披露的认定条件、主动披露的法律后果做了一些原则的规定。

尽管如此，在海关争议解决的法律实践中，主动披露仍存在诸多不明确的问题，对原则的规定容易产生不同的理解，导致执法不统一的结果。对此，我们通过对企业主动披露制度背景的剖析，阐释企业主动披露违规情事的法律后果，让进出口经营者了解此项制度能够给予的政策红利。

二、主动披露的认定标准

《海关稽查条例》及《海关稽查条例实施办法》规定，企业主动披露其违规行为，海关应当给予从轻或者减轻处罚，违法行为轻微并及时纠正，没有造成危害后果的，不予行政处罚。根据上述规定，企业主动披露其违法行为，视情节可以从轻、减轻或者不予行政处罚。所以，主动披露的标准认定显得至关重要。根据《海关稽查条例实施办法》第二十五条的规定："进出口企业、单位主动向海关书面报告其违反海关监管规定的行为并接受海关处理的，海关可以认定有关企业、单位主动披露。"上述定义可以细化条件如下：

（一）主动书面报告

主动书面报告是认定主动披露的核心条件，一是主动报告，二是书面报告。书面报告容易理解，由企业向海关书面出具的加盖企业公章的报告、情况说明等，都可以认定为书面报告；主动报告的关键是"主动"，是指在海关向企业核查、稽查或者调查之前，或者海关掌握企业违法事实、线索之前，企业向海关主动报告其违规事实的行为。"核查"是指海关后续监管业务中的中期业务核查，如加工贸易的中期核查、减免税货物的中期核查等，一般由稽查部门实施，但核查前没有法定的书面通知，仅以海关实施核查的人员到公司或者工厂实施核查为准；"稽查"是海关对企业制发稽查通知书为准，无论是常规稽查还是专项稽查，在稽查通知之前主动报告的，都算是主动披露；"调查"是指海关对企业的违法行为予以立案调查，一般以海关是否作出立案决定作为标准。但是，在企业主动报告之前，如果海关已经掌握了企业的违法线索，不能认定为主动报告。在执法实践中，海关是否事先掌握违法线索，普遍存在争议，海关证明掌握了企业的违法线索，需要书面证据予以证实，否则不能否定企业的主动报告情节。

（二）违反海关监管规定

企业主动报告的内容应当是企业违反海关监管规定的行为并查证属实的。如果企业向海关报告的内容仅仅是办理海关手续或者申报补税等情事，并不能认定为主动披露或者主动报告。

案例 1：某公司“先销后税”主动披露案

简要案情：某企业是经营加工贸易业务的公司，向海关申请了联网监管核销的电子账册，并向海关备案了“先销后税”业务，但在加工贸易业务经营过程中，当事人将保税料件和部分成品内销后，超过四个月没有向海关申报补税内销，上述行为根据规定已经构成违规，四个月后当事人主动向海关申报内销并要求纳税，被海关查获。

案件处理：当事人的上述申报行为不能认定为主动披露或者主动报告，不能作为减轻处罚或者不予处罚的一个条件，因为当事人主动报告的内容不是“先销后税”的违规情事，而是主动申报货物内销的行为，并且当事人对超期申报的违规行为进行了隐瞒，所以，不构成主动披露。

（三）接受海关处理

这个条件一般情况下都能满足，既然企业选择了主动披露，就表示愿意接受海关处理，可以认为这个条件并不是刚性条件，可以忽略。

三、主动披露的海关处理

对企业主动披露本企业违规情事的行为，海关给予相应的鼓励政策，并通过行政法规和海关总署规章的形式给予了明确。对海关稽查案件或者行政处罚案件，如果海关认定符合主动披露条件的，根据案件的不同情形，海关应当分别给予三种不同的优惠处理政策。

（一）不予行政处罚

1. 对程序性违规案件，即当事人违规情事不涉及偷漏税款或者出口退税，也不涉及进出口许可证贸易管制，涉及货物更不属于禁止进出口货物，仅仅是没有按规定申报或者办理海关手续，事后向海关主动报告的，并能够及时纠正的，可以不予行政处罚。

案例 2：某公司外发加工主动披露案

简要案情：2016 年 1 月，海关对某公司的加工贸易业务予以中期核查，在中期核查之前，当事人向海关主动报明了其经营加工贸易手册外发加工椴木板的违规情事。2016 年 2 月，海关对当事人的违规情事予以立案调查，查明当事人的外发加工违规行为属实。

案件处理：由于当事人在海关中期核查前主动报明全部违规事实，而且外发加工行为不影响海关税款征收，属于程序性违规，根据上述规定，应当不予行政处罚，某海关做出了不予行政处罚的决定。

2. 对漏税情节轻微的案件，即漏缴税款占应缴纳税款比例比较低，且企业漏缴税款数额较低，或者可能多退税款占应退税款比例较低，且可能多退税款的数额较低。上述影响税款征收或者出口退税违法情节轻微的案件，在主动披露条件下，也可以不予行政处罚。如果案件还在稽查阶段，海关稽查部门可以不移交缉私部门立案调查，直接作稽查补税处理即可。如果案件已经立案调查，海关可以作出不予行政处罚的决定。

（二）减轻行政处罚

这是最核心的优惠政策，企业对其最为关心。对于主动披露的海关行政处罚案件，除了符合不予处罚条件的，在一般情况下，均可以给予减轻处罚。减轻处罚应当按照下列标准执行：

1. 违反海关监管规定，以货物（物品）价值为基准处罚的案件，处以货物（物品）价值 5% 以下的罚款。

2. 违反海关监管规定，以漏缴税款为基准处罚的案件，处以漏缴税款 30% 以下的罚款。

3. 违反海关监管规定，以申报价格为基准处罚的影响国家出口退税管理的案件，处以可能多退税款 30% 以下的罚款。

案例 3：某公司出口货物申报价格错误主动披露案

简要案情： 2014 年 9 月 16 日，某公司委托快运代理公司，向海关申报一般贸易出口印刷线路板 3085 块，申报商品编号为 8534001000，对应出口退税率为 17%，申报总价为 CIF 2378997 美元。海关审单放行后，某公司于 2014 年 11 月通过报关公司向海关提出原申报金额有误，申请将总价更改为23789美元，之前的价格比其高报100倍。2015年1月，当事人主动向国税局申请变更相关退税记录。

案件处理：海关经调查认定，当事人行为属于价格申报不实行为，影响出口退税管理，但当事人主动披露违规事实，根据《海关法》第八十六条（三）项、《海关行政处罚实施条例》第十五条（五）项的规定，处可以多退税款10%的罚款人民币24.7万元（约占申报价格的1.7%）。

（三）从轻行政处罚

对当事人不属于主动披露但类似主动报明的行为，如在海关稽查或者调查过程中，企业主动报告了海关尚未掌握的违法事实，海关在一般情况下，会给予从轻处罚，并根据法定从轻处罚的低限处理或者接近低限处理。

（四）减免滞纳金

对主动披露并补缴税款的进出口企业、单位，海关可以减免滞纳金。

第二节　主动披露的痛点、难点及其解决方案

近日，海关总署邀请各界“开门立法”，征求对“主动披露”事项的立法建议，30多位参会人士（企业、学者和律师）直击痛点，对企业主动披露面临的困难和问题，知无不言，并从贸易实践、法律理论和立法技术的角度提出了立法建议，希望在《海关法》及相关法规的修改过程中，能够吸收采纳。

一、主动披露的企业痛点

（一）不知如何披露

现行海关法律规范中，鲜见主动披露的程序规定，即企业通过什么样的渠道、方式，向海关的哪个部门披露违规事项，唯有《海关稽查条例实施办法》第二十六条规定："进出口企业、单位主动披露应当向海关提交账簿、单证等有关证明材料，并对所提交材料的真实性、准确性、完整性负责。"上述规定的意思是，企业披露之时，不要空口说白话，要带着证明自己违规情况的证据向海关披露。除此之外，海关的现行规定，并未指出一条披露的路径，使企业感到披露无门。披露是通过书面方式还是通过口头方式？是通过面呈还是通过邮寄？是通过电子邮件还是通过电子口岸？是对注册地海关还是对口岸海关？是对稽查部门还是对缉私部门？因上述问题均无明确规定，海关感到受理披露缺乏依据，企业感到披露违规四处碰壁，笔者建议海关尽快规范程序规定，给企业主动披露指明一条道路。

（二）不知披露的法律后果

对主动披露，企业关注的核心问题是：主动披露之后海关将如何处理？害怕"主动披露"变成了"自投罗网"。《海关稽查条例》第二十六条规定：主动披露的，海关应当从轻或者减轻处罚。《海关稽查条例实施办法》第二十七条规定：主动披露的，海关应当从轻或者减轻行政处罚，情节轻微并能及时纠正的，不予行政处罚。除此之外，海关没有更加具体的关于企业主动披露应当如何处理的公开信息。根据上述规定，无论是"减轻处罚"还是"不予处罚"，都是比较模糊的概念，企业主动披露自身的违规情况后，海关将如何处理，不可预期。

所以，很多企业在披露之前开始纠结：什么情况下海关可以不予处罚？什么情况下海关将减轻处罚？减轻处罚的罚款幅度是多少？企业无法对主动披露的上述法律后果做出准确的预期，这是很多企业选择观望而不敢披露的主要原因。

（三）不知是否信用降级

海关对违规行为的主要处罚方式是罚款，这显然会增加企业的经营成本，但是，罚款对企业最大的负面影响，不是增加企业经营成本，而是信用降级，这是企业最担心的事情。如果被降为失信企业，这对进出口贸易企业来说，无异于“灭顶之灾”。所以，主动披露制度实施三年以来，选择主动披露的企业寥寥无几，这可能是其最重要的原因之一。

二、主动披露的海关之难

主动披露制度实施三年以来，企业一直在观望，并通过各种渠道向海关提出诉求：能否对主动披露的企业一律不予处罚？假如海关能够做到一律不予处罚，企业在自查中发现申报错误之后，肯定都去主动披露。海关对企业的上述诉求，高度重视、认真研究，然而，得出的结论似乎是“对不起，做不到”。

为什么呢？笔者认为，不是海关不想做，而是不能做，理由如下：

（一）海关执法负面导向

如果主动披露一律不处罚，会引导“打擦边球”“抱侥幸心理”的部分企业先犯错、再伺机披露，反正不需要犯错成本。

（二）一律不罚有失公平

正确申报和违规申报同等对待，无异于奖励违规申报；对高信用等级的企业主动披露，一律不予处罚，对一般信用或者失信企业的主动披露，予以行政处罚，不符合法律面前人人平等的法律理念。

（三）不符合国际通行做法

主动披露违规事项，对披露者给予从宽处理，这是各国海关的通行做法，因此，对主动披露一律不予处罚，似乎不符合国际通行做法。WTO《贸易便利化协定》第六条的3.6项规定："如一当事人在一成员海关发现其违法行为前自愿向海关披露其违反海关法律、法规或程序性要求的行为，则鼓励该成员在确定对其的处罚时，适当考虑将此事实作为可能的减轻因素。"可见，主动披露是减轻处理的因素，一律不予处罚没有法律依据，也不符合国际通则。

所以，对于主动披露，海关目前面临着两难选择：主动披露一律不处罚，具有较大的海关执法风险，海关不能松口；主动披露给予从轻、减轻处罚，因法律后果无法预期，企业不去主动披露，主动披露的法律制度无法实施。

综合上述现状，笔者提出以下解决方案，供在《海关法》修改过程中参考。

三、主动披露问题的解决方案

对主动披露，企业有痛点，海关有难点，如果能够制定披露路径清晰、处罚幅度合理、披露结果可预期的披露规则，则可解决上述两难问题。

（一）明确披露程序

企业想向海关主动披露，首先要明确告诉企业向谁披露？笔者认为，海关对企业的主动披露事项，可以实施单一窗口管理。具体的披露事项由谁立案处理，海关可以在受理之后再进行内部分工。例如，海关可以规定，企业主动披露事项一律向企业注册地海关的稽查部门披露，但如果需要行政处罚的，稽查部门移交缉私部门立案处理。其次，告诉企业以什么方式披露，是通过递交纸质申请的方式？发送电子邮件的方式？或者从电子口岸的通道递交申请的方式？海关对此应当予以明确。

（二）降低处罚幅度

企业不愿意或者不敢主动披露的原因之一，是害怕披露之后面临高额的罚款。根据现行的法律规定，主动披露的，海关可以减轻处罚，即对涉税申报不实行为，处漏缴税款30%以下的罚款，对以货值作为罚基的案件，处货值5%以下的罚款，但是，具体的减轻幅度是多少？是漏缴税款的20%、10%还是5%？货值的3%、2%还是1%？海关没有明确，企业没有预期。根据海关目前执法实践中掌握的一般标准，主动披露处漏缴税款20%以下的罚款，企业普遍认为，这个处罚幅度过高。

笔者建议：主动披露减轻处罚的幅度降为漏缴税款10%以下，或者案值1%以下，更加合理。另外，对于主动披露的案件，情节轻微不予处罚的，情节轻微的标准可以设定为：漏缴税款人民币25万元以下的，不予处罚，调整为漏缴税款50万元以下的不予处罚，更加合理。

（三）公开处罚规定

企业不敢披露的另一个重要原因，是海关的主动披露政策红利不透明，虽然海关内部掌握一定的减轻处罚幅度标准或者不予处罚的条件，但是，这些政策规定属于内部的规范性文件，不公开透明，企业对其并不知道，无法对披露的后果做出预期。

笔者建议：海关在完善合理的减轻处罚幅度标准后，应当及时将减轻处罚幅度以行政法规或者部门规章的形式依法对外予以公布。

（四）不作信用评价

信用降级是企业最为担心的。能够主动披露自己做错了事情，说明是一个知错就改的守信之人，海关既然鼓励这种做法，再对其调低信用等级，有些相互矛盾，显得不太合理。

笔者建议：因主动披露被海关处以一定数额罚款的，不论罚款数额多少，都不应当将其作为评价企业信用等级的依据，但海关现行规定罚款人民币50万元以下的，不作为信用评价的依据。言外之意，虽然主动披露但被罚款人民币50万元以上的，还是有可能被降级。

最后，建议将主动披露制度上升为海关法律层级，在《海关法》修订过程中予以确立，而不仅仅是规定在《海关稽查条例》之中，因为主动披露制度应当适用于海关执法的全过程，而不仅仅是海关稽查。

第三节　主动披露，不能“包治百病”

2019年10月17日，海关总署发布了第161号公告《海关总署关于处理主动披露涉税违规行为有关事项的公告》（以下简称“本公告”），对此，外贸企业喜闻乐见，如久旱逢甘露，本公告一时成为行业的热点，点击浏览量也突破新高。

笔者读后，发现海关对企业主动披露释放的政策红利，前所未有，优化营商环境的海关诚意可见一斑。但本公告内容容易引起歧义和误读，应当予以关注，特意在此提醒相关企业：主动披露，并非“包治百病”。

一、非涉税的违规行为，不在免责之列

本公告规定：在海关发现前主动披露影响税款征收的违反海关监管规定行为（以下简称“涉税违规行为”），适用本公告。所谓“涉税违规行为”，即企业违规导致少缴或者漏缴税款的行为，如，进口货物税号申报不实，导致漏缴税款的行为；进口货物低报价格，导致漏缴税款的行为；减免税设备移作他用，导致漏缴税款的行为；加工贸易保税料件短少，导致漏缴税款的行为等，均属于涉税违规行为。本公告规定，上述行为在发生后的三个月内向海关主动披露的，都可以免责。但是，非涉税的违规行为，并不在免责之列。

（一）影响国家许可证件管理的行为，不是涉税违规行为，不能免责

根据《海关行政处罚实施条例》第十五条（三）（四）项的规定，法律上是明确区分“影响进出口许可证管理的违规行为”与“影响税款征收的违规行为”的，影响许可证管理并非涉税违规，属于“涉证违规行为”。对此，即便企业予以主动披露，也不在本公告规定的免责范围之内。

另外，如果企业的违规行为涉及国家禁止进出口的货物，同样也不在

涉税违规范围之列，不能根据本公告予以免责。

（二）影响海关统计和海关监管秩序的行为，不是涉税违规，不能根据本公告免责

影响海关统计或者监管秩序的违规行为，如税号、贸易方式等申报错误，但不影响税款征收的，构成“统计违规”或者“监管秩序违规”，根据本公告的规定，不影响税款征收的，不在主动披露免责的范围之内。

那么，如果企业审计发现某票进口货物的运输方式等申报错误，构成统计违规，事后向海关主动披露，海关应当如何处置呢？能否根据本公告的规定不予行政处罚？根据本公告的规定，显然是不行的。

笔者认为，对漏税的违规行为，可以不处罚，对不漏税的违规行为，却要处罚，显然不合理。对影响统计或者监管秩序的违规行为，企业向海关主动披露的，当然也可以不予行政处罚，但法律依据的不是本公告，而是海关的其他规定。

（三）影响出口退税的违规行为，不属于涉税违规，不能免责

出口退税，是指税务部门退还在国内已征的增值税，而“海关税款征收”是指海关征收的进口关税，以及海关代征的进口环节增值税和消费税等。笔者认为，“出口退税”不属于《海关法》意义上的“税款征收”，影响出口退税的违规行为，也不属于影响税款征收的行为，所以，出口退税违规案件不属于本公告主动披露可免责的范畴。

根据《海关稽查条例》及《海关稽查条例实施办法》的规定，对于影响出口退税的违规行为，企业主动披露的，可以减轻处罚，情节轻微并及时纠正的，可不予行政处罚。

二、不予行政处罚，并非不构成违规

本公告规定：“进出口企业、单位主动披露涉税违规行为，有下列情形之一的，依据《中华人民共和国行政处罚法》第二十七条的规定，不予行

政处罚。”

上述规定的“不予行政处罚”，是指不移交缉私部门处理或者海关不立案调查？还是指海关可以作出“不予行政处罚决定”？笔者理解的本公告的意思应当是不移交缉私部门处理。但是，该规定的表述，在执法实践中，可能会引起诸多的误读和争议，海关和企业均应当予以高度重视，提早预防。

《行政处罚法》第二十七条第二款、第三十八条规定：对违法事实不能成立的，不得给予行政处罚，但对违法行为轻微的，不予行政处罚。本公告规定情节轻微不予行政处罚，显然是指后者。所以，当企业对涉税违规行为主动披露之后，海关可以依法将违规线索移交缉私立案处理，并作出不予行政处罚决定，即“定过免罚”。

对这一点，企业更应当予以高度关注，企业涉税违规的主动披露，海关可以既往不咎，但不等于不能作违规定性。

三、不予行政处罚的，是补税一年还是追税三年

企业主动披露涉税违规的事项，如果海关依据本公告，不将案件移交缉私立案处理，而直接对企业补税，那么，是追征三年漏缴税款，还是补征一年漏缴税款？

笔者认为，对主动披露不予行政处罚的违规行为，追征三年漏缴税款，具有合理性但不具有合法性。一个本来构成违规需要处罚的事情，海关免除罚款，对企业所漏税款在三年内予以追缴，当然合理；但是，根据《海关法》第六十二条的规定，对违规行为，海关可以在三年内追征税款。那么，没有立案调查，没有依法作出“违规认定”的行为，海关在三年内追征税款，似乎于法无据，只能在一年内补税。

四、主动披露即便不能免责，也均可减轻处罚

本公告只规定了主动披露的免责事由，对于涉税违规行为，企业在三

个月内主动披露的，可以免责；如果超过三个月、偷漏税款在50万元人民币以下的，也可以免责。但是，如果在漏税金额超过50万元人民币的违规案件中，企业超过三个月才向海关披露的，根据上述规定不能免责。那么，这些主动披露的不免责行为，海关有没有其他鼓励政策呢？

根据《海关稽查条例》《海关稽查条例实施办法》及海关其他规范性文件，海关对所有主动披露的违规案件，均可以减轻处罚或不予处罚。但是，本公告并没有涉及减轻处罚的内容，对依法可以减轻处罚的事项，应当根据其他法律规定予以处理。

对主动披露行为予以减轻处罚的罚款幅度，目前还是海关内部规范性文件，属于海关内部执法参考，建议海关尽早予以公布，使企业对主动披露的结果有一个准确的预期，鼓励企业主动披露，引导贸易合规领域形成惩恶扬善、知错就改的良好营商环境。

最后，笔者对主动披露免除行政处罚的海关公告，是否符合《行政处罚法》的相关规定，心存疑虑，其法律效力有待诸君进一步评判。

第四节　海关商品归类预裁定的法律制度

一、归类预裁定综述

根据进出口商品归类规则，每一种进出口商品都有相对应的商品编号，每一个商品编号都有相对应的进出口关税税率和出口退税率。进出口企业向海关申报进出口货物，不但需要申报货物的商品名称，同时也应当根据商品归类规则向海关如实申报进出口货物的商品编号。

根据《海关法》第四十二条第一款的规定，进出口货物的商品归类按照国家有关商品归类的规则确定。法律虽然没有授权海关对商品归类的最终审核判定权，但在进出口贸易实践中，第三方机构（中介服务机构）尚未具备对各类商品归类研究并作出权威判断的综合能力，所以，海关仍为最具权威性的归类审核机构。

商品归类是一项技术性较强的工作，尤其一些新产品（如智能机器人、可穿戴智能设备等）的构造、性能、用途、材料与传统商品不同，这些商品的归类确定难度大、技术性强，在进出口之前需要提前向海关提请归类预裁定，以便企业正确申报商品归类，控制企业税收成本，或者减少因税则号列申报不实而被海关行政处罚的法律风险。

“预裁定”的定义见 WTO《贸易便利化协定》第三条要求，“每一成员应以合理的方式并在规定时限内向已提交包括所有必要信息的书面请求的申请人作出预裁定。如一成员拒绝作出预裁定，则应立即书面通知申请人，列出相关事实和作出决定的依据。”上述“预裁定”包括归类预裁定、原产地预裁定和完税价格预裁定。本节仅探讨归类预裁定制度。在目前的相关法律框架体系范围内，我国海关尚未制定完善的归类预裁定制度，也未准确界定归类预裁定的概念，海关正在实施的预归类措施和归类行政裁定不能满足归类市场的实际需求，企业正在期待海关在现行的预归类和归类行政裁定的基础上制定一套高效的归类预裁定制度。它与海关归类行政裁定、商品预归类的概念既有区别又有关联，具体定义分述如下：

1. 归类行政裁定是指海关在货物实际进出口前，应外贸经营者的申请，依据《海关法》第四十三条和《中华人民共和国海关行政裁定管理暂行办法》（海关总署令第 92 号）的规定，对拟进出口货物的商品归类事项作出具有普遍约束力的行政决定。

2. 商品预归类是指企业在货物实际进出口前，向海关提出对拟进出口的货物归类的申请，海关（归类职能部门或者归类分中心）对企业申请的具体商品归类事项作出的在本关区范围内实施的归类决定。

3. 归类预裁定是指进出口货物在实际进出口前，由在海关注册登记的进出口货物经营者以海关规定的形式向海关提出申请，海关依据有关规定确定税则号列并出具“海关商品归类预裁定决定书”的行为。

制度价值：归类行政裁定的法律效力属于部门规章或者海关总署公告，作出归类行政裁定的程序复杂严谨，约束性程度高，但此项制度的实施效率较低，2001 年颁布至今才作出不到十个的归类行政裁定。在法律效力层面，归类行政裁定的法律效力层级最高，其裁定结果对所有参与进出口贸易企业的相同商品在全国范围内长期有效；商品预归类是直属海关做出的具体商品归类意见，只在本关区对申请企业有效，对其他关区和其他企业均无效力；归类预裁定制度目前尚未确立，其制度设计的价值目标应当是介于上述两者之间的一种制度，比预归类法律效力更高，适用范围更广（全国），是预归类的升级版，但较归类行政裁定的程序更简单，归类分中心或者直属海关归类职能部门就能高效完成，归类预裁定原则上只对申请企业有效，但其他企业可查询、可参考、可借鉴。总体来说，制度设计上预裁定制度应当兼顾制度实施的高效性和裁定效力的权威性两个特点。如果仅关注权威性和效力层级，可能就会失去制度实施的高效性，制度可能成了摆设，对企业来说没有意义；如果仅考虑实施的效率，忽略归类裁定的法定程序和法律效力，海关即便作出更多的归类预裁定，也不具有权威性，而且囿于区域效力的局限性，影响海关执法的全国统一性。

下面重点分析 2001 年颁布但未充分实施的《中华人民共和国海关行政裁定管理暂行办法》，归类预裁定制度应当从中参考吸收有价值的成分。

二、归类行政裁定的相关制度

（一）商品范围

企业对哪些商品可以申请归类行政裁定？根据现有法律规定，我国海关没有限制归类行政裁定的商品范围，也就是说，理论上所有进出口商品都可以申请行政裁定，但在一般情况下，明确的商品归类事项，企业不需要向海关申请归类裁定，申请归类预裁定的商品应当同时具有以下两个特征：1. 商品归类不明确，即归类存在争议或者归类技术难度较大；2. 申请企业大量进口此类商品，商品归类对申请人缴纳税款、出口退税或者贸易管制的影响较大。例如：某公司为小型客车配件跨国供应商，需要每年从美国等国家向中国进口大量“汽车空调散热器芯”和“汽车空调加热器芯”（英文名称均为 HEATER CORN）等商品，公司认为该空调加热器芯的商品编号应当归入税则号列 84159090（关税暂定税率均为 6%），美国、捷克和泰国等国海关均认可公司的上述归类，但我国海关认为上述“汽车空调散热器芯”等商品是汽车的供暖部件，其热量来源于车辆发动机，无电气部件，其功能是散发热量用于车辆的供暖及除霜，符合《海关进出口税则——统计目录商品及品目注释》关于税则号列 87082990 项下车辆零件所作的描述，建议归入 87082990 这一税则号列（关税税率为 10%）。上述两种商品编号对该公司的进口关税影响较大，而且进口商品归类存在一定的争议，此类商品适合向海关总署或者授权机构申请归类行政裁定，以便确定该商品在中国大陆的归类申报及税款核定，避免再次产生被海关处罚的情事。

（二）申请主体

根据海关总署令第 92 号的规定，提出归类行政裁定的申请人应当是进出口业务的收发货人（即经营单位）。根据上述现行法律规定，国内的实际收发货人（生产销售单位或者消费使用单位），不是预归类申请人的合格主体，向海关申请归类预裁定，海关将不会受理。但笔者认为，如果实际收发货人同时也是海关备案注册的外贸主体，可以向海关申请预裁定，海关拒绝此类主体申请归类行政裁定的理由似乎不够充分。

（三）申请时间

除特殊情况外，海关行政裁定的申请人，应当在货物拟进口或出口的三个月前向海关总署或者直属海关提交书面申请。归类预裁定应当在货物进出口之前的合理时间内向海关提出申请，但在提出归类预裁定时，企业或者海关如何准确预判将来货物进出口的时间，这个恐怕很难确定，有待进一步研究，需要借鉴其他国家海关归类预裁定的经验。

（四）受理期限

海关总署或授权机构应当自收到申请书之日起 15 个工作日内，审核决定是否受理该申请，并书面告知申请人。对不予受理的应当说明理由。申请人也可以将申请材料向企业所在地的直属海关提交，对符合要求的申请材料，直属海关应当在三个工作日内向海关总署或者授权机构转交；如果海关发现申请人提交的申请材料不齐，应当书面通知申请人在 10 个工作日内补齐。

（五）期限和效力

海关应当自受理申请的 60 日内作出行政裁定，海关行政裁定的法律效力相当于部门规章，在全国范围内对所有的企业长期有效。行政裁定结果由海关总署在全国范围内公告，自公告之日起，在中华人民共和国关境内统一适用此行政裁定结果，其他企业、其他关区、其他时间进出口相同的商品，均可适用该行政裁定。除非作出归类预裁定的依据发生了改变，由海关总署重新作出公告改变原行政裁定。

三、归类预裁定制度的改善建议

我国归类行政裁定法律制度已经颁布实施多年，目前存在的主要问题不是法律依据问题，也不是制度缺失问题，而是实施不到位。实施不到位的原因有很多：有行政裁定出台背景（WTO）的问题，有程序复杂、工作量太大的问题，也有企业归类合规意识薄弱的问题。制度上的不合理因素需要在立法层面及时予以修改，制约归类行政裁定实施的一些关键因素也需要在海关通关制度改革过程中予以破解。建议如下：

（一）申请主体的限制

目前海关规定：归类行政裁定的申请主体仅限收发货人（即经营单位）有权提出申请，生产销售单位或者消费使用单位（即实际收发货人）无权申请归类行政裁定。上述申请主体的范围过窄，在修改《中华人民共和国海关行政裁定管理暂行办法》时建议予以调整。

（二）申请时间的限制

申请人应当在货物实际进出口时间的三个月前提出申请，这个规定不但不合理，海关也无法核实申请人是否在申请三个月以后实际进出口该货物，建议在制定归类预裁定制度时予以调整。

（三）制度实施的限制

《海关法》和海关总署令第92号明确规定了归类行政裁定的实体和程序，但从2001年该项制度颁布至今，海关做出归类预裁定的案例仅为七件，基本集中在上海自贸区范围内，其他海关极少受理归类预裁定申请，制度实施不充分。制约此项制度充分实施的具体原因是什么，有待海关和企业共同剖析和研究，并在海关设计新的归类预裁定制度时予以改善。同时，应当充分考虑制度使用主体的需求，制度使用者应当有机会参与到制度设计的过程之中。

第五节　税政调研——企业可以扮演什么角色

2020年是“黑天鹅”频出之年，新冠疫情在全球肆虐，尚未寻到根治良方，各国经济有陷入长久衰退的风险，各国减税、发债、降息……刺激经济的措施迭出。

在进出口贸易领域，降低进口关税，提高出口退税，是我国应对新冠疫情冲击的基本措施。以进口猪肉、医药制品和高新设备为例，2020年，中国对冻猪肉实施进口暂定税率，税率由12%降至8%，下降了1/3；对治疗哮喘和新型糖尿病药品的生产原料，实施零关税，旨在降低用药成本，促进新药生产；为支持高新技术产业发展，新增或降低半导体检测分选编带机、高压涡轮间隙控制阀门、自动变速箱用液力变矩器、多元件集成电路存储器、光刻胶用分散液等商品，实施进口暂定税率。这些税收优惠政策的出台，并非官方拍头脑的决策，而是基于一项进出口贸易政策的形成机制——税政调研。

什么是税政调研？谁可以参与税政调研？为什么需要参与税政调研？什么时候参与税政调研？如何参与税政调研？下面，我们从“4W1H”（4个“W”和1个“H”）的角度，带你认识税政调研。

一、WHAT——税政调研是什么

税政调研是指，海关总署等国家行政主管部门根据国家宏观经济形势，结合企业、行业发展的合理诉求，针对进出口税则子目、进口暂定税率、监管条件等内容，向国务院关税税则委员会等有关部门提出税收政策调整建议的活动，税政调研是企业参与国家进出口贸易和税收政策制定的有效“通道”。

新增税号、删减税号、降低暂定税率、提高暂定税率、调整出口退税率，以及调整商品税号等，都可以通过税政调研的途径来完成。企业根据所在行业，从年度热点、技术升级、鼓励发展、农产品出口、优化税则等不同的角度，提出税政调研报告，参与国家关税政策的制定，从而达到优化和降低进口产品成本的目的，以应对复杂多变的国际贸易形势。

二、WHO——谁可以参与税政调研

进出口企业或者行业协会如认为现行税收政策和贸易管制政策不合理，影响企业或者行业发展，如：商品归类不合理、税则税号设置有缺陷、贸易管制条件不适当、税率设置水平不平衡、出口退税率设置欠公平等，都可以以税政调研的方式，通过海关总署等部门，向国务院税则委员会提出修改、调整现行政策的意见，以解决企业或者行业长期存在的难题。

一般来说，只要有需求的进出口企业和行业协会，都可以通过海关总署、工信部、税务总局等部委，根据具体行业情况向国务院关税税则委员会提出关于《税则》修订的议案。修订议案的内容既包括新增、取消、提高或者降低商品的暂定税率，调整暂定税率的适用范围，也包括增设新的本国子目和监管代码，修改本国子目条文和注释，重新确定更加恰当的税目等内容。

2020年，国家进出口经济的总体形势和税政调研的侧重点，受到疫情在国外蔓延以及中美贸易摩擦的影响，在国内深化供给侧结构性改革和强化创新驱动的大形势下，对国内亟需的先进技术设备、关键零部件和能源原材料等税政调研报告反映的问题，被采纳的概率将更高。关系国计民生、绿色环保、农产品出口、产业技术升级等，都是2020年税政调研的热点和重点行业（见图9–1、图9–2）。

与新冠疫情相关的行业和医疗产品是2020年的年度热点，如果将其作为2020年的税政调研选题，再提交合理化税政调研报告，则会大大增加被采纳的概率。

图9–1 2020年税政调研重点和热点（一）

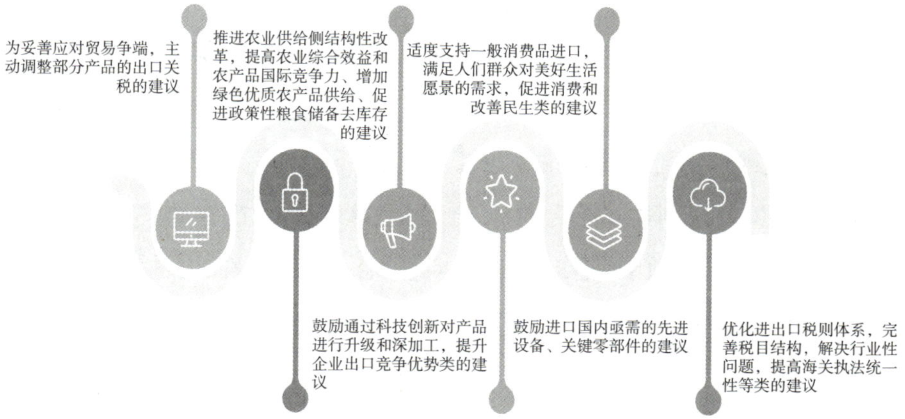

图 9-2　2020 年税政调研重点和热点（二）

三、WHY——企业为什么需要参与税政调研

俗语道：“谁难受谁知道”。企业最知道市场，也最了解政策的优劣，某些领域进出口税收的不合理性，企业是最敏感的，也是最有发言权的。但是，如果企业自己不发声，消极等待政府的“阳光普照”，大多数企业可能在第一缕“阳光”来临之前，已经倒在黎明前的那一瞬间。

如果你是一个聪明且有实力的企业，不但关注当下，而且未雨绸缪，不但关心自己，而且引领行业，那么，你就具有税政调研的担当和使命：组织调研发现问题，通过主管部门反映问题，依托税政机制解决问题。

（一）税政调研可以助力企业降低税收成本

提高鲜苹果的出口退税率，部分原料药进口关税降为零，为黑茶增加专门税号等，这些都是通过税政调研降低进口关税率、提高出口退税率的典型案例。

（二）税政调研可以化解企业难解之题

我们曾经帮助企业处理过一个案件，涉及企业进口货物被海关化验鉴定为固体废物，经过律师从法律救济的途径，使该批货物得以顺利通关入境，但该类货物是否属于贸易管制的货物，行业主管部委与海关的意见尚未统一。该类问题如果通过税政调研得以明确，相关行业即可更为有序地发展。

（三）税政调研可以化解纳税争议

国务院关税税则委员会，每年对《税则》进行一次更新。企业可以通过行业协会、主管部门或者企业自行向直属海关、海关总署提出商品归类及所适用税率的意见和建议，海关总署认为相关意见具有代表性、合理性的，将会向税则委员会提出修改建议，一旦被采纳，则将从根本上化解企业与海关之间的纳税争议。

（四）税则调研是解决跨境电商等贸易新政的有效途径

跨境电商是一种新型贸易方式，与传统贸易方式在税收水平、监管方式和管制政策等领域，均有较大不同，同时，也隐藏较大的贸易法律风险，跨境电商的相关龙头企业，可以通过税政调研途径，提出相关政策建议，解决制约该行业发展的政策瓶颈。

四、WHEN——企业参与税政调研的时间节点

每年年初的时候，开启新一轮的税政调研工作，调研时间节点见图 9-3。

1 ~ 3 月，海关会向社会发布通知或公告，征集新一年的税政调研课题，企业可及时向海关提交课题及详细的报告；

4 ~ 5 月，海关会就相关课题开展调研并形成调研报告，企业可在此期间通过海关到企业的实地调研，输出观点和意见；

7 ~ 8 月，海关会根据调研的情况整理汇总调研报告，并上报海关总署；

9 ~ 11 月，海关总署将汇总各关的调研意见，形成海关总署的调研意见，提交国务院关税税则委员会审议；

12 月末，国务院关税税则委员会公布税则的修订情况。同时，企业可

以看到自己的意见是否被采纳。

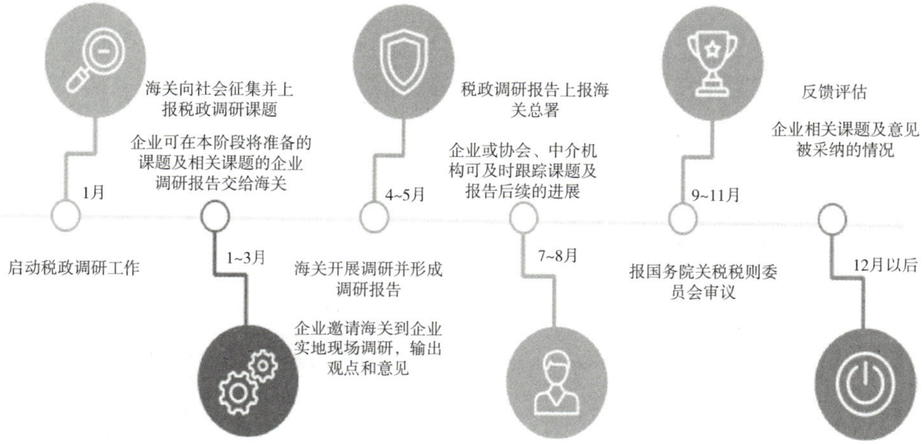

图 9-3　税政调研时间节点

五、HOW——企业如何参与税政调研

海关向社会公开征集课题的时候，企业按要求向属地海关报送“税则修订调整建议表”并随附调研报告。

那么，企业如何写出一份有分量且容易被采纳的调研报告呢？

（一）选择课题

虽然《税则》年年都调整，但调整的幅度并不大。哪类产品可能优先被纳入税则调整的范围，是企业关注的重点信息。企业可以根据每年税政调研的热点问题，结合国家经济贸易的形势、行业的普遍性问题以及企业面临的具体问题，找好切实可行的选题。

顺应政策走向，解决行业共性问题，是选题的关键。例如，纺织品行业、汽车行业的企业，从产业链的角度考查，可能会发现进口原材料及半成品的税率高于进口成品的税率，出现税率倒挂情况，由此切题，就很容易引起关注。

（二）调研报告

一份容易打动决策者和专家的报告，不但要注重选题，还要具备丰富的内容。对议案涉及的具体的商品描述，涉案商品在行业中的地位，该行业的进出口经济环境的背景介绍，现行政策存在的问题以及负面影响，均需要提供相关有说服力的数据，进行利弊比较分析，在此基础上提出《税则》修订建议或者其他可行性修订方案，更容易被主管部门接受。

笔者认为，龙头企业或者行业协会最深入市场，最了解市场，可以扮演税政调研的主要角色。但是，目前市场主体对税政调研的参与意识不强，政府主导、企业协助的模式，还是税政调研的主要形式，这种状况可能影响税政调研的效率，抑制税政调研制度发挥应有的作用，其实，龙头企业和行业协会，可以充分利用国家税政调研机制，成为货物进出口政策的真正制定者，成为主导税政调研的主要力量。

第十章

贸易合规的相关立法建议

《海关行政处罚实施条例》颁布实施于2004年，至今也已经长达16年之久。十几年来，我国进出口贸易方式及其海关监管规定已经发生了巨大的变化，《海关行政处罚实施条例》的一部分内容也已经不再适应进出口贸易和海关监管规定的需要，几项重要制度亟待进行调整和修改。如，对海关行政处罚的责任主体、程序性违规的处罚幅度和走私行为的处罚方式等问题，笔者根据对海关行政处罚的理论研究和多年工作实践，提出一些修改意见，供各界参考。

根据《海关法》第五条的规定，国家实行联合缉私、统一处理、综合治理的缉私体制，海关负责组织、协调、管理查缉走私工作。打击走私工作不但是海关缉私部门的职责，也是社会各界共同参与的综合治理工作，对海关监管区之外的非设关地、市场流通领域的无合法来源证明的进口货物，各级地方人民政府、海关、海警、边防、工商、国家食品药品监督管理总局和国家烟草专卖局等行政机关也共同参与缉私工作，上述各部门在反走私综合治理工作中，如何各司其职、各负其责，对无合法来源证明的进口货物如何进行处理？对此，国务院相关部门正在起草制定《反走私工作条例》，对上述问题予以法律规范。笔者曾经作为《反走私工作条例（征求意见稿）》的主要起草者之一，重点关注海关缉私在反走私综合治理工作中的角色定位，研究分析《反走私工作条例》的立法意图，从宏观层面提出相关意见。

《海关法》于1987年施行，2000年进行了一次重大修改，其后的20年间，没有进行过重大修改。其相当一部分内容已经不再适应进出口贸易监管的现实需求，例如，从宏观层面看，跨境电商贸易方式的迅猛发展，检验检疫机构职能并入海关，海关缉私体制的重大变革，海关开始实施通关一体化制度，以及关税法律的单独立法等，均已对现行海关法律制度产生深远影响，需要及时在《海关法》中予以修改和体现；从微观层面看，企业自报自缴与海关审核的法律关系应当如何处理？海关税款滞纳金应当如何正确征收？海关缉私转由公安主管之后，海关行政处罚职能是否应当与缉私机构合理脱钩？这些问题，笔者也从自己的视角，分析提出了立法建议。

第一节 《海关行政处罚实施条例》的修改建议

一、违规行为责任主体范围有待扩大

违规案件的责任主体范围过窄，使部分违法主体无法得到法律追究，导致海关执法不公。建议将海关行政处罚主体界定为实施违法行为，导致偷漏税款、逃避许可证管理、影响海关统计和影响海关监管秩序的个人或者单位。

在现行《海关行政处罚实施条例》背景下，对违规行为的行政处罚，仅限于与海关有直接行政法律关系的相对人，即在海关注册、备案登记的进出口货物经营单位、加工贸易手册经营单位、减免税货物的申请人以及进出境旅客等。但在执法实践中，实施违法行为的主体往往不仅仅是经营单位，还包括进出口货物的实际收发货人或者物流货代企业，违法行为所得利益（偷漏税款）大多数情况下，也都是实际收发货人所有。实际收发货人或者物流货代企业即便具有明显的主观过错，根据现有《海关行政处罚实施条例》的相关规定，追究其法律责任也存在法律障碍。所以，海关不管经营单位是否具有主观过错，只能依法对经营单位予以行政处罚，不能对实际收发货人及物流货代企业予以行政处罚，事实上有失公平、公正，影响海关执法的社会效果，起不到“惩恶扬善”的行政处罚目的。

二、走私行为的处罚方式有待进一步完善

《海关行政处罚实施条例》第七条、第九条分别规定了走私行为的违法构成和处罚方式，走私行为的处罚方式主要是没收走私货物。对于各种形式的走私行为，如何确定走私货物的范围？这在执法实践中产生很多的争议。海关总署根据“过罚相当”的行政处罚原则，对低报价格走私案件的走私货物范围，以偷漏税款占应缴税款的比例确定走私货物的范围。但是，按比例没收部分走私货物的规定和做法，其处罚的合法性问题也经常受到各界的质疑。

笔者认为，涉税走私违法，侵害的客体是国家税收秩序，主要危害是偷漏税款，不管是低报价格、瞒报数量或者伪报品名的走私行为，其后果都是偷漏税款，以偷漏税款为基础对涉税走私行为进行罚款，可以实现行政处罚的惩戒性目的，也可以实现行政处罚的补偿性目的。

所以，建议修订《海关法》和《海关行政处罚实施条例》时，对涉税走私行为的处罚方式，用“罚款”代替“没收”，对涉税走私行为处偷漏税款 3 ~ 5 倍的罚款，对走私货物不予没收，但绕关偷运走私和非涉税走私行为除外。

三、程序性违法行为的处罚幅度有待合理化

海关行政处罚是对当事人违法行为实施的一种惩戒措施，以达到教育和规范相对人遵守法律秩序的执法目的。处罚幅度的轻重取决于违法行为的性质和危害后果，一般来说，危害后果越重，处罚幅度也应当越高，危害后果越轻，法定的处罚幅度也应当越低，体现行政执法的比例原则。但是，现行《海关行政处罚实施条例》未能充分体现违法行为的危害程度与处罚幅度的法定关联性，如《海关行政处罚实施条例》第十八条（四）项规定，对未按照规定办理收存、交付、核销等手续，但没有造成漏税、漏

证等危害后果，仅仅属于程序性的违规，也要处以货物价值 5%～30% 的罚款。按照该处罚幅度，即使按照下限科处货物价值 5% 的罚款，往往也动辄几十万元人民币，明显处罚过重，不能体现公平、公正的行政执法原则，经常引起企业的复议和诉讼。

因此，建议取消《海关行政处罚实施条例》第十八条规定的处货物价值 5%～30% 罚款的下限，将第十八条的处罚幅度改为：程序性违规未造成影响许可证管理或者漏缴税款后果的，可以处货物价值 5% 以下的罚款，或者将程序性违规行为给予一定数额的定额罚。

四、将“国务院有关规定”纳入海关处罚适用范畴

对查获的无合法进口证明的汽车，无专门标识的进口香烟、出口倒流香烟，无法查清进口来源的成品油、三无船舶和非法拼组装汽车等案件，应当一律给予没收处理。上述没收的法律依据是国务院文件或者经国务院批准的各部委文件。这些文件与行政法规具有同等的法律效力，但由于文件形式上的问题，在执法实践中屡屡受到司法机关的质疑，给海关行政执法带来较大的障碍。

所以，建议在《海关行政处罚实施条例》第二条适用范围中增加“国务院规定”，修改为“法律、行政法规或者国务院规定由海关实施行政处罚的行为的处理，适用本实施条例”。

五、立案前可以进行调查并收集证据

将海关立案之前调查、收集的证明当事人违法事实的证据材料，纳入海关行政处罚的法定证据范畴；在紧急情况下，为防止证据灭失、走私嫌疑人逃跑，在海关监管现场可以对有关物证、书证、走私货物、物品和走私嫌疑人采取强制措施。

海关行政处罚案件大多来源于海关监管业务现场，以及海关后续稽查、

核查、缉私情报或者由其他行政机关移送，如果在《海关行政处罚实施条例》中明确规定海关立案后才能收集证据，那么，其他部门移送给海关缉私办案部门的证明违法事实的证据材料，在证据的法律效力上均不具有合法性。但是，海关监管业务现场常常发生走私违法的紧急情况，在来不及办理立案手续的情况下，需要及时依法采取一些法律赋予的强制措施，防止证据灭失与违法后果扩大。

所以，建议删除《海关行政处罚实施条例》第三十四条“立案后”进行调查、收集证据的规定，与《海关法》第六条的规定协调一致。

六、《海关行政处罚实施条例》其他需要修改的具体条款

（一）第十五条（五）项

第十五条（五）项的规定：影响出口退税管理的，以申报价格作为罚基。此处罚过重，建议改为以影响出口退税额作为处罚基数，科处可能多退税款 30% 以上、两倍以下的罚款，与第十五条（四）项规定的影响税款征收申报不实违规行为的处罚幅度相同。

（二）第五十三条

第五十三条从重处罚的条款，需要增加一项从重处罚的情形。在案件调查过程中，当事人采取制造虚假材料、提供虚假陈述、虚构事实、隐匿证据等方式阻碍海关开展调查的，应当从重处罚。

（三）第十八条第二款

第十八条第二款对涉税、涉证的违规行为予以“加罚”的规定显然不合理，建议直接删除上述规定。

（四）第十九条

第十九条是对物品进出境行为的处罚规定，但将处罚主体仅界定为个人不尽合理。建议将此条的“个人”去掉，扩大适用范围，对个人、单位都可以适用。

（五）第四十条

第四十条规定：海关扣留货物、物品的期限为一年。建议删除扣留期限为一年的规定，将办理海关行政处罚案件的两年期限加上去，直接改为两年办案期限，两年不能作出行政处罚决定的，撤销案件。

（六）第九条、第十五条

第九条、第十五条规定了涉税、涉证走私和涉税、涉证申报不实违规行为的行政处罚，但没有规定既涉证又涉税的走私和违规行为如何处罚，建议在《海关行政处罚实施条例》的修改中增加“既涉证又涉税”的违法行为，应当择重者处罚的规定。

（七）第十九条

第十九条规定：对物品进境的违规行为，予以警告，可以并处物品价值 20% 以下的罚款。在执法实践中，海关对上述条文理解为：“警告”是必须的，“罚款”是可选择的。所以，对当事人的违规行为处一定比例“罚款”的同时，必须给予“警告”处罚，这显然不符合“重罚”吸收“轻罚”的行政处罚原则。

因此，建议将《海关行政处罚实施条例》第十九条以及类似条文修改为：“处以警告或者处物品价值 20% 以下罚款。”

（八）第二十条

第二十条规定的禁止进境物品违规案的处罚规定为予以没收或者责令退回。上述规定中的“没收物品”与“责令退回”，属于可选择的，容易导致海关执法的随意性，也存在行政处罚的不平衡。建议将上述条文修改为：“没收物品或者责令退回并处罚款。”

第二节　反走私综合治理条件下的海关缉私角色定位

国务院法制办于 2017 年 5 月 18 日公布了《反走私工作条例（征求意

见稿)》(以下简称“征求意见稿”),向全社会公开征求意见。笔者作为征求意见稿的主要起草者之一,谈谈在反走私综合治理条件下,如何对海关缉私职责进行角色定位。

一、条例确立了反走私工作的“三项制度”和“两个重点”

(一)三项制度

1. 联合缉私制度:征求意见稿明确了国务院领导全国反走私工作的地位,海关、公安边防、海警、工商、国家食品药品监督管理总局、国家烟草专卖局等在反走私查缉工作中职责和权限,确立了地方各级人民政府在各行政区域内反走私工作的基础性作用及领导责任。除了海关之外,公安边防、海警、工商、国家食品药品监督管理总局和国家烟草专卖局等机关也是特定领域查缉走私的重要行政机关,地方各级人民政府是在重点区域组织反走私专项治理和沿海边境地区实施预防监控、基础设施建设等综合治理措施的领导机关。

2. 统一处理制度:对走私案件处理的执法统一性问题,征求意见稿对《海关法》第五条第二款作了重申,各行政机关查获的涉嫌走私行为依法应当给予行政处罚的,移送海关依法处理;涉嫌犯罪的,应当移送海关缉私、公安、海警依据案件管辖分工和法定程序办理。国家实施走私案件查缉和处理的可分离制度,海关、公安边防、海警、工商、食品药品监管和烟草管理等行政机关均可在各自的特定领域查缉走私,但构成走私行为应当给予行政处罚的案件应当统一交由海关处理,构成走私犯罪的,除毒品、武器等非涉税案件按职责分工可以由公安、海警办理外,其他走私犯罪案件均应当统一交由海关处理。

但对罚没的涉案物资的变卖处理,征求意见稿规定不交由海关统一处理,由各办案机关各自依法变卖处理。

3. 综合治理制度:征求意见稿专设“综合治理”一章,要求地方人民政府应当组织具有查缉走私职能的行政机关对走私严重区域、走私货物集散地和经营场所开展专项治理；对沿海、沿边县级以上地方人民政府管控非设关地走私提出具体要求，从建立预防监控机制、完善反走私基础设施、发挥基层组织反走私功能、开展法治宣传教育、健全社会诚信体系等方面，提供预防走私的制度性保障。

（二）两个查缉重点

征求意见稿突出市场流通领域和非设关地作为反走私工作的两个重点查缉领域。在非设关地查获的无合法来源证明的进口货物，由查获行政机关予以没收，当事人无法查清的直接予以收缴；市场流通领域查获的无合法来源证明的进口货物，由查获的行政机关予以没收，当事人无法查清的直接予以收缴。同时，为掐断“购、运、储、销”的走私链条，给明知是无合法来源证明的进口货物提供仓储、保管的，由行政主管机关责令仓储企业停业整顿，没收违法所得，可以并处人民币 100 万元以下罚款，给明知是无合法来源证明的进口货物提供标识、包装、说明书等掩盖货物真实来源的，由工商行政管理机关处人民币 50 万元以下罚款，有违法所得的，没收违法所得。

二、已有海关专业缉私，为何还要反走私综合治理

（一）沿边市场，无暇顾及

根据《海关法》第六条（四）项的规定，海关常规缉私执法活动主要集中在海关监管区和海关附近沿海沿边规定地区；对于广阔的未设立海关的沿海、边境地区，海上及内地市场流通领域，海关执法能力和权限均存在一定的局限性。

（二）综合治理，多措并举

查缉走私是治标，综合治理为治本。地方各级人民政府在建立预防走私的各项制度、切断“购、运、储、销”走私链条、净化市场环境等反走

私综合治理领域具有更大的优势和能力。

（三）私货入境，很难成案

海关是专业缉私办案部门，根据《刑法》《刑事诉讼法》和《海关法》的规定，专司查缉办理走私犯罪案件和行政处罚案件。如果货物已经设关地或者非设关地走私入境未被查获，进入境内市场流通领域后才被发现，从证据角度，根据现行海关法律规定定性走私难度较大，需要补充其他处理方式。

三、海关缉私的职能边界

（一）海关缉私的管辖范围

海关查缉走私的主要地域在海关监管区和海关附近沿海沿边规定地区；主要渠道在货运通关渠道和旅检通关渠道，以及在海关附近绕越设关地渠道；海关查处走私案件的主要类型是普通货物、物品涉税走私，毒品、武器、濒危物种和禁止进出境货物、物品的非涉税走私。除此之外，海关还办理其他执法机关查缉并移交给海关依法处理的走私案件。

除此之外，《海关法》第六条及征求意见稿同时授权海关在海关监管区和海关附近沿海沿边规定地区以外区域也可以行使缉私执法权。

但是，其他执法机关（公安边防、海警、工商、食品药品监管和烟草管理等行政机关）查缉走私仅限于海关监管区和海关附近沿海沿边规定地区以外的非设关地、海上和市场流通领域，法律没有授权其在海关监管区内进行查缉走私活动。

（二）海关缉私的法律依据

海关查缉走私的主要法律依据是《海关法》和《刑事诉讼法》的相关规定；处理走私的主要法律依据是《刑法》《海关法》和《海关行政处罚实施条例》的相关规定；除此之外，还有国务院相关文件如《国务院办公厅关于加强进口汽车牌证管理的通知》（国办发〔1993〕55 号）、《海关总署、发展改革委、公安部、商务部、工商总局、国务院法制办关于严格查禁非法运输、储存、买卖成品油的通知》（署厅发〔2003〕389号）等。

但公安边防、海警、工商、食品药品监管和烟草管理等行政机关查缉走私的现行法律依据不是海关法律体系，而是《公安机关办理刑事案件程序规定》、《国务院办公厅关于印发国家海洋局主要职责内设机构和人员编制规定的通知》（国办发〔2013〕52号）、《中华人民共和国产品质量法》、《中华人民共和国食品安全法》、《中华人民共和国药品管理法》和《国务院办公厅关于印发国家烟草专卖局主要职责内设机构和人员编制规定的通知》（国办发〔2008〕99号）等。将来《反走私工作条例》颁布实施后，将取代上述法律的相关规定，成为这些行政机关查缉走私的统一依据。

（三）海关的反走私综合治理角色

根据征求意见稿第二章“联合缉私”的各行政机关职责定位，海关只是反走私综合治理工作中的一个成员单位，在海关监管区和海关附近沿海沿边规定地区以外的非设关地、海上和市场流通领域查缉走私，海关不是查缉走私的领导机关，也不具有组织、协调、监督、检查的职能。根据征求意见稿第四条的规定，“地方各级人民政府领导本行政区域反走私工作，确定专门机构组织、指导、协调、监督、检查反走私工作”，这个专门机构就是各级人民政府的“打击走私办公室”。

（四）如何理解征求意见稿第四条第二款和第八条的关系

征求意见稿第八条规定“海关负责组织、协调、管理查缉走私工作”。笔者理解，上述规定的主要意思是强调海关作为查缉走私的专门机关，在反走私工作中应当发挥缉私的主导作用，也应承担相应的主要责任。但是，上述第八条的规定与第四条存在明显的矛盾和冲突，总则第四条明确了地方各级人民政府在反走私综合治理工作中的领导地位，这是制定《反走私工作条例》的三大目的（确立各级地方人民政府反走私的领导地位、厘清各执法部门的职责和权限、解决两个重点区域的私货处理）之一，而第八条又规定了海关查缉走私的组织、协调和管理职能，这与《反走私工作条例》的立法目的和体例显得不协调，需要进一步研究修改。

四、《反走私工作条例》的各项制度可能产生的影响

征求意见稿确立了一些反走私综合治理的新制度，这些新的制度对现行缉私体制是否会产生重大影响？笔者认为，不会产生不可预见的重大影响，它只是对现行缉私体制的细化和明确，同时赋予各执法部门在非设关地和市场流通领域查缉走私的权限，规范私货处理的方式，强化地方人民政府的反走私综合治理主导地位。那么，我们应当如何看待下面几个问题呢？

（一）相对人的合法权益者是否将被误伤

征求意见稿第五章“法律责任”第三十条和第三十一条分别规定了在非设关地和市场流通领域查获的无合法来源证明的进口货物应当予以没收或者收缴。那么，有人可能就会担心：我在市场上买一个进口商品，如手机，是不是还要提前查看一下它有没有合法来源的证明？这种情况一般不会发生，没收市场流通领域无合法来源的进口货物，仅限于商贸企业和个体工商户，个人买卖不受影响。所以，商家买卖进口货物，将来可能应当更加留心货物来源，否则可能面临法律风险，但个人却不必有此担心。

（二）海关缉私职能是否将被削弱

有人可能会问，大家一起缉私，“九龙治水”，会不会出现谁都不管，或者谁都要主导缉私的局面？我想不会。征求意见稿对各执法机关的职能定位是明确的：根据《海关法》的规定，在监管区内和海关附近沿海沿边规定地区，海关是专门的缉私执法力量；在其他区域，根据本征求意见稿的规定，各执法机关分别依法行使缉私职能，海关也是其中之一。将来《反走私工作条例》颁布实施后，海关缉私职能不但不会削弱，还会补强，各行政机关各司其职，不会普遍出现越权执法的现象。

（三）所有查缉案件是否应先交海关审查

征求意见稿第十四条规定了各行政机关查获的案件线索，涉嫌走私的，应当移交海关或者公安办理，经审查不构成走私的应当及时退回查获机关。

无论是公安边防、海警、工商、食品药品监管部门，还是烟草管理部门，因为他们不是专业缉私部门，对是否涉嫌走私的判断能力可能不够专业，为减少“以罚代刑”等渎职风险，可能会把所有查获的案件线索都交由海关审查，由海关判断是否构成走私。这样将会导致其他行政机关执法效率下降，海关缉私工作量和执法风险上升的问题。此问题应当引起足够的重视并研究化解之策。

（四）地方政府的责任如何落实

强化地方人民政府作为反走私综合治理工作的领导地位和主导作用，是起草征求意见稿的目的之一。同时，领导责任如何落实，在“法律责任”一章专门规定了地方政府的领导责任和具体的治理责任，这是确保地方政府反走私综合治理工作落实的约束性条款。但是，用法律形式规定政府机关内部的行政处分责任，过于原则和抽象，需要用政府考核机制予以配套量化，才能实现相应的立法目标。

附件：

反走私工作条例（征求意见稿）

第一章　总　则

第一条 【立法目的】为了预防和惩治走私，规范反走私工作，维护进出口贸易秩序，保护市场公平竞争，根据《中华人民共和国海关法》等有关法律规定，制定本条例。

第二条 【适用范围】各级人民政府、反走私综合治理机构、具有查缉走私职能的行政机关开展反走私工作，适用本条例。

第三条 【基本原则】反走私工作按照打防结合、权责一致、统筹协调的原则，建立政府统一领导、部门各尽其责、群众积极参与的反走私工作机制。

第四条 【组织领导】国务院领导全国反走私工作，指定专门机构负责组织、指导、协调、监督、检查全国反走私工作。

地方各级人民政府领导本行政区域反走私工作，确定专门机构组织、指导、协调、监督、检查反走私工作。

第五条 【禁止规定】任何单位和个人不得走私、经营无合法来源证明的进口货物，以及为他人走私、经营无合法来源证明的进口货物提供便利。

第六条 【表彰奖励】各级人民政府对反走私工作中有突出贡献的单位和个人，应当给予表彰奖励。

对走私或者经营无合法来源证明的进口货物的行为，任何单位和个人有权举报。行政机关应对协助查获走私或者无合法来源证明的进口货物有功的举报人给予奖励。

第七条 【监督和救济】任何单位和个人认为行政机关不依法履行反走私职责的，可以向上级行政机关、监察机关或者反走私综合治理机构检举。收到检举的单位应当依法调查处理；不属于本单位职责的，应及时移送有权处理的机关。

任何单位和个人认为行政机关在反走私工作中侵犯其合法权益的，可以依法申请行政复议或者提起行政诉讼。

第二章 联合缉私

第八条 【海关查缉职责】海关负责组织、协调、管理查缉走私工作，依据海关法履行查缉走私职责。

第九条 【非流通领域查缉职责】公安边防负责查缉边境沿海地区走私活动。

海警负责查缉海上走私违法犯罪活动。

第十条 【流通领域查缉职责】工商行政管理机关负责查缉流通领域经

营无合法来源证明的进口货物的违法行为。

食品药品监督管理机关负责查缉流通领域经营无合法来源证明的进口食品、药品、化妆品、医疗器械的违法行为。

烟草专卖管理机关负责查缉流通领域经营无合法来源证明的进口烟草专卖品的违法行为。

第十一条 【其他部门职责】公安、环境保护、交通运输、商务、税务、出入境检验检疫、林业等行政机关，在各自职责范围内开展反走私工作。

第十二条 【日常查缉】具有反走私职能的行政机关应当建立健全反走私监督检查制度，加强日常监督，及时查处走私违法行为。

沿海、沿边县级以上地方人民政府可以在非设关地走私严重区域建立巡防队伍，开展反走私巡查。

第十三条 【行使权力】海关、公安边防、海警、工商行政管理、食品药品监督管理、烟草专卖管理等行政机关履行反走私职责时，可以行使以下权力：

（一）询问当事人或者有关人员；

（二）查阅、复制与违法行为有关的合同、票据、账簿以及其他资料；

（三）检查有违法嫌疑的货物、运输工具和经营场所。检查时，有关当事人应当到场；当事人未到场的，在有见证人的情况下，可以径行检查；

（四）查封、扣押涉嫌走私或者无合法来源证明的进口货物、运输工具以及有关合同、票据、账簿等资料；

（五）法律、行政法规规定的其他权力。

第三章 统一处理

第十四条 【案件移交】各行政机关查获的涉嫌走私行为依法应当给予行政处罚的，移送海关依法处理；涉嫌犯罪的，应当移送海关缉私、公安、海警依据案件管辖分工和法定程序办理。

经受理部门依法审查，认为移送的案件不构成走私违法的，应当及时退回移送机关依法处理。

第十五条 【管辖异议】对同一违法行为，两个以上行政机关都有管辖权的，由最先发现违法行为的行政机关管辖。管辖不明确的，由地级以上反走私综合治理机构协调处理。协调不成的，提请上一级反走私综合治理机构协调处理。

第十六条 【收缴程序】行政机关依据本条例的规定收缴无合法来源证明的进口货物，应当制发调查公告，公告有效期为 1 个月。公告有效期内当事人接受调查的，行政机关依照本条例相关规定处理。

公告有效期届满无当事人接受调查的，行政机关应当作出收缴决定并予以公告，自发出公告之日起，经过 60 日，即视为送达。

第十七条 【货物处置】依据本条例的规定没收、收缴的货物，应当依法拍卖处理。依法不能拍卖的，由查获行政机关根据相关规定处理。

第十八条 【先行变卖】查获的货物属于危险品或者鲜活、易腐、易烂、易失效、易变质等不宜长期保存的，以及所有人申请先行变卖的，查获行政机关可以先行变卖。

第十九条 【罚没收入】罚款、没收违法所得或者没收、收缴的货物变卖所得款项，上缴国库。

第四章　综合治理

第二十条 【专项治理】地方各级人民政府应当组织具有反走私查缉职能的行政机关，对走私严重区域以及储存、买卖走私货物的集散地和经营场所开展专项治理。

第二十一条 【预防监控】沿海、沿边县级以上地方人民政府应当对非设关地走私严重区域的进出境通道、码头和岸点建立专门档案，明确管理重点，落实监控责任。

沿海、沿边县级以上地方人民政府应当在非设关地走私严重区域建设反走私电子监控等技术防范设施，协调海关、公安、公安边防、海警等行政机关整合技术设备和信息资源，实现数据互联和信息共享。

第二十二条 【基础设施】沿海、沿边县级以上地方人民政府应当在非设关地走私严重区域建设边海防设施、国防护栏、执勤道路等反走私基础设施，加强日常监控和管理维护；组织相关部门及时封堵私开的进出境通道，拆除非法修建的码头，清除道路障碍。

第二十三条 【基层治理】沿海、沿边乡（镇）人民政府应当建立反走私综合治理联防机制，发挥村民委员会、居民委员会等基层组织作用，及时向反走私综合治理机构、具有反走私职能的行政机关反馈信息。

第二十四条 【应急处置】沿海、沿边县级以上地方人民政府应当建立反走私应急处理机制，制定本行政区域的反走私应急预案，并报上一级人民政府备案。

反走私应急预案应当对处置组织指挥体系与职责、程序、应急保障措施等作出规定。

第二十五条 【宣传教育】地方各级人民政府应当开展反走私宣传教育，加强对群众的教育引导。

第二十六条 【守法诚信】地方各级人民政府应当组织、协调有关行政机关加强诚信体系建设，建立走私违法档案，并依法将处理违法行为的信息向社会公开。

第二十七条 【行业自律】各级反走私综合治理工作机构应当指导有关行业协会加强行业自律，建立行业规范和奖惩机制，指导和监督行业经营者依法生产经营。

第二十八条 【经费保障】县级以上地方人民政府应当将反走私综合治理工作纳入本级国民经济和社会发展规划，将反走私综合治理工作经费列入年度财政预算。

第二十九条 【考评监督】县级以上地方人民政府实行反走私综合治理责任制。上级人民政府对下级人民政府反走私综合治理工作进行考评，考评结果纳入各级人民政府社会治安综合治理的年度考核。具体办法由国务院反走私综合治理机构另行制定。

第五章 法律责任

第三十条 【非设关地违法处理】在非设关地查获的无合法来源证明的进口货物，由查获行政机关予以没收；当事人无法查清的，由查获行政机关予以收缴。

第三十一条 【市场流通领域的处理】市场流通领域查获的商贸经营企业、个体工商户买卖、仓储、运输无合法来源证明的进口货物，由查获的行政机关予以没收；当事人无法查清的，由查获的行政机关予以收缴。

第三十二条 【仓储行为查处】明知是无合法来源证明的进口货物，提供仓储、保管的，由行政主管机关责令停业整顿，没收违法所得，可以并处100万元以下罚款。

第三十三条 【包装行为查处】明知是无合法来源证明的进口货物，提供标识、包装、说明书等掩盖货物真实来源的，由工商行政管理机关处50万元以下罚款，有违法所得的，没收违法所得。

第三十四条 【政府责任】违反本条例规定，地方各级人民政府未履行反走私综合治理职责的，由上级人民政府责令改正，通报批评；对本行政区域内走私问题突出的情形未开展查缉、治理，造成严重后果的，对直接负责的主管人员和其他直接责任人员依法给予行政处分。

第三十五条 【治理责任】违反本条例规定，沿海、沿边县级以上地方人民政府有下列行为之一的，对直接负责的主管人员和其他直接责任人员依法给予行政处分：

（一）未在走私严重区域开展反走私专项治理的；

（二）未在走私严重区域建设反走私基础设施、电子监控等技术防范设施，或者未对上述设施进行日常监控和管理维护的；

（三）未建立反走私应急处理机制、制定本行政区域的应急预案，或者发现群体性走私事件后未立即启动应急预案，造成严重后果的；

（四）未履行本条例规定的其他职责的。

第三十六条 【查缉责任】违反本条例规定，海关、公安边防、海警、工商行政管理、食品药品监督管理、烟草专卖管理等行政机关不履行查缉走私职责，或者发现涉嫌走私违法行为不依法查缉的，对直接负责的主管人员和其他直接责任人员依法给予行政处分。

第三十七条 【案件移交责任】违反本条例规定，对应当依法移交海关缉私、公安、海警追究刑事责任或者应当依法移交海关给予行政处罚的走私案件，行政机关不移交的，或者应当接收而不接收的，由上级行政机关责令改正，并对直接负责的主管人员和其他直接责任人员依法给予行政处分。

第三十八条 【刑事责任】行政机关工作人员在反走私工作中有玩忽职守、滥用职权、徇私舞弊等行为，构成犯罪的，依法追究刑事责任。

第六章 附则

第三十九条 【名词解释】本条例下列用语的含义：

“无合法来源证明”，指依照国家有关规定应当持有的证明买卖、运输、仓储货物真实有效的商业单证、运输单证、进口手续、拍卖证明或者其他证明文件。

“非设关地”，指海关监管区以外的沿海沿边地区。

“以下”，包括本数。

第四十条 【配套规定】省、自治区、直辖市人民政府可依据本条例制定本行政区域反走私综合治理实施细则。

第四十一条 【实施日期】本条例自 年 月 日起施行。

第三节 自报自缴和海关审核之间，还差一个《海关法》的距离

外贸企业自报自缴，即自助报关缴税，企业愿意怎么报就怎么报，海

关不再直接审查干预。在申报过程中，企业不需要去海关报关大厅，海关也不再对企业的具体申报事项“指手划脚”：这个归类不对，应当退单重新申报；那个价格太低，应当提供价格资料。企业似乎尝到了“我的申报我作主”的主人翁感觉，看上去“很爽”的样子。

但幸福来得太快，总不是什么好事。果然，自报自缴制度实施不久，企业就发现：对自报自缴行为，海关不是不管，而是事后再管，即海关保留了事后核查权，如果发现企业申报错误，海关还是要依法处置的。

这样一来，企业不敢随意申报了，如果归类、价格、原产地等涉税要素申报错误，又要移交到海关缉私警察那里去了，警察叔叔一脸严肃的样子，实在是让人有点害怕。企业想着：“算了，还是小心一点，是不是继续自报自缴，应当认真斟酌一下再说。申报的时候让海关的哥哥、姐姐们审核一下，也不是什么坏事，也许他们发现错误后提醒一下，退单重报，也就没有事情了，我何必担当那么大的法律责任，自作主张，自报自缴，也节省不了太多的时间，万一申报错误，将我绳之以法，我这不是自讨苦吃吗？”

于是，在这种担忧中，企业开始观望，海关改革也放慢脚步，看上去这么好的自报自缴制度，企业并不领情，实施三年以来，大多数关区的企业自报自缴报关单的占比均不足二成，海关有点吃力不讨好的样子，到底问题出在哪里呢？

其实这与《海关法》有关，不信我们来看一看。

一、企业如实申报的义务

海关有一只看不见的无形之手对企业进行约束，这就是《海关法》第二十四条的规定：企业应当向海关如实申报。如果事后核查发现企业没有如实申报，海关有权依法处理。要求企业如实申报，是海关监管的根本法律依据，无论海关法律如何修改，这些核心的条款，不会改变。中国如此，外国如此，世界如此，否则各国海关就没有存在的必要了。

二、“海关审查确定”的权力（或者义务）

“海关审查确定”这个词汇，和海关打交道的人，一定都很熟悉，但他们对“审查确定”是海关的一项“权力”还是“义务”，看法不一。多数人将其理解为“权力”，毕竟，只有穿上海关制服的美女、帅哥们才能干这事，一般群众干不了，也不让干。

但是，笔者认为：“海关审查确定”既是一项权力，又是一项义务，作为“权力”用好了，很威武；作为义务，误当权力用了，容易引火上身。那么，“海关审查确定”，究竟在什么情况下是权力，什么情况下又是义务呢？

在通关监管环节，海关对企业的申报行为，予以直接的审查干预，即对企业申报的归类、价格、原产地等涉税要素予以审查确定，说得再通俗一点，企业填报A税号，海关经审核直接调整为B税号，企业申报100元，海关经审核直接调整为150元。上述行为，对海关来说，税可能是多征了一些，但是，海关既然实施了审核行为，是不是应当对申报环节审核的结果负责呢？所以，在通关监管环节，海关对企业申报的要素实施审核，是一项义务，并不是权力。

在后续监管环节，企业申报的货物通关放行之后，海关还可以依法对申报行为实施核查、稽查，审查确定企业申报进口货物的归类、价格和原产地等，发现上述要素申报存在违规违法的，可以依法处置。在这个阶段，海关根据《海关法》第四十一条、第四十二条、第五十五条的规定，对企业审查确定相关要素，这是一项海关权力，而不是义务。

三、放弃义务保留权力

海关监管模式实施“前推后移”“便利通关”的改革，需要海关在企业申报环节“去行政化”，减少海关对企业通关的审核干预，也就是把现行海关法律规定的诸多海关审查确定义务，从企业申报通关环节中去除，海关对通关环节的审核，可以少干甚至不干。如《海关法》第四十一条 、第四十二条、第五十五条，《进出口关税条例》第十八条、第三十一条，《中华人民共和国海关进出口货物商品归类管理规定》（海关总署令第 158 号）第九条规定的海关“审查确定”等，不应当包括通关申报环节的“审查确定”，而只在海关后续监管的核查、稽查时实施。即“审查确定”不再是海关的一项通关审核义务，而是后续监管海关保留的一项权力。

四、自报自缴制度下的申报不实法律责任

再回到自报自缴，企业完全自主申报，海关不再审核干预，如果申报错误了怎么办？这是企业最关心的问题，这个顾虑打消了，自报自缴的通关制度改革就成功了。

如实申报是海关监管的基本要求，自报自缴的海关在后续审查中发现企业申报不实的，应当予以处罚，但什么是申报不实，法律并不明确。

例如，归类申报，确实是一项技术活，尽管企业很想如实申报，但企业认为的正确税号与海关审查确定的正确税号经常不一样，这种情况是不是都要交给缉私部门处理呀？企业实在有点想不明白，为何有的移交缉私部门，有的不移交缉私部门。笔者认为，明确规定的商品归类事项，企业没有按照海关明确的规定申报，交给缉私部门处理，比较公平，但海关三番五次都没有搞清楚的商品编号，仅因企业申报的与海关认定的不同，动辄就要罚款降级，就有点不讲道理。这个问题，需要海关法律配套修改时，尽快予以明确。这是海关监管制度改革的关键环节，这个环节“堵”住了，其他改革的“路”也不会畅通。

比如在价格申报中，如果是特许权使用费、关联企业转移定价和公式定价等因素，导致企业的价格申报与海关审查确定的价格不一致，是不是

都要移交给缉私部门处理呢？显然不是的。上述情况中，货物进口状态下大部分的成交价格尚不确定，企业进口时的申报价格，即便与海关事后审查确定的价格不一致，企业不具有主观过错，不属于申报不实，不应当承担法律责任，这个问题应当在海关法律修改时予以明确完善。

再如主动披露，自报自缴的企业在通关放行之后自查发现错误的，属于主动披露，应当予以减轻处罚或者不予处罚。目前，主动披露的海关法律制度已经确立，但如何披露，披露之后将会面临怎样的法律后果，企业还是一头雾水，主动披露的法律程序和处罚幅度应当尽快完善、细化和公开。

只有上述申报不实的法律责任制度完善了，企业才会放心大胆地自报自缴，快捷便利的通关模式才能实现。

目前，海关正在组织起草修订《海关法》，将近年海关通关监管模式改革的成果吸收到海关法律之中，并通过法律固化下来，这是海关法律修订的重要任务之一。对此，笔者建议如下：

1. 在企业申报通关环节，海关不再对企业的申报要素进行“审查确定”（实物查验除外），将海关法律体系中对企业申报要素的审查确定权，明确修改为后续监管的审查确定权。具体条文上，应当分别对《海关法》第四十一条、第四十二条、第五十五条作出相应修改。

2. 对《海关法》第八十六条（三）项规定的申报不实违规行为，应当明确其构成要件。并在《海关行政处罚实施条例》的修改中对申报不实的法律责任予以分类细化：明确规定的商品归类事项申报错误的，构成归类申报不实，承担申报不实的法律责任，不属于明确规定的商品归类事项，予以删改报关单；货物价格申报错误的，除特许权使用费、公式定价和关联交易等情况之外，按申报不实的违法行为定性处理；企业对违规行为主动披露的，法律应当明确公开主动披露的法律程序和处罚幅度。

第四节 海关征收税款滞纳金

进口货物依法申报纳税，企业逾期（开具税单后15日内）未缴纳的，海关按日征收万分之五的滞纳金。滞纳金，是对逾期不履行缴税义务的一种惩罚，海关对不履行法定义务予以适当的惩戒天经地义，鲜见有人对《海关法》第六十条规定的合理性提出质疑。

但是，未向海关申报特许权使用费而被海关稽查，海关决定追缴所漏税款，并按日加征万分之五的滞纳金，对此，你或许会觉得有点冤，追缴税款也就算了，加征滞纳金，有点想不通呀。

案例1：未申报商标权使用费是否应加征滞纳金

简要案情： A公司系由境外B公司与国内某企业共同投资设立，A公司从B公司进口药品原料，在境内加工为成品制剂后向国内市场销售。根据双方签署的“商标许可权合同”，B公司授权A公司使用其制成品的商标权，A公司须每半年向B公司支付一次商标权使用费，商标权使用费是成品药销售净额的2%。

案件处理： 海关认为A公司向B公司支付的商标权使用费，构成B公司销售货物的条件并与进口原料有关，该商标权使用费应当计入完税价格向海关申报，故与进口货物进行量化分摊后对A公司追征了进口环节税款，并按日加征万分之五的滞纳金。

法律分析：

1. 本案是否应追征商标权使用费的进口税，存在质疑：A 公司购买的商标权用于国内生产的成品制剂药上，进口原料药在进口时没有商标，进口后不能贴上该商标直接销售，也不能轻度加工后贴上该商标销售，而是需要将原料经过配方的深加工后再贴上商标进行销售。根据《审价办法》第十三条（二）项的规定，A 公司支付的商标权使用费与进口货物（原料药）无关，可以不计入完税价格，不需要向海关申报，也不需要提前向海关做出申报确认。

2. 本案是否应加征税款滞纳金，存在质疑：税款滞纳金是对逾期不缴纳税款的一种惩罚性措施，滞纳金征收的前提是纳税义务和金额已经依法确定，并在海关开具税单的条件下，而企业逾期不履行纳税义务的，海关可以依法加征滞纳金。本案商标权使用费在货物进口时，要不要向海关申报还存在争议和疑问，事后海关经稽查而作出征税决定时，根据《海关法》第六十条的规定，只能对海关开具税单后，超过 15 日未缴税的行为加征滞纳金，如果对稽查之前的企业未申报的行为或者进口时未缴税的行为加征滞纳金，不符合《海关法》的上述规定，而且《海关法》第六十二条也没有规定追征三年漏缴税款的，可以加征滞纳金。

既然《海关法》没有具体规定，纳税义务人违规漏税自应缴税款之日起加征滞纳金的法律依据是什么呢？答案很简单：《进出口关税条例》。

一、《进出口关税条例》第五十一条关于滞纳金规定的合法性和合理性分析

《进出口关税条例》第五十一条明确规定："海关发现海关监管货物因纳税义务人违反规定造成少征或者漏征税款的，应当自纳税义务人应缴纳税款之日起3年内追征税款，并从应缴纳税款之日起按日加收少征或者漏征税款万分之五的滞纳金。"根据上述规定，海关稽查或者调查案件，只要追征三年税款的，都要加征滞纳金。

笔者认为，《进出口关税条例》的上述规定，无论是合法性或者是合理性，都比较欠缺。海关在执法实践中，严格执行《关税条例》的上述规定，似乎没有问题，但是，如果当事人不服并提出诉讼，司法机关也许会根据上位法优于下位法的原则，判定海关执法无依据，海关执法就存在合法性的潜在风险。

（一）《进出口关税条例》第五十一条规定的合法性问题

《海关法》第六十条明确规定了税款滞纳金的征收条件和征收幅度，是对海关开具税单之后15日内没有履行纳税义务的行为，给予加征滞纳金，这是税收强制执行的一种方式。而《进出口关税条例》第五十一条规定的滞纳金是对企业未申报漏税的一种惩罚，更接近于对违规行为的罚款。法律和行政法规对滞纳金制度的规定明显相互矛盾和存在冲突，《海关法》是上位法，《进出口关税条例》是下位法，两者的法律效力高低，孰轻孰重，不言自明。

另外，《中华人民共和国行政强制法》第十二条（一）项规定：滞纳金的性质是一种行政强制执行的方式。第十三条规定："行政强制执行"依法应当由法律设定。作为国务院行政法规的《进出口关税条例》，无权设定"行政强制执行"。

同时，根据《中华人民共和国立法法》第六十五条（一）项的规定，

国务院行政法规如果需要规定滞纳金的具体条款，也只能在《海关法》相关规定的范畴内予以细化。

所以，《进出口关税条例》第五十一条关于滞纳金规定的合法性欠缺，应当予以重新审视。

（二）《进出口关税条例》第五十一条规定的合理性问题

法律效力不足，若理还在，可以升级授权，若理不在，则应当尽早废除。

笔者认为，《进出口关税条例》关于滞纳金的规定不具合理性。可以看下《进出口关税条例》中的条款："违反海关规定少缴税款的，海关追征三年税款并加征滞纳金"。首先是"违反海关规定"，我们可以理解为"违反海关监管规定"，即通常所说的"违规行为"，对此，海关依法应当予以罚款（行政处罚的一种），对企业未申报或者申报不实等行为导致少缴、漏缴税款的，已经依法给予了罚款的惩戒，如果再予以加征滞纳金的惩戒，属于两重惩罚，未免过重；其次，海关只追征三年税款，不移交缉私作行政处罚的案件，大多是特许权使用费、转移定价和技术性归类错误等案件，这些案件中企业本来已经履行了"法定申报义务"，不违反海关监管规定，却追征三年税款，本身就不尽合理（依法只能补征一年的税款），若再加征滞纳金，就更不合理了。下面再看一个案例：

案例 2：特许权使用费未申报追征税款并加征滞纳金

简要案情： 2014 年 6 月 3 日至 2017 年 8 月 3 日，A 公司分 26 票向海关申报进口芯片，用于制成集成模块产品后境内销售。2017 年

10月，海关稽查发现，A公司提取成品销售金额的2%，向高通公司支付专有技术费用280万美元。

案件处理：海关稽查结论，A公司不构成申报不实违规，不移交缉私处理，直接责令A公司补缴税款360万元人民币，并加征滞纳金110万元人民币。

法律分析：本案属于特许权使用费未申报导致漏缴税款案。货物进口时，按成品销售金额提成的专有技术费用，具体是多少尚未确定，即货物进口时货物的实际成交价格无法确定，企业未申报这部分费用，依法不构成申报不实，即本案不构成违反海关监管规定。根据《海关法》第六十二条和《进出口关税条例》第五十一条的规定，只能补征一年的税款，追征三年的税款于法无据，加征相应的滞纳金更是没有道理。

二、海关滞纳金法律制度的梳理和立法建议

滞纳金的海关法律制度，除了上面说到的《海关法》和《进出口关税条例》的相关规定以外，还以海关总署部门规章和公告形式作出规定，这些部门规章和公告（如：海关总署公告2004年第39号、海关总署公告2003年第80号）都是以2004年1月1日实施的《进出口关税条例》第五十一条的规定作为基本依据，分别对进口货物申报不实漏缴税款，加工贸易保税料件擅自销售漏缴税款，特定减免税货物擅自转让或者移作他用漏缴税款等违规行为加征税款滞纳金。

海关对违规漏缴税款的企业加征滞纳金，其性质是对违规行为的一种惩罚，对于海关税收征管部门来说，对违规漏税行为加征滞纳金，看上去

比较合理，但是，海关缉私部门对企业的违规漏税行为，同时还要依法给予罚款。对同一种违规行为，海关的两个部门给予两种形式的惩罚，看上去就不是那么合理了，似有“一事二罚”之嫌。无论是海关税收征管部门，还是海关缉私部门，对企业来说毕竟都是海关。

可能有人要说，既然企业违规了，海关对违规行为予以行政处罚，同时再加征一些惩罚性的滞纳金，为何就不行了呢？横向比较一下，对伪变造财务凭证偷税的，《中华人民共和国税收征管法》第六十三条不但规定了要补税、罚款，还规定了要加征滞纳金。这种横向比较，忽视了那是伪变造财务凭证的偷税行为，具有主观故意，惩罚重一些是合理的，海关对带有主观故意的伪瞒报行为，依法可以认定为走私行为，予以没收涉案走私货物，处罚得比偷税行为更重，所以，二者不具有可比性。

综上所述，根据《海关法》第六十条、第六十二条、第八十二条的立法思路，海关税款滞纳金仅适用于税款强制执行领域，对海关开具的税单，企业超期不履行纳税义务的，按日加征万分之五的滞纳金；对企业因违规漏缴税款的，海关给予罚款等行政处罚，并责令补税，不加征滞纳金；对伪瞒报、擅自销售海关监管货物偷逃税款的，构成走私行为，没收涉案走私货物。《进出口关税条例》第五十一条规定的滞纳金条款，不但与上位法规定相抵触，而且不具有合理性，应当及时予以修改。

笔者建议：目前，相关部门正在起草制定《关税法》，海关正在修改《海关法》，在相应的条款中，应当将海关税款滞纳金的征收，局限于税款强制执行范畴，即海关开具税款缴款书之日起，纳税义务人未在 15 日内缴纳税款的，由海关征收每日万分之五的滞纳金。

《进出口关税条例》第五十一条规定：海关因纳税义务人违反规定而追征三年税款的，从应当缴纳税款或者货物放行之日起按日加收少征或者漏征税款万分之五的滞纳金。因缺乏上位法依据，上述条款应当及时予以废除。

下面这个案例，才是正确的滞纳金处理方式。

案例 3：归类错误追征税款并加征滞纳金

简要案情： 2015 年 8 月 8 日，A 公司向海关申报进口一批汽车变速箱，申报税号为 87084091（关税税率为 6.5%）；2018 年 6 月 10 日，海关稽查发现，该商品应当归入税号 87084099（关税税率为 10%），涉嫌漏缴税款人民币 220 万元。

案件处理： 稽查将该案移交海关缉私处理，缉私部门经审理认为，本案商品归类属于归类疑难问题，当事人申报错误，属于归类技术性差错，作出不予行政处罚决定。海关追征三年税款，但对企业不加征税款滞纳金。

法律分析： 本案海关认定企业税号申报错误的行为不构成违规，但作出追征三年税款的决定，存在一些遗憾；但是，海关从行政执法的合理性角度，决定不再对企业加征税款滞纳金，无疑是正确的决定。希望海关能够早日修改相关法律，让海关征税更合法，让企业缴税更坦然。

第五节 “TO BE OR NOT TO BE”，海关行政处罚都在那里

行政处罚，是海关的一项传统业务，也是海关的一种特殊监管方式。没有处罚，就没有海关监管。俗语称：“海水不干，走私不断。”笔者认为：“监管不放，处罚不断。”

没有处罚，海关的所有监管措施，形同虚设；没有处罚，对海关监管规定，企业可以遵守，也可以不遵守。如，《海关法》规定，进口货物应当

向海关申报“到岸价格（CIF）”，如果企业将“离岸价格（FOB）申报为到岸价格（CIF）”，海关就得进行处罚，一是让企业了解情况，下次不许这样；二是让他人知道，此为危险做法，请勿模仿。假如没有处罚，笔者不相信哪个企业可以勇敢地说“我会一样守法”；假如没有处罚，海关的诸多监管措施（二百四十多个总署规章），谁能保证还能得到有效实施？

所以，无论缉私体制如何变革，海关行政处罚都将延续下去，但以后作出处罚决定的主体，将是海关还是公安？我们先搞清楚海关行政处罚的性质后，答案就一目了然了。

一、海关行政处罚的规模

按全国每年约一亿票进出口报关单，每年约10万起的海关行政处罚案件计算，企业每报1000票货物进出口，仅有一起被海关行政处罚。这样来看，千分之一的处罚频度并不算高（交通罚款平均下来几乎每人每年都有），但罚款的数额并不低，按全国海关每年罚款总金额10亿元人民币计算，每宗海关行政处罚案件的平均罚款为一万元人民币左右（交通罚款一般是200元人民币）。

海关罚款金额大，企业负担重，并可能涉及企业信用等级管理等因素，企业寻求法律救济的可能性也会增大，所以，做出行政处罚之后，海关面临复议、应诉的概率相对也会增大。

假设由公安主管的缉私机构，以海关名义做出行政处罚，可能将会存在以下两个问题：

1. 海关没有参与案件的调查和审理，却“被”作出处罚决定，承担相应的法律责任，权责分离，于法无据，也不符合行政管理的基本原则；

2. 当事人不服处罚决定，依法向上一级海关申请复议，实际作出处罚的机构（公安主管的缉私机构）与复议机关（上一级海关），其实并非上下级关系，这也与行政复议的基本原则相悖。

二、海关行政处罚的类型

海关进出口监管业务涉及面广，现场监管业务既有商品归类，也有价格审核；后续的监管业务既有加工贸易，也有减免税设备；旅检快件领域，既有旅客携带物品，也有邮件快递业务。各领域货物、物品进出关境，出现违规违法的，均有可能被行政处罚，便形成了归类、价格等申报不实违规案，加工贸易保税料件无理由短少、擅自串换等违规案，减免税设备擅自抵押、移作他用违规案，以及行邮物品进出境未申报或者申报不实违规案等诸多种类的海关行政处罚案件。

从上文里得知，海关行政处罚案件门类繁多，监管政策相当复杂，但无论哪类案件，都是海关在业务监管过程中发现并移送办案机构处理的。在历史上，海关均有专门的机构实施案件调查处理，并有专门的职能部门制定全国统一的量罚标准。

假设由公安主管的缉私机构实施行政处罚，案件线索移送的问题不容忽视：

1. 渠道障碍。以前海关与缉私是“一家人”，案件线索可以通过海关网络系统推送，既便利又透明，但变成“两家人”之后，内部网络系统如果不再相通，可能将直接影响案件线索的移送。

2. 以税代罚。海关监管政策复杂，违规构成的界限不甚清晰，罚与不罚，税与不税，很多情况下只是“差之毫厘”，在一个系统时好说好商量，在两个不同系统时，可能出现能不移送就不移送及以税代罚的情况。

三、海关行政处罚的属性

海关行政处罚，简而言之，略等同于“海关罚款”或者“海关没收”，即所谓的海关“罚没”。它的“衍生产品”是海关强制措施，即扣留货物，查问当事人，查询账户或者查阅账册等，这是海关的核心权力。除了这些核心权力，海关剩下的只有服务。

所以，从本质上说，我们平常所说的“海关行政执法”，指的就是海关运用《海关法》第六条所列的八项权力，监督企业履行《海关法》规定的各项义务，以保障国家的各项进出口监管政策得到实施；如果海关手中没有这些权力，各种监管措施可能形同虚设，徒法不足以自行，监管政策也就无法落实。

假设由公安主管的缉私机构实施行政处罚，无论是用法律授权制也好，还是用海关委托制也好，行政处罚由缉私机构实施，但海关行政强制措施，即《海关法》第六条规定的各项权力，仍由海关行使，这将导致行政处罚与强制措施相互脱节，最终，缉私的行政处罚做不好，海关的强制措施也做不好。即便法律授权缉私机构可以直接行使扣留、查问、查询和查阅权，由于缉私机构不参与海关监管业务，这些权力也不方便在海关监管业务现场直接行使。

综上，海关行政处罚是海关监管的重要组成部分，法律赋予海关监管职能的同时，也给予海关行政处罚的执法权限，监管与处罚相辅相成，两者均由海关实施，国家监管政策才能有效落实；海关缉私转由公安主管，缉私机构专注刑事侦查，专司打击走私犯罪，走私活动方能平息扼制。缉私刑事侦查和海关行政处罚相互牵扯或者“藕断丝连”，都不是最好的选择。

LEGAL LENS
OF LIN

ISBN 978-7-5175-0477-1
9 787517 504771 >

定价：68.00 元